Jobs für Weltenbummler und Globetrotter

campus concret
Band 60

Uta Glaubitz berät Berufssuchende und Wechselwillige bei der Berufswahl. Außerdem gibt sie Seminare und Workshops, veranstaltet Konferenzen oder schreibt Bücher, unter anderem *Der Job, der zu mir passt* (1999).
Information: www.berufsfindung.de

Uta Glaubitz

Jobs für Weltenbummler und Globetrotter

Machen Sie Ihr Fernweh zum Beruf

Campus Verlag
Frankfurt/New York

Die Deutsche Bibliothek – CIP-Einheitsaufnahme

Ein Titeldatensatz für diese Publikation ist bei
Der Deutschen Bibliothek erhältlich

ISBN 3-593-36823-4

Das Werk einschließlich aller seiner Teile ist urheberrechtlich geschützt. Jede
Verwertung ist ohne Zustimmung des Verlags unzulässig. Das gilt insbesondere für
Vervielfältigungen, Übersetzungen, Mikroverfilmungen und die Einspeicherung und
Verarbeitung in elektronischen Systemen.
Copyright © 2001 Campus Verlag GmbH, Frankfurt/Main
Umschlaggestaltung: Guido Klütsch
Umschlagmotiv: Photonica, Hamburg
Satz: Fotosatz L. Huhn, Maintal-Bischofsheim
Druck und Bindung: Media-Print, Paderborn
Gedruckt auf säurefreiem und chlorfrei gebleichtem Papier.
Printed in Germany

Besuchen Sie uns im Internet: www.campus.de

Inhalt

Teil II
Reportagen

Teil III
Workshop

Teil IV
Service

Teil I
Machen Sie Ihr Fernweh zum Beruf

Lieber arbeiten als sich langweilen.

Gustave Flaubert, Schriftsteller

Wenn ich so viel Erfolg hatte, dann nur, weil ich nie auf die Leute gehört habe, die dauernd sagten, was ich machen muss, um Erfolg zu haben.

Jack Nicholson, Hollywoodstar

Reisen ist tödlich für Vorurteile.

Mark Twain

1.

Mit Reisen sein Geld verdienen

Finden Sie das Wetter hierzulande unerträglich? Planen Sie ständig neue Reisen? Haben Sie schon einmal darüber nachgedacht, aus Ihrem Fernweh einen Beruf zu machen? Dann hilft Ihnen dieses Buch den Job zu finden, der zu Ihnen passt.

Wenn Sie viel in der Welt herumkommen wollen, bieten sich zahlreiche Karrieren an: Denken Sie nur an die Abenteuerreiseleiter, die gestresste Städter auf Safari in Südafrika oder zum Trekking ins Himalajagebirge mitnehmen. Denken Sie an die Auslandskorrespondenten, die für einige Jahre Land und Leute kennen lernen, um dem Publikum daheim die aktuellen Entwicklungen näher zu bringen. Oder an Seeleute und Stewardessen, die das Reisen nicht nur zum Beruf, sondern zum Lebensstil gemacht haben. Und natürlich an die Sportlehrer und Animateure in Ferienclubs, die Sprachlehrer an internationalen Schulen und Goethe-Instituten, die Reiseführerautoren, Dokumentarfilmer und Diashow-Presenter.

Auf den folgenden Seiten begegnen Sie Leuten, die in diesen Bereichen arbeiten. Außerdem machen wir Sie mit Berufen bekannt, von denen Sie noch nie im Leben gehört haben. Oder wissen Sie bereits, was ein Reisemaler oder ein Unfallforscher macht? Oder wie man als Jugendherbergswesenaufbauer, Eisenbahnfilmer oder Sportreiseveranstalter sein Geld verdient?

Worum geht's?

»Arbeit muss wehtun.« Und: »Qualität kommt von quälen.« Mit diesen und ähnlichen Sätzen sind die meisten von uns groß geworden. Kein Wunder also, dass viele blockiert sind, wenn es darum geht, ein eigenes Berufsziel zu finden, das nicht nur das nötige Kleingeld ins Portemonnaie schafft, sondern auch Spaß macht und ein erfülltes berufliches Leben verspricht.

Traditionell verläuft Berufsfindung etwa so: Der Berufssuchende fragt sich:

- Was könnte ich mit dieser oder jener Ausbildung werden?
- Welche Planstellen könnte es für mich geben?
- Was kann ich mit meinem Schulabschluss werden?
- Was kann ich mit meinem Notendurchschnitt studieren?
- Was kann ich mit meinem Studium werden?
- Was für Weiterbildungen werden vom Arbeitsamt angeboten?
- Was raten meine Eltern, meine Freunde, mein Partner, meine Partnerin?
- In welchen Berufen hat man heute die größten Chancen?

Leider helfen solche Fragen überhaupt nicht herauszufinden, welcher Job wirklich zu Ihnen passt. Daher geht dieses Buch anders vor. Es fragt: Was für ein Typ sind Sie? Und welcher Beruf passt dazu? Zur Anregung finden Sie zahlreiche Berichte über Leute, die mit Reisen ihr Geld verdienen. Und eine Anleitung, wie man aus seinem Fernweh einen Job macht.

Dabei kommt es nicht darauf an, ob Sie bereits in einem Beruf arbeiten – und möglicherweise keinen Spaß daran haben – oder ob Sie als Schülerin, Student oder Arbeitsloser auf der Suche sind nach einer Tätigkeit, die zu Ihnen passt.

Berufliche Chancen für Globetrotter

Echte Weltenbummler hält es nicht lange an einem Ort. Das Leben scheint zu kurz, um es mit grauem Alltag, schlechtem Wetter und noch schlechter gelaunten Bürokollegen zu verbringen. Nach ein paar Reisen in der Weltgeschichte ist der Winter in Deutschland nicht mehr auszuhalten. Was also tun?

Unter den Leuten, die aus ihrem Fernweh einen Beruf gemacht haben, finden sich naturgemäß viele in der Reisebranche. Hier arbeiten Studienreiseleiter, Outdoorguides, Survivaltrainer, Kreuzfahrtentwickler und Charterbootbesitzer. Sportreiseveranstalter bringen ihre Kunden zu den Olympischen Spielen, Marathonläufen und zur Fußballweltmeisterschaft. Um den Sport herum ist Sightseeing angesagt, ebenso Essen, Shoppen und natürlich ein Abendprogramm.

Die gesamte Hotel- und Gastronomiebranche ist voll von Weltenbummlern. Kaum ein Front-Office-Manager hat nicht schon in mehreren Ländern gearbeitet – Köche und Sommeliers sowieso. Ein neues Betätigungsfeld bieten die Kreuzfahrtschiffe, die sich verstärkt einem jüngeren Publikum zuwenden wollen. Gefragt sind dort Musiker, DJs, Kosmetikerinnen, Friseure, Krankenschwestern und Masseure.

Auch die Medien bieten Jobs für Globetrotter und Weltenbummler. Neben den Auslandskorrespondenten für Fernsehen und Zeitungen finden sich hier Moderatoren von Reisesendungen (wie *Vox-Tours* oder *Urlaubsreif*), Auslandsfeature-Journalisten und Tierfilmer. Spezialisierte Autoren schreiben Reiseführer und -erzählungen. Fotografen arbeiten für die Magazine *Geo* und *Mare* und natürlich in der Werbung.

Für Leute, die sich im Ausland nützlich machen wollen, bieten sich außerdem Jobs als Lehrer, vor allem für Fremdsprachen, aber auch in Handwerk und Technik an. Entwicklungshelfer, Krisenmanager und Sozialarbeiter sind ebenso gesucht wie medizinisches Personal, darunter Ärzte, Krankenschwestern und Physiotherapeuten.

Das bedeutet: Weltenbummler müssen nicht unbedingt als Aussteiger Haus und Hof verkaufen, um ihrer Sehnsucht nachzugehen. Es gibt viele unterschiedliche Jobs, um das Reisen mit dem Broterwerb zu verbinden. Unabdingbare Voraussetzung sind in jedem Fall Aufgeschlossenheit, Improvisationstalent, keine übertriebene Anspruchshaltung, Toleranz im Umgang mit ganz unterschiedlichen Menschen, Abenteuerlust, Unkompliziertheit und Aktivität.

Über dieses Buch

Sie möchten wissen, wie man mit dem Reisen sein Geld verdient? Der zweite Teil des Buchs präsentiert Ihnen Jobs für Weltenbummler und Globetrotter. Dabei haben wir darauf geachtet, überwiegend Berufe zu präsentieren, für die Sie nicht unbedingt eine formale Ausbildung oder ein Studium benötigen. Das bedeutet allerdings nicht, dass Sie keinerlei Fachkenntnisse brauchen. In den meisten Fällen werden Sie sehr viel dazulernen müssen. Ob Sie dafür jedoch (noch einmal) eine Ausbildung machen oder eine Universität besuchen, liegt ganz an Ihnen. In jedem Fall finden Sie Hinweise, wo es das nötige Zusatzwissen gibt und wie Sie Ihre Fähigkeiten ausbauen können.

Die vorgestellten Tätigkeiten werden durch konkrete Beispiele und Interviews mit Leuten aus der Praxis illustriert. Die großen Bereiche dabei sind:

- Reise und Abenteuer
- Medien
- Kunst, Musik und Showbusiness
- Helfen, Lehren, Unterstützen
- Handel
- Verkehr

Tipps von Experten, Literaturangaben, Adressen und Informationen runden den zweiten Teil ab.

Die vorgestellten Berufe dürfen jedoch über eines nicht hinwegtäuschen: Keines der Beispiele erspart es Ihnen, sich über den Job, der zu Ihnen passt, eigene Gedanken zu machen. Im dritten Teil finden Sie daher einen Workshop, der Ihnen zeigt, wie Sie sich ein individuelles Berufsziel erarbeiten. Schritt für Schritt zeigen wir Ihnen, wie Sie klar über Ihre Fähigkeiten und Motivationen nachdenken können.

Im Schlusskapitel geht es darum, wie man im Ausland überlebt. Natürlich gibt es kein Rezept, das für jede Eventualität »on the road« taugt. Daher finden Sie hier lediglich nützliche Hinweise und Überlegungen.

Die Arbeitswelt von heute ist voll von Anglizismen. Niemand bemüht sich mehr, deutsche Ausdrücke für Outdoorguide, Roadie oder Incentives zu finden. Weil nicht jeder alles wissen kann, gibt es im Anhang ein kleines Wörterbuch für die im Text gebrauchten Begriffe. Ein Register der vorgestellten Berufe rund ums Reisen schließt das Buch ab.

Ein erster Tipp: Umgeben Sie sich während der Lektüre dieses Buches mit Leuten, die nicht nur wie Sie unter Fernweh leiden, sondern die Ihnen wirklich etwas zu sagen haben und die Sie unterstützen. Ideentechnische Bremsklötze mit ihrem ewigen »das bringt doch sowieso nichts« oder »das schaffst Du nie« können Sie jetzt nicht gebrauchen. So habe auch ich mich während des Schreibens streng an diesen Grundsatz gehalten.

Unentbehrliche Hilfe leistete die Fachautorin Andrea Dornseif, die trotz des Erfolgs ihres Australienbuchs *Kopfüber* einen klaren Kopf bewahrte und Beiträge über Fairen Handel, einen Fahrradreisejournalisten und einen Eisenbahnfilmer verfasste. Thorsten Reinke als Mann fürs Grobe scheute keine Mühe, um Weltenbummler Gerd Ruge und die Vox-Tours-Moderatorin Daniela Worel zu interviewen. Er forschte am Südpol und in China, fand einen Wissenschaftler im Eis und eine Jugendherbergswesenaufbauerin. Danuta Schmidt sprach mit Kreuzfahrtentwicklern, Busfahrern und Missionaren. Hajo Völler kannte sich glücklicherweise mit Tätowierern, LKW-Fahrern und Roadies aus. Irgendwie schaffte es Matthias Gauer, den Kontakt zum Tourmanager der Rockband KISS herzustellen. Ohne die Nachwuchsautorin Kristina Esser wäre das Buch nur halb so schön geworden. 1 000 Dank an alle.

2.

Sechs Fragen und Antworten zu *Jobs für Weltenbummler und Globetrotter*

In diesem Buch geht es um die Frage, wie Sie für sich selbst ein Berufsziel erarbeiten – auch wenn Sie noch keinen blassen Schimmer haben, in welchem Bereich Sie Ihren Spaß am Reisen einsetzen könnten. Bevor Sie sich im Folgenden von Survivaltrainern, Kreuzfahrtentwicklern und Reiseführerautoren zu eigenen Berufsplänen inspirieren lassen, hier noch einige Antworten auf häufig gestellte Fragen.

Für wen eignet sich dieses Buch?

Dieses Buch gibt Berufssuchenden ein Werkzeug an die Hand, um eigene berufliche Ziele auszuloten. Damit ist *Jobs für Weltenbummler und Globetrotter* geeignet für alle, die sich beruflich orientieren oder um-orientieren möchten: Berufstätige und Arbeitslose, Schüler und Schülerinnen, Studenten und Studentinnen. Sie lernen, sich systematisch mit der Frage auseinander zu setzen, wie Sie Ihr berufliches Leben gestalten möchten. Dabei setzt die im dritten Teil des Buchs geschilderte Methode der Individuellen Berufsfindung keine bestimmten Qualifikationen voraus, sondern die Bereitschaft, seine bisherige Biografie zu durchleuchten und neue Wege der Berufsfindung zu gehen.

Muss man heute nicht froh sein, überhaupt einen Job zu haben?

Wer heutzutage über Befriedigung im Beruf, Spaß an der Arbeit und vielleicht sogar über seinen Traumberuf spricht, wird schnell mit Resignation und Aggressivität konfrontiert. »Heute kannst du froh sein, wenn du überhaupt etwas kriegst«, lautet die gängige Antwort. Auf der Suche nach seinem Traumberuf wird man schnell zum Spinner abgestempelt.

Ist die Suche nach dem maßgeschneiderten Beruf nur etwas für gute Zeiten? Ganz sicher nicht: Denn gerade in schwierigen Situationen ist es für Berufssuchende notwendig, sich zu orientieren und konkret darüber nachzudenken, auf welchem Gebiet man wirklich arbeiten will. Schließlich ist man nur dann in der Lage, mit (zwangsläufig auftretenden) Rückschlägen fertig zu werden und langfristig gute Arbeit zu liefern, wenn es einem wirklich Spaß macht. Dabei kann es sich niemand leisten, auf den Zufall zu hoffen und sich ohne einen konkreten Plan ziellos in der Arbeitswelt zu bewerben.

Verdirbt es echten Weltenbummlern nicht den Spaß am Reisen, wenn sie daraus einen Beruf machen?

»Arbeit muss wehtun. Und wenn du mit etwas, was du gerne tust, dein Geld verdienst, macht es dir dann keinen Spaß mehr.« Solche und ähnliche Sprüche geistern durch die Welt der Berufsberatung. Bei unseren Recherchen haben wir jedoch eins festgestellt: Keiner der befragten Weltenbummler stöhnte über die langen Reisen. Im Gegenteil: Gerade die ständige Abwechslung – verbunden mit immer wieder neuen Menschen und Kulturen – macht für einen echten Weltenbürger den Spaß an der Arbeit aus. Übrigens denkt auch niemand, Mick Jagger habe keine Lust mehr zum Singen, Oliver Bierhoff keine Lust mehr zum Fußballspielen und Jil Sander keine

Lust mehr auf Mode. Die persönliche Leidenschaft und der Spaß an der Aufgabe sind vielmehr Voraussetzung für den beruflichen Erfolg.

Ist es nicht gefährlich, sich festzulegen?

Stellen Sie sich vor, Sie geben Ihr berufliches Ziel in einen Computer ein und starten ein Programm, mit dem der Computer automatisch einen Weg findet, dieses Ziel auch zu erreichen. Das hört sich gut an? So einen Computer besitzen Sie bereits – es ist Ihr Gehirn. Wenn Sie Ihrem Gehirn ein klares Ziel vorgeben, wird es auch einen Weg finden, dieses Ziel zu erreichen. Genau dafür wurden wir von Geburt an mit grauen Zellen ausgestattet. Bleibt Ihre Software jedoch ohne klare Zielvorgabe, kann sie keinen Lösungsweg finden.

»Ich möchte gern etwas mit Reiseleitung machen«, zählt dabei noch nicht als klare Zielangabe. Oft ist die Spezialisierung der Schlüssel zum Erfolg. Herkömmliche Berufsratgeber empfehlen oft das Gegenteil: »Bleiben Sie flexibel, legen Sie sich nicht zu sehr fest, und halten Sie sich möglichst viele Optionen offen.« Diese Strategie bringt jedoch einen entscheidenden Nachteil mit sich: Als Bewerber, der sich alle Möglichkeiten offen hält, werden Sie bei Ihrer Arbeitssuche stets auf viele hundert andere Bewerber treffen, die sich ebenfalls alle Optionen offen gehalten haben. Arbeitgeber suchen jedoch Arbeitskräfte, die für ein ganz bestimmtes Problem in ihrer Fluggesellschaft, Agentur oder Redaktion eine Lösung anbieten können.

Wer garantiert mir, dass das Konzept der Individuellen Berufsfindung funktioniert?

Mithilfe der Individuellen Berufsfindung legen Sie zwei Dinge fest: Ihr persönliches berufliches Ziel und den Weg dorthin. Damit allein haben Sie Ihre Chancen auf dem Arbeitsmarkt bereits um ein

Vielfaches erhöht, und zwar denen gegenüber, die weder über ein Ziel noch über eine Strategie verfügen – und das sind viele. Der Rest wird sich an Ihrem persönlichen Einsatz, Ihrem Durchhaltevermögen und Ihrer Fähigkeit zur Überwindung des inneren Schweinehundes entscheiden. Wenn Ihnen auf dem Weg zu Ihrem beruflichen Erfolg Zweifel kommen, so akzeptieren Sie diese als vollkommen normale Erscheinung. Die meisten haben jahre- und jahrzehntelang diverse Abwehrmechanismen trainiert, wenn es darum geht, das eigene Schicksal selbst in die Hand zu nehmen. Einer dieser Mechanismen ist, Versagensängste zu entwickeln.

Sind Sie wieder einmal an dem Punkt angelangt, an dem Sie »ganz sicher« sind, dass Ihre beruflichen Pläne niemals funktionieren werden, halten Sie sich eine Situation vor Augen, in der Sie etwas geschafft haben, das Sie (und alle anderen) vorher für unmöglich hielten. Dann wird Ihnen wieder bewusst, dass man so ziemlich alles schaffen kann, wenn man es sich erst einmal in den Kopf gesetzt hat. Und noch etwas: Alle erfolgreichen Globetrotter, die in diesem Buch vorgestellt werden, haben auch einmal klein angefangen.

Wer hilft mir, wenn ich nicht weiterkomme?

Zu Beginn Ihres Berufsfindungsvorhabens engagieren Sie ein Unterstützungskomitee von etwa zwei bis vier Freundinnen und Freunden, die Ihnen während Ihrer Berufsfindung zur Seite stehen. Niemand bleibt von Phasen verschont, in denen er Schwierigkeiten hat, den nächsten Schritt zu planen oder in denen er sich einfach nur mutlos fühlt.

Viele Vorhaben scheitern daran, dass der Berufsuchende einen wahren Fundus an Vermeidungsstrategien bereithält, um gerade erst beschlossene Schritte auf keinen Fall in die Tat umsetzen zu müssen. Daher empfiehlt es sich, einen Freund oder eine Freundin einzuschalten, der oder die einem gegebenenfalls auf die Füße tritt. Rufen Sie sie an, sobald Sie eine Entscheidung gefällt haben. Teilen Sie ihr oder ihm mit, bis wann welche Schritte in die Tat umgesetzt sein sollen. Verabreden Sie, dass sie oder er anruft und kontrolliert, ob Sie alles erledigt haben. Sie können Ihrem Freund, Ihrer Freundin auch eine Kopie Ihres schriftlich ausgearbeiteten Plans schicken. Bei Ankunft des Briefs gilt der Inhalt als verbindlich. Undefinierbare Motivationsprobleme lösen Sie also am besten, indem Sie über andere Leute Verbindlichkeiten schaffen. Das Wichtigste aber ist: Wenn in Ihrem Berufsfindungsprozess Probleme auftauchen, so ist das für Sie noch lange kein Grund aufzugeben. Beweisen Sie stattdessen Problemlösungskompetenz, und finden Sie Mittel und Wege. Wenn Ihnen keine einfallen, fragen Sie jemand, der erfahrener ist als Sie. Aber lassen Sie sich nicht auf halbem Weg von lösbaren Problemen entmutigen.

Teil II

Reportagen

Wem Gott will rechte Gunst erweisen, den schickt er in die weite Welt.

Joseph Freiherr von Eichendorff, deutscher Lyriker

Toren besuchen im fremden Land die Museen,
Weise gehen in die Tavernen.

Erhart Kästner, deutscher Schriftsteller

Durst ist schlimmer als Heimweh.

Volksweisheit

3.

Reise und Abenteuer

Wenn einer eine Reise tut, dann kann er was erzählen. Und das gilt auch für die Jobs in der Tourismusbranche: Ob Abenteuerreiseleiter, Animateur im Ferienclub oder Fahrradguide – sie alle kommen viel herum, treffen ständig neue Menschen, müssen sich in fremden Kulturen zurechtfinden und lernen vom Land mehr kennen als nur Strand und Disko.

Die meisten dieser Jobs haben viel mit Service zu tun. Denn: Das Beste für die Gäste ist nur durch menschlichen Kontakt und freundliche Betreuung zu gewährleisten. Neben den großen Konzernen wie TUI und Thomas Cook und kleinen spezialisierten Reiseveranstaltern bieten Flughäfen, Fluggesellschaften, Fremdenverkehrsbüros, Kurverwaltungen, Incentiveagenturen, Autovermietungen, Sport- und Freizeitparks Jobs für Leute, die dann arbeiten, wenn andere Urlaub machen.

Die Tourismusbranche boomt und gilt als weltweit größter Wirtschaftszweig. Über 700 Millionen Touristen reisen im Jahr 2000 in der Weltgeschichte herum. Die Welt-Tourismus-Organisation sagt voraus, dass sich das Volumen in den nächsten Jahrzehnten weltweit verdreifachen wird. Im gleichen Maß soll auch das dazugehörige Jobangebot wachsen. Schon jetzt finden sich in der Bundesrepublik fast drei Millionen Arbeitsplätze in der Tourismusindustrie. Über 160 Milliarden Euro werden jährlich hier umgesetzt.[1]

Und wenn die Deutschen auch nicht Fußballweltmeister sind, so gelten sie doch als Weltmeister im Reisen. Der Trend geht auch hierzulande immer weiter weg von Balkonien: Das Verhältnis Inland zu Ausland lag 1960 bei 70:30 und hat sich inzwischen umgekehrt.[2] Der Grund: das Wetter, verbunden mit den hohen Preisen. Viele fahren daher lieber nach Spanien, Italien, Griechenland und in die Türkei.

Doch auch dort erwarten die Leute viel für ihr Geld. Längst vorbei sind die Zeiten, da Urlauber zufrieden waren, am Strand zu liegen und die Sonne zu genießen. Wer in langweiligen Büros versauert, vierzig Stunden die Woche im Routinejob steckt, möchte in seiner freien Zeit und erst recht im Urlaub etwas ganz Besonderes erleben.

Und da kommen die professionellen Globetrotter ins Spiel. Der Bereich um Freizeit und Urlaub ist ein ebenso buntes wie vielfältiges Betätigungsfeld. Kaum eine Branche bietet einen so leichten Zugang für Quereinsteiger. Von der Fahrt zum Wochenendrave auf Ibiza über Kunstkurse in New York bis zur Trekkingtour ins Himalajagebirge reicht das Betätigungsfeld. Neben dem Wissen über Land und Leute, über Kultur und Geschichte sind immer auch Kommunikationstalent, gute Laune und Unterhaltung gefragt.

Der Preis für die vielen Partys und das Leben unter Palmen: freundlich sein, auch wenn man schlechte Laune hat. Gelassen und höflich auf Reklamationen und Beschwerden reagieren und immer das Unmögliche möglich machen. Lust auf Menschen, Lust auf Trubel, Lust auf Herausforderungen – das ist der gemeinsame Nenner für die Jobs in der Tourismus- und Freizeitbranche.

Info-Box

Informationen zu Tourismusberufen gibt es bei:

Deutsche Zentrale für Tourismus	Internationale Tourismusbörse
Beethovenstr. 69	Messedamm 22
60325 Frankfurt/M.	14055 Berlin
Tel.: (0 69) 97 46 40	Tel.: (0 30) 30 38 21 23
Fax: (0 69) 75 19 03	Fax: (0 30) 30 38 21 19
www.deutschland-tourismus.de	www.itb-berlin.de

Fachzeitschriften: *FVW international, Touristik Management, Travel-Talk*

Internet-Stellenmärkte:
www.fvw.de
www.hotel-career.de
www.dehoga.de

Susanne Mendack, *Berufsfeld Tourismus*, Regensburg 1998
–, *Berufe mit Reisen und Touristik*, Nürnberg 2000

Weiterbildungen im Bereich Tourismus bieten an:

Merkur Akademie International
Karlstr. 36-38
76133 Karlsruhe
Tel.: (07 21) 1 30 30
Fax: (07 21) 1 30 31 10
www.merkur-akademie.de

IST Studieninstitut
Steinstr. 34
40210 Düsseldorf
Tel.: (02 11) 86 66 80
Fax: (02 11) 8 66 68 30
www.ist-studieninstitut.de

Fernakademie Touristik
Allensteiner Str. 34
48157 Münster
Tel.: (02 51) 2 37 33 06
Fax: (02 51) 24 85 07
www.touristik-akademie.de

Tour-Operator

Paddeln auf dem Sambesi, Bungee-Jumping an den Victoria-Fällen oder Gorilla-Trekking in Uganda – wer denkt sich solche Touren aus? »Es ist ein schwerer Job, aber irgendwer muss es machen«, sagt Sven Bieler, Tour-Operator aus Brandenburg. Fernab von Massentourismus und Pauschalreisen entwickelt er Touren durch das östliche Afrika. Die Spezialität seiner *African Camp Safaris*: Sportarten wie Sandboarding, Tauchen, Angeln, Jagen, Wasserski, Reiten, Kanu- oder Rafting-Touren. Exotische Landschaften, eine einzigartige Tierwelt und afrikanische Traditionen bilden den Rahmen dafür. Das Programm wird individuell auf den Einzelnen oder die Gruppe zugeschnitten.

Bieler ist eigentlich Kellner, arbeitete viel in der Gastronomie und sollte 1992 Geschäftsführer eines Ferienclubs in Mombasa werden. Er fuhr nach Italien, nahm die Fähre nach Alexandria und fuhr über Land nach Kenia. Drei Monate waren geplant – es wurde ein halbes Jahr daraus, »in dem ich Afrika wirklich kennen gelernt habe«, so Bieler.

Von der Schönheit der Naturschauspiele beeindruckt, beschloss er, auf den Job im Club zu pfeifen und aus seiner neuen Liebe einen Beruf zu machen. »Wenn du einmal in Afrika gewesen bist, holt dich der Kontinent immer wieder ein.« Heute packt Bieler mehrmals im Jahr die Koffer und fährt zusammen mit einigen Reiseleitern »und ein paar netten Freunden« nach Afrika, um neue Touren zu entwickeln. »Wir besuchen beispielsweise den Norden von Sambia, der touristisch überhaupt noch nicht erschlossen ist.« Dort wird recherchiert, wo man essen und schlafen kann, wo es Zeltplätze gibt und wie viel Zeit das Ganze in Anspruch nimmt. »Und dann entscheiden wir, ob man hier eine Tour anbieten kann oder nicht.« Im günstigen Fall wird zu Hause ein Angebot erstellt.

Dann beginnt der organisatorische Teil: betriebswirtschaftliche Kalkulation, telefonieren, der Kontakt zu Reisebüros und die Pressearbeit. Bieler verkauft seine Reisen durch Kenia, Tansania, Uganda, Simbabwe, Botswana und Namibia entweder via Internet direkt an die Kunden oder über spezialisierte Abenteuer-Reiseanbieter, aber auch auf Messen oder Ausstellungen.

Praxis-Box

Juristische Grundlagen für Tour-Operators

- Im Reisevertrag erkennt der Kunde mit Buchung und Unterschrift die allgemeinen Reisebedingungen an, die der Veranstalter vorgibt. Darin geht es um die Einzelheiten von Anmeldung und Bezahlung, Konditionen bei Umbuchung oder Rücktritt und vor allem um Haftungs- und Leistungsverpflichtungen beider Seiten.

- Veranstalter sind gesetzlich verpflichtet, alle Leistungen so zu erbringen wie angeboten. Das heißt, dass zusätzliche Extras, die gesondert bezahlt werden müssen, als solche ausgewiesen werden. Vom »Zimmer mit Meerblick« aus muss das Wasser tatsächlich zu sehen sein.

- Reiseveranstalter sind verpflichtet, ihre Kunden auf Einreisebestimmungen von Ziel- und Transitländern aufmerksam zu machen.

- Reiseveranstalter müssen eine Insolvenzversicherung nachweisen, die für den Rücktransport der Teilnehmer aufkommt. Den Sicherungsschein erhalten die Kunden im Idealfall bei der Buchung.

- Reisereklamationen und Regressansprüche von durchschnittlich 1 Prozent der jährlichen Kunden sind vor Gericht erfolgreich. Eine spezielle Rechtsschutzversicherung wird von den Verbänden für alle Reiseveranstalter empfohlen. Gerade bei Abenteuer- und Sportreisen ist eine Haftpflichtversicherung wichtig.

- Empfehlungen zur Vertragsgestaltung gibt es beim Bundesverband der deutschen Reisebüros und Reiseveranstalter
  Mannheimer Str. 15
  60329 Frankfurt/M.
  Tel.: (069) 2 73 90 70
  Fax: (069) 23 66 47
  www.drv.de

- Hilfe bei Versicherungsfragen bietet der Bundesverband mittelständischer Reiseunternehmen
  Mainzer Landstr. 82-84
  60327 Frankfurt/M.
  Tel.: (069) 7 56 05 40
  Fax: (069) 75 60 54 20
  www.asr-online.de

Info-Box

Wer als Tour-Operator arbeiten möchte, bekommt Informationen beim:

Bundesverband Forum anders Reisen
Hirschberger Str. 48
90473 Nürnberg
Tel.: (09 11) 8 93 24 54
Fax: (09 11) 8 93 24 55
www.forum-anders-reisen.de

Tour-Operators mit Afrika-Angebot:

African Camp Safaris
Dr.-Wilhelm-Külz-Str. 16
15562 Rüdersdorf
Tel.: (03 36 38) 40 60
Fax: (03 36 38) 6 37 71
www.survival-tours.com

Jacana Tours
Willibald Str. 27
80689 München
Tel.: (0 89) 5 80 80 41
Fax: (0 89) 5 80 85 04
www.jacana.de

Foot Prints Reisen
Mathias-Giesen-Str. 25
41540 Dormagen
Tel.: (0 21 33) 21 92 92
Fax: (0 21 33) 21 92 94
www.footprintsreisen.de

Fachzeitschrift: *abenteuer und reisen*

Studienreiseleiter

Reiseleiter – das sind nicht immer die gestressten Gästebetreuer großer Veranstalter, die am Flughafen Pauschaltouristen in Empfang nehmen, fünfhundert Begrüßungscocktails am Tag durchziehen und sich mit den Reklamationen, Umzugswünschen und Sonnenbränden der Strandurlauber auseinander setzen müssen. »Trotzdem spielen wir natürlich auch Therapeuten, Gruppenmanager und Mädchen für alles«, beschreibt Lucia Oberleitner, Studienreiseleiterin aus Wien, ihren Job. Ihre Einsatzgebiete sind Nepal, Tibet, Ladakh, Bhutan und China.

Oberleitner studierte Ethnologie und zog nach der Zwischenprüfung mit dem Rucksack los: von Indien nach Nepal, Thailand, Hongkong, China und zurück mit der Transsibirischen Eisenbahn von Peking über Moskau nach Berlin. »Ich war fasziniert von diesen exotischen, so fremden Ländern und konnte mir ein Leben an einem Ort nicht mehr vorstellen.« Trotz des Reisefiebers schloss sie ihr Studium mit einer Arbeit über tibetisch-buddhistische Kulturen ab.

Doch mit kulturellem Wissen allein ist es nicht getan – schon gar nicht in Asien. Jede Reise erfordert Fingerspitzengefühl für unerwartete Situationen: Gecancelte Flüge, überbuchte Hotels, kaputte Busse, schlechte Straßen, gesperrte Gebiete oder Streiks – »man ist da draußen vor nichts gefeit«, so Oberleitner. Fremdsprachenkenntnisse sind wichtig, in vielen Ländern reicht Englisch allein nicht aus. »Wenigstens ›Guten Tag‹, ›Danke‹ und ›Wie komme ich zu…‹ sollte man in ein paar Sprachen draufhaben. Den Rest lernt man auf der Reise.«

In Deutschland bieten neben den großen Studienreiseveranstaltern wie Studiosus, DER Tours, Ikarus und Gebeco kleine spezialisierte Agenturen ihre Reisen an: in den Vatikan, zur Freiluft-Oper nach Verona oder zum Theaterfestival nach Avignon. Etwa 1400 deutsche Studienreiseleiter begleiten das meist anspruchsvolle Publikum.[3] Manche haben Orchideenfächer wie Sinologie oder Arabistik studiert, andere haben jahrelang im Ausland gelebt oder sind einfach selbst viel gereist. Zusätzlich werden die Studienreiseleiter in Seminaren und Einweisungsreisen ausgebildet.

Während der meist zwei- bis dreiwöchigen Reise sind die Leiter und Leiterinnen für die Organisation vor Ort zuständig – ein 24-Stunden-Job. Tagsüber geht es auf Sightseeing-Tour zu Sehenswürdigkeiten und Kulturereignissen, wie Konzerten, Festivals, Opern, Theater- und Tanzveranstaltungen, Ausstellungen, religiösen Festen oder Lesungen. Das Wichtigste dabei: »Immer genug Zeit zum Fotografieren zu lassen«, meint Oberleitner.

Studienreiseleiter müssen auch auf detaillierte Fragen eine Antwort wissen. Land und Leute, Geschichte, Politik, Wirtschaft, Erziehung und Gesundheit, Landwirtschaft, Kultur, Religion und die

Bevölkerungszahlen – »am besten, man ist ein wandelndes Lexikon«, sagt Oberleitner und warnt: »Die Gruppe darf nicht merken, wenn man mal selbst ins Schwanken kommt. Autorität ist das A und O der Reiseleitung.« Manchmal sei es wichtig, ganz cool zu improvisieren und einfach die Ruhe zu bewahren.

Gute Laune und immer ein Lächeln auf den Lippen sind wichtige Voraussetzungen für die Reiseleitung. Dass man einen seiner Gäste nicht mag oder genervt ist, behält man besser für sich. Mit der Stimmung in der Gruppe steht und fällt die Reise. Für Oberleitner kein Problem. Sie ist im Job fast immer gut gelaunt. »Reiseleitung ist ein anspruchsvoller, toller Beruf. Ich habe so viele Möglichkeiten herumzukommen und etwas zu erleben. Und dass wir immer in guten Hotels untergebracht sind, ist auch mal ganz angenehm nach all den Jahren aus dem Rucksack.« Außerdem freut sie sich immer wieder darauf, interessante Menschen kennen zu lernen, mit denen sie sonst nie in Kontakt gekommen wäre.

Studienreiseleiter müssen nicht immer auf exotische Ziele spezialisiert sein. Annette Meir aus Koblenz beispielsweise begleitet Gruppen nach Frankreich. Sie bezeichnet sich selbst als »Cicerone, Pädagogin, Schnäppchenführerin und Organisatorin in einem«. Meir studierte Geschichte und Romanistik und kann ihr Wissen unmittelbar im Job einsetzen. »Die meisten Leute, die mit mir auf Kunsttour in die Bretagne und die Normandie oder zu den Schlössern der Loire gehen, sind lebendig und neugierig. Dann macht die Arbeit auch Spaß.«

Meir steckt voller Geschichten über ihre Reiseteilnehmer und macht klar, dass die Freude an den Menschen die zum Teil harte Arbeit ausgleicht. »Ohne Kommunikation geht hier gar nichts, ich muss einen guten Draht zur Rezeption haben, mit dem Busfahrer auskommen, die Hüter von Sehenswürdigkeiten überzeugen, für uns länger aufzuhalten, und und und ...«

Fazit: Spaß am Reisen und Kontaktfreude, Einsatzbereitschaft, gute Nerven und fundiertes Wissen über Land oder Region sind Voraussetzung für den Job eines Studienreiseleiters. Und natürlich Sprachkenntnisse. Eigene ausgiebige Auslandserfahrung ist dabei erwünscht, aber nicht Bedingung. Gute Umgangsformen kommen dem meist anspruchsvollen Publikum entgegen, ebenso eine fundierte Allgemeinbildung. Und die Karrierechancen? Immerhin hat der lang-jährige Neckermannchef Wolfgang Beeser als Reiseleiter begonnen.

Info-Box

Über die Arbeitsmöglichkeiten als Reiseleiter informiert:

Verband der StudienreiseleiterInnen
Welserstr. 15
80750 München
Tel.: (0 89) 74 31 61 66
Fax: (0 89) 74 31 61 65

Reiseleiter-Training. Aktuelles Lexikon für Ausbildung und Praxis.
ZVA Zeitschriftenverlagsanstalt (zu bestellen über benner@drv-service.de)

Die großen Studienreiseanbieter sind:

Studiosus
Riesstr. 25
80992 München
Tel.: (0 89) 50 06 00
Fax: (089) 50 06 04 05
www.studiosus.de

Ikarus Tours
Am Kaltenborn 49-51
61462 Königstein/Tn.
Tel.: (0 61 74) 2 90 20
Fax: (0 61 74) 2 29 52
www.ikarus.com

GeBeCo Reisen
Holzkoppelweg 19a
24118 Kiel
Tel.: (04 31) 5 44 60
Fax: (04 31) 5 44 61 11

DER TOUR
(Lesereisen für Zeitungen)
Emil-von-Behring-Str. 6
60424 Frankfurt/M.
Tel.: (0 69) 95 88 00
Fax: (0 69) 95 88 35 09
www.dertour.de

Animateur

»Animateur klingt gleich so negativ, nach Leuten, die immer nur den Pausenclown am Pool spielen«, findet Renate Brandl aus Regensburg. Ursprünglich war sie Beamtin, fing nach zehn Jahren Amt bei Robinson an, ging auf die Insel Kos und aufs griechische

Festland und baute den Aerobicbereich des ersten deutschen Robinson Clubs an der Mecklenburgischen Seenplatte auf. Animateure werden dort *Robins* genannt.

Im Club gibt es drei große Abteilungen. Zum Sport gehören unter anderem Tennis, Ski, Fitness und Wassersport. Im Bereich Familie wird Kinder- und Jugendbetreuung angeboten, darunter Ausflüge, Sport und Kinderdiskos. Hier arbeiten Pädagogen und Erzieher, gern mit Zusatzqualifikation Erlebnispädagogik. Im dritten Bereich, dem Entertainment, werden Shows auf die Bühne gebracht. Dazu schreiben Regisseure vereinfachte Kurzfassungen von populären Musicals, die mit Tanzchoreografen und den Clubmitarbeitern produziert werden; Bühnendekoration, Bühnentechnik und Kostümschneiderei inbegriffen.

Um in einem Ferienclub zu arbeiten, muss man Qualifikationen für einen der drei Bereiche mitbringen. Besonders gern gesehen sind Leute, die zusätzlich etwas anzubieten haben, beispielsweise wenn ein Skilehrer singen oder ein Instrument spielen kann. Da sich alle um die Gäste kümmern, sind in jedem Fall sehr gute kommunikative Fähigkeiten gefragt.

Der Tag eines Animateurs beginnt um 9 Uhr mit einer Teamsitzung inklusive Bereichsleiter, auf der das Tagesprogramm durchgesprochen wird. Danach gehen die Mitarbeiter in ihre Bereiche, unterrichten Sport, unternehmen etwas mit den Kindern oder bereiten die Shows vor. Gegen 19 Uhr geht es an die Bar, wo die Gäste unterhalten und auf den Abend eingestimmt werden.»Manche denken, die wollen auch mal ihre Ruhe haben, doch viele freuen sich, wenn im Club was los ist«, beschreibt Brandl die Atmosphäre. Spaß am Umgang mit Menschen, das lasse einen auch nach einem anstrengenden Tag mit viel Sonne noch fröhlich und kommunikativ sein.»An den Bars in den Südclubs arbeiten in der Regel einheimische Barmixer. Daher herrscht dort fast immer eine spezielle Atmosphäre mit viel Offenheit und Lebensfreude«, erklärt Brandl.

Animateure können angeben, in welchen Ländern sie eingesetzt werden möchten.»Das hat ja keinen Sinn, wenn der Club die Leute in ein Land schickt, in dem sie sich nicht wohl fühlen.« In jedem Fall wird von den Mitarbeitern viel Belastbarkeit erwartet.»Die

Sonne im Süden gibt einem schon viel Kraft und Energie, man ist den ganzen Tag an der frischen Luft, das darf man bei dem Job nicht unterschätzen«, glaubt Brandl.

Außerdem bieten Clubs ein vielseitiges Betätigungsfeld: »Das ist nicht so wie im Reisebüro, wo man hauptsächlich im Computer nach freien Flugplätzen sucht. Im Club gibt es viele Berufe, die man für sich ausprobieren kann, zum Beispiel als Künstlerin im Atelier, als Bühnenbauerin bei den Shows oder als Tourleiter bei den Ausflügen.« Dabei hält die Regensburgerin das unmittelbare und meistens positive Feedback der Gäste für eine wichtige persönliche Erfahrung. »In ein paar Monaten im Club kann man Dinge lernen, für die andere Jahre brauchen. Manche fühlen sich allerdings schnell als Star und müssen zwischendurch auf den Boden der Tatsachen zurückgeholt werden«, betont Brandl.

Der typische Werdegang eines Animateurs? »Das sind im Club die mit dem buntesten Lebenslauf, originelle Typen eben. Da gibt es auch den Kfz-Mechaniker, der irgendwie mit Unterhaltung und Show angefangen hat, der reden kann und gut am Mikro ist«, erzählt Brandl. Das Wichtigste sei, dass jemand sich bewusst für die Arbeit im Club entscheidet. »Man darf auf keinen Fall in die Gästebetreuung gehen, bloß weil einem nichts Besseres eingefallen ist.« Und ihr persönlicher Tipp lautet: »Ich kann es nur empfehlen, in einem Club zu arbeiten. Man kann sich persönlich wahnsinnig weiterentwickeln. Wichtig ist, sich nicht treiben zu lassen, sondern Entscheidungen bewusst zu fällen.«

Info-Box

Die wichtigsten Ferienclubs sind:

Club Med
Emil-von-Behring-Str. 6
60439 Frankfurt/M.
Tel.: (0 69) 95 88 38 30
Fax: (0 69) 95 88 38 35
www.clubmed.com

Aldiana
Poststr. 4
CH-8808 Pfaeffikon
Tel.: 00 41 (5 54 15) 86 40
Fax: 00 41 (5 54 15) 86 46
www.aldiana.de

Robinson Club
Karl-Wiechert-Allee 23
30625 Hannover
Tel.: (05 11) 56 70
Fax: (05 11) 5 67 13 01
www.robinson-club.de

Jobbörse im Internet: www.animateure.de

Outdoorguide

Als Jon Krakauer, Journalist des amerikanischen *Outside Magazins*, am Nachmittag des 10. Mai 1996 den Gipfel des Mount Everest erreichte, hatte er seit 57 Stunden nicht geschlafen und litt unter der bewusstseinstrübenden Wirkung von Sauerstoffmangel. Während er sich an den Abstieg aus 8 848 Metern Höhe machte, kämpften sich noch zwanzig andere Bergsteiger mühevoll nach oben. Keiner hatte bemerkt, dass am Himmel Wolken aufzogen.

Fünf Leute starben bei dieser Tour, unter ihnen zwei erfahrene Guides, denen die Katastrophe am höchsten Berg der Welt angelastet wurde: der Neuseeländer Rob Hall und der US-Amerikaner Scott Fischer. Ihr Job: Abenteuerlustige aufs Dach der Welt zu bringen. Zur Gruppe gehörte zufällig der Journalist Krakauer, der das Drama in seinem berühmten Buch *In eisigen Höhen* geschildert hat.

Exotik und Abenteuer verkaufen sich hervorragend an gelangweilte Städter mit einigermaßen guter Kondition. Dabei stellt sich regelmäßig die Frage nach der Verantwortung: Was ist, wenn etwas passiert? Der Klettertrainer und Canyoning-Guide Frank Roßkamp aus Freinsheim in der Pfalz meint dazu: »Angst ist der schlechteste Ratgeber überhaupt. Wenn ich Angst hätte, könnte ich solche Touren überhaupt nicht machen.« Seine Erfahrung, die richtige Ausrüstung und die Gewissheit, alle Sicherheitsaspekte berücksichtigt zu haben, lassen ihn ruhig an die Touren herangehen. Letztendlich sei der Bergführer eher ein Unterstützer. »Die Leute müssen sich ihrer eigenen Verantwortung, für das, was sie tun, bewusst sein.«

Outdoorguides sind für die minutiöse Vorbereitung der Reise zuständig. Vorab machen sie sich mit den Gegebenheiten vor Ort vertraut und holen Genehmigungen ein. Je nach Programm wird geklärt, ob Feuer gemacht und Zelte aufgeschlagen werden dürfen oder ob es eine Landeerlaubnis für Hubschrauber gibt. Roßkamp erkundete beispielsweise im Inneren Papua-Neuguineas den im Zweiten Weltkrieg als Schneise in den Urwald geschlagenen Wau-Bulldog-Trail und legte dabei fest, welche Ausrüstung für die Tour benötigt wird.

Auch Stefan Snamyslo aus Dresden arbeitet als Trekkingführer und verbringt die Hälfte des Jahres an unterschiedlichen Reisezielen, am liebsten in Nepal und auf dem Kilimandscharo. Die Touren verlangen dem Wanderbegleiter nicht nur physische Kraft ab, auch die psychische Seite spielt eine wichtige Rolle. »Neben starken Waden brauchst du starke Nerven«, sagt Snamyslo. Ein harmonisches Gruppenfeeling ist für ihn wesentliche Voraussetzung für das Gelingen einer Tour. Gesunder Menschenverstand, Improvisationstalent und Optimismus helfen, die Anstrengungen des Bergwanderns zu meistern. Vor Ort arbeitet Snamyslo mit Partnern zusammen, darunter Hotels, Lodges, Bergführer und Träger.

Zur Vorbereitung einer Tour gehört auch, sich ein Bild von der Konditionsstärke der Teilnehmer zu machen. Oft müssen mehrere Versionen mit unterschiedlichen Anforderungen entwickelt werden: vom Spaziergang bis zum Höhenbergsteigen. Den jeweiligen Schwierigkeitsgrad gilt es möglichst vor der Reise mit den Teilnehmern abzuklären. Die erste Etappe einer Wanderung gilt als Übung, um einen letzten Konditionstest durchzuführen. Sorgfältige Vorbereitung und präzise Organisation reduzieren die Probleme. »Überraschungen kann es aber immer geben«, erklärt Snamyslo.

Neben einer guten Kondition und Freude an der Natur sollten angehende Outdoorguides kommunikatives Geschick und seelische Stabilität besitzen. »Ohne Sozialkompetenz geht da überhaupt nichts«, betont Wilfried Mach, Gründer und Geschäftsführer der *Outdoor Academy Europe* in Ratingen bei Düsseldorf. »Es reicht nicht, sich einen Kindheitstraum erfüllen zu wollen. Menschen, die sich einem Guide anvertrauen, müssen sich auf ihn verlassen können. Da ist Verantwortungsbewusstsein gefragt.« Daher stehen bei Mach Gruppendynamik, Erlebnispädagogik und Erste Hilfe auf dem Stundenplan.

Info-Box

Hier gibt es Wissenswertes für Outdoorguides:

Internationaler Wildnisführerverband
Albblick 2
72160 Horb-Betra
Tel.: (0 74 82) 91 32 31
Fax: (0 74 82) 91 32 32
www.wildnisfuehrer.de oder .ch

Fachzeitschriften: *Wandermagazin, TREKKERS world, Berge, BIKE & TREK*

Survivaltrainer

Nach der Aufregung um BSE und Maul- und Klauenseuche bekam die naturnahe Ernährung in der Bundesrepublik neuen Aufwind. Auch Straußen-, Känguru- und Elchfleisch erscheinen heute immer öfter auf unseren Speiseplänen.

Doch es geht noch weiter: Eine ganze Branche ist mittlerweile aus dem Wunsch nach intensiven Naturerlebnissen inklusive Nahrungsaufnahme erwachsen. Das Ganze heißt Survival und bedeutet Würmer und Spinnen zu essen und mit bloßen Händen ein Kaninchen zu fangen. »Menschen wollen an ihre Grenzen stoßen«, sagt Rolf Werner, Geschäftsführer einer auf Survivaltrainings spezialisierten Agentur in Schwaben. Er bietet Trips in die ganze Welt an, vor allem in die USA, nach Neuseeland und Südamerika.

Doch auch wer Angst vor Schlangen im Urwald und Skorpionen in der Wüste hat, kann etwas erleben: »Survival muss nicht immer

Exotik sein. Das Abenteuer findet im Kopf statt. Da sind ferne Landschaften eine nette Zugabe, aber nicht das Entscheidende«, ist Werners Überzeugung. Trotzdem suchen viele Kunden die Herausforderung des einfachen Lebens fernab von zu Hause.

In Vorgesprächen machen die Survivaltrainer den Teilnehmern deutlich, dass es sich keineswegs um einen harmlosen Ausflug mit Grillen am Lagerfeuer handelt. »Es ist nicht damit getan, den Leuten zu erklären, dass man Maden essen kann«, erzählt Werner. Er lässt die Teilnehmer Gegenstände mitbringen, die sie ihrer Meinung nach für ein Überleben im Wald brauchen. »Die werden dann gleich zu Beginn des Kurses eingesammelt, was regelmäßig Panik, Entsetzen, Unglauben oder Fatalismus auslöst.«

Zum Survival gehört auch die körperliche Anstrengung. Wer sich von selbst gesammelten Wurzeln und Beeren ernährt, benutzt nicht am nächsten Tag den klimatisierten Reisebus. So erkunden die Survivalbegeisterten Wälder und Berge in der Regel zu Fuß und erleben so ihre Umgebung einmal ganz anders und viel intensiver. Oft ist das Überwinden des inneren Schweinehunds das wichtigste Erfolgserlebnis auf der Tour. Manche reizt auch das Leben in der Gruppe: einmal raus aus den eingefahrenen, zwischenmenschlichen Beziehungen des Alltags und neue Leute kennen lernen.

Neben einem robusten Magen und der körperlichen Fitness braucht ein Survivaltrainer soziales Fingerspitzengefühl, um schwächere Mitglieder der Gruppe zu unterstützen. Er muss rechtzeitig erkennen, wenn ein Teilnehmer sich überschätzt hat, sich unwohl fühlt oder die Grenze seiner Belastbarkeit erreicht hat. »Die eigene Begeisterung für das einfache Leben ist gut und schön. Die Herausforderung besteht darin, erschöpfte und vielleicht mittlerweile unwillige Menschen durch so ein Abenteuer zu begleiten und bei der Stange zu halten«, erklärt Werner die besonderen Aufgaben seiner Trainer.

Survivalkurse sind nicht nur etwas für Hardcoretraveller. Eine Drei-Tage-Wanderung durch den Harz, im Elbsandsteingebirge oder in den Auwäldern der Oberrheinebene kann aufregend und aufreibend genug sein. Auch die Eifel bietet Platz für Abenteuerwillige, zum Beispiel unter Anleitung von Förster Peter Wohlleben, der im Zuge der Renaturierung heimischer Wälder Survivalkurse durchführt. Seine Gruppen sind lediglich mit Schlafsack und Taschenmesser ausgerüstet. Gegrillte Asseln (»schmecken wie Chips«) und Regenwürmer sind obligatorische Bestandteile des Speisezettels. Wohlleben berichtet, dass am zweiten Tag etliche seiner Schützlinge mit Übelkeit und Kopfschmerzen aufgeben. Sein Kommentar: »Manche versagen eben unter Stress.«

Info-Box

Folgende Schulen bilden zum Survivaltrainer aus:

Survivalschule Bergisch-Land	Harzer Survivalschule
Grünental 21	Herzog-Julius-Str. 63a
42557 Solingen	38667 Bad Harzburg
Tel.: (02 12) 20 15 88	Tel.: (0 53 22) 92 84 88
Fax: (02 12) 20 15 88	Fax: (0 53 22) 92 84 89
	www.survival-schule.de

Fachzeitschriften: *outdoor, Offroad*

Survivalautor

Wer glaubt, mit spätestens 35 wäre man für das ganz große Abenteuer zu alt, der irrt. Schaut man auf die »Big Names« der Szene, scheint es sich eher um eine Altherrenbranche zu handeln: Bergsteiger Reinhold Messner ist Jahrgang 1944, Abenteurer Arved Fuchs immerhin bereits 1953 geboren. Auch Rüdiger Nehberg, der mit seinem Buch *Survival – die Kunst zu überleben* den Boom in Deutschland auslöste, gehört nicht mehr zu den Allerjüngsten: 2001 feierte er seinen 66. Geburtstag. Zu unserem Gespräch über seinen Beruf kam er gerade aus Äthiopien zurück.

Was seinen Beruf angeht, ist Nehberg eigentlich Konditor und baute in Hamburg drei Konditoreien auf. Doch Mitte dreißig traf er einen Halbamerikaner, der ihm von Überlebensstrategien in Wüste und Dschungel erzählte. »Damals plante ich gerade eine

Reise an den Blauen Nil. Da schienen mir ein paar Kenntnisse und Techniken hilfreich«, erzählt er.

Um zu lernen, wie man Tiere mit bloßer Hand fängt (um nicht zu verhungern) und wie man sich nachts zum Schlafen einbuddelt (um nicht zu erfrieren), sammelte Nehberg Wissen aus Büchern und besuchte Dutzende von Volkshochschulkursen und Privatseminare.»Das waren viele Sprachkurse, aber auch, wie man Teiche baut, die Angst vorm Ertrinken überwindet, wie man trotz Ekel Schlangen und Spinnen essen kann und überhaupt alles, was mir irgendwie nützlich schien.«

Später besuchte Nehberg Kurse zum Thema Schreiben, Fotografieren und Video. Schließlich sollte die Welt von seinen Abenteuern erfahren.»Ich habe angefangen, über die Reisen zu publizieren, um die Öffentlichkeit auf meine Anliegen aufmerksam zu machen«, erklärt er. Dazu gehören vor allem Menschenrechtsfragen, aber auch der Naturschutz. Seine Waffe im Kampf David gegen Goliath ist die Macht der Medien.»Das Fernsehen zeigt Aufnahmen von meinem Floß, die Leute finden das toll und kaufen mein Buch. Dort finden sie bei einem Dschungelabenteuer Hinweise auf das Unrecht, das den Indianern im Amazonasgebiet zugefügt wird.«

Für ein anderes Buchprojekt lernte Nehberg zu spritzen, zu operieren, zu nähen und zu amputieren – und zwar absichtlich von medizinischen Laien.»Wenn man sich mit Anatomie auskennt und auf Sauberkeit achtet, dann ist das gar kein Problem.« Das Resultat der Erkenntnis: eine medizinische Survivalfibel aus der Feder Rüdiger Nehbergs.

Was alles möglich ist, zeigte der Survivalautor bei drei Atlantiküberquerungen – natürlich nicht auf einem Dampfer, sondern 1987 mit dem Tretboot. Sein Erlebnisbericht *Im Tretboot über den Atlantik* wurde zunächst von allen Verlagen abgelehnt.»Ich hatte ja keine Ahnung, wie man spannend schreibt. Dann habe ich mir mal Reportagen in *Stern* und *Spiegel* und Abenteuerbücher durchgelesen, um zu analysieren, wie man so etwas aufbaut.« Aus der rein chronologischen Abfolge (»ziemlich lahm«) wurden strukturierte Kapitel: Erfahrung mit Menschen, Erfahrung mit Tieren, Essen, Gesundheit und Gefahren. Nach einer vollständigen Überarbeitung mithilfe eines Freundes bekam Nehberg Angebote von gleich mehreren Verlagen.

In den folgenden Jahren überquerte Rüdiger Nehberg noch zweimal den Atlantik, einmal per Floß, dann mit einem 17 Meter langen Baumstamm. Neben dem Reisetagebuch (mit Kuli und Block) wurden diesmal auch Video- und Audioaufnahmen gemacht. »Wir wollten eine CD herausbringen, auf der die Leute mich während der Reise hören und sehen können – mit all den Verzweiflungen und Euphorien.«

Zwischen der zweiten und dritten Atlantiküberquerung nahm Nehberg sechzigjährig an einem Wettlauf durch Wüste, Urwald und Steppe des Kimberley-Plateaus in Australien teil. Dort legte er 600 Kilometer in sengender Hitze zurück und ernährte sich ausschließlich von Wurzeln, Spinnen, Fliegen und Mäusen. Mit dabei hatte er Zwille, Messer, Angel, Kompass und Karte. Sein Mitstreiter, der Ultra-Marathonläufer David Covey (etwa halb so alt wie Nehberg), quälte sich lieber mit einer kompletten Hightech-Ausrüstung durch die Outbacks: Satelliten-Navigation, Astronautenfutter, Teleskop-Wanderstöcke, eine Rettungsdecke aus Silberfolie. Der Dritte im Bunde, der Aborigine Jack Jugari (fast 15 Jahre älter als Nehberg) verließ sich allein auf Speer, Bumerang und die Sterne. Er kam als Erster ins Ziel, gefolgt von Nehberg und schließlich dem Amerikaner, der zwischendurch zusammengebrochen war.

Durch seine Reisen kann sich Nehberg inzwischen auf Englisch, Französisch, Italienisch, Arabisch und Portugiesisch durchschlagen. Wichtig sei, wieder selbst zu lernen, für sein Leben zu sorgen, sich nicht zu überschätzen und die Gefahren zu erkennen. Das Schlimmste dabei seien allerdings nicht die körperlichen, sondern die psychischen Belastungen, die Angst es nicht zu schaffen und die Einsamkeit. »Übrigens können Frauen viel besser damit umgehen, sie sind belastbarer und jammern nicht so viel«, erklärt der Überlebenskünstler.

Nehberg lebt heute von Diavorträgen und seinen inzwischen über 15 Büchern. Pläne für die Zukunft hat er ebenfalls: »Ich habe einen Verein gegründet, der sich gegen die Beschneidung von Mädchen in islamisch geprägten Ländern wendet. Auf meinen Reisen bin ich oft dieser Art der Verstümmelung begegnet. Das ist so bestialisch, dass ich einflussreiche islamische Gelehrte für mein Anliegen gewinnen will.« Auch Survivalaktionen sind geplant. Über sein neues Engagement informiert www.target-human-rights.com.

Info-Box

Rüdiger Nehberg hat viele Bücher über Survivalthemen geschrieben. Die bekanntesten sind:

Die Kunst zu überleben. Survival, München 1997
Survival-Training, München 1989
Medizin-Survival. Überleben ohne Arzt, München 1986
Im Tretboot über den Atlantik, München 2000

Seine Website: www.ruediger-nehberg.de

Weitere Survival-Bücher:

Reinhold Messner, *Everest Solo. »Der gläserne Horizont«*, Frankfurt 2000
Überlebt. Alle 14 Achttausender mit Chronik, München 1999
Berge versetzen. Das Credo eines Grenzgängers, München 1996
Bis ans Ende der Welt. Herausforderungen im Himalaja und Karakorum, München 1998
Arved Fuchs, *Abenteuer russische Arktis*, Bielefeld 1999
Im Faltboot um Kap Hoorn, Bielefeld 1999
Karl-Leopold von Lichtenfels, *Lexikon des Überlebens*, München 2000
Gerhard Buzek, *Das große Buch der Überlebenstechniken*, München 2001
Hauke Trinks, *Leben im Eis. Tagebuch einer Forschungsreise in die Polarnacht*, München 2001

Entwickler von Kreuzfahrten

Mit Sascha Hehn auf dem Traumschiff über den Pazifik schippern und mit einem schmucken Offizier beim Captain's-Dinner plaudern – zum Thema Kreuzfahrt hat jeder ein paar Klischees im Kopf. Luxus, Entspannung und viel frische Luft gelten als Grundbestandteile einer Cruise.

Als Clubschiff Aida und MS Arkona stechen Deutschlands Kreuzfahrtschiffe sommers wie winters in See. Wenn es hierzulande schneit, steuern die Kreuzer die Karibik, oder auch das Mittelmeer – besonders die Ägäis – an. Norwegen und die Fahrt über den Atlantik gehören zu den Dauerbrennern, aber auch Reisen nach Australien oder um die ganze Welt sind gefragt. Bevor es losgeht, haben sich hinter den Kulissen Hunderte von Menschen Gedanken gemacht, Fäden gezogen, organisiert, Verträge abgeschlossen, Häfen und Zielgebiete getestet.

Einer der großen deutschen Kreuzfahrtanbieter ist Seetours mit zwei Anlaufstellen: Die Reederei sitzt mit 40 Mitarbeitern in Rostock, im hessischen Neu-Isenburg planen 120 Leute die Reisen, erstellen Kataloge, kümmern sich um das Marketing und den Vertrieb. Einer von ihnen ist Ralf Machendanz. Er ist Manager Tourist Operations und entwickelt mit seinem Team den Ablauf einer Kreuzfahrt. Der ausgebildete Koch aus Bremerhaven entdeckte seine Liebe zur See, als er sich als Schiffskoch auf der Jungfernreise der MS Berlin 1980 verdingte.

Dort hat es ihn erwischt. Nicht seekrank ist er geworden, dafür aber schon ein bisschen süchtig. »Meine Oma hat sich darüber sehr gefreut, ihr Bruder war Musiker und ihre Tante Krankenschwester zur See.« Nach dem ersten Törn im Mittelmeer stand für ihn fest, dass er in keinem Restaurant auf dem Festland mehr Klöße kochen würde. Auf seinem zweiten Ausflug arbeitete er als Bordfotograf. Er lichtete die Passagiere eines skandinavischen Fünf-Sterne-Liners vor den Pyramiden, im Pool und bei Galaempfängen ab – Erfahrungen, die ihm jetzt bei seinem Job helfen.

Darüber hinaus hat Machendanz als Reiseleiter in der Türkei und in Zypern gearbeitet. Sechs Jahre lang betreute er Touristen vor Ort und kümmerte sich um Ausflüge, fehlende Zimmerschlüssel und juckende Mückenstiche. Besonders hilfreich war dabei immer die Zusammenarbeit mit den Einheimischen – er lernte, sich auf neue Mentalitäten einzustellen und Probleme gemeinsam zu lösen.

Bevor Machendanz heute seine Arbeit als Produktentwickler beginnt, setzen sich Leute aus der Marketingabteilung mit Nautikern zusammen und checken ab, welches Zielgebiet auf welcher Route angesteuert wird. Sie klären, ob man in bestimmte Gebiete fahren kann, ob sie tief genug sind, ob der Pier am Hafen für den Kreuzer geeignet ist. Dann schaltet sich Machendanz ein und rekrutiert so genannte Basishäfen, in denen das Schiff ankert. Seine nächsten Zielgebiete: die Karibik mit Jamaika und Cozumel bei Mexiko.

Geplant wird ein neues Produkt mindestens ein Jahr im Voraus. Machendanz fliegt in die Hafengebiete und erkundet, welche Gegenden interessant, welche Häfen geeignet sind. Er trifft sich mit Agenturen, spricht mit Ämtern über Einreisebestimmungen und diskutiert mit Hafenbehörden über nautische Gegebenheiten. Details wie der Ablauf des Check-ins, der Transfer vom Flughafen und die Gepäckabfertigung werden geklärt. »Es soll alles reibungslos abgehen, damit unsere Passagiere so wenig wie möglich davon mitbekommen.«

Auch wenn Machendanz fünf Jahre Berufserfahrung im Destinationsgebiet Karibik mitbringt, sind bestimmte Dinge nicht vorhersehbar, sondern müssen operativ geklärt werden. Hurrikans oder politische Unruhen können die ganze Planung schnell zunichte machen. »Einmal war Staatschefempfang in Santo Domingo, und wir hatten drei Maschinen in der Luft«, erzählt Machendanz. »Wir durften nicht landen, weil der Flughafen wegen der 35 Staatschefs abgeriegelt wurde.«

Was Machendanz an seinem Job in der Kreuzfahrtplanung gefällt? »Ich mache keine statische Arbeit. Jeden Tag wächst das, was ich mir vorher ausgedacht habe. Man sieht das Produkt von der Idee bis zur Ausführung.« Interkulturelles Verständnis sei dabei das A und O. »Wenn es um Verträge geht, will man in Deutschland Referenzen sehen und genaue Details ausarbeiten. In der Karibik funktioniert vieles aber mündlich.« Irgendwie werde es schon klappen – damit habe er sich manchmal zufrieden zu geben. »Daran muss man sich in diesem Beruf eben gewöhnen.« Und natürlich an die langen Flüge – kein Job für Leute, die nicht gern im Flieger sitzen.

Kreuzfahrten für Anfänger gibt es auch in heimischen Gefilden, etwa als Schnuppertörn in der Ostsee. Geboten werden neben dem guten Essen, Gesang, Musik und Tanz, Boutiquen, Friseur, Bibliothek, Fitnessraum und Sauna. Doch das ist längst nicht alles: Auch Mountainbikes für den Landausflug, Mal- und Internetkurse sowie Lesungen und natürlich Partys werden angeboten. Manche Fahrten werden von Prominenten aus Kunst, Zeitgeschehen, Unterhaltung und Wissenschaft begleitet: Die Schauspieler Volker Lechtenbrink und Susanne Uhlen, die Autorinnen Doris Gercke, Irene Disch und Elke Heidenreich, die Journalisten Friedhelm Brebeck und Daniel Dagan sind schon auf hoher See dabei gewesen.

Das Potenzial der Kreuzfahrtbranche gilt als lange noch nicht ausgeschöpft. Allerdings seien die deutschen Anbieter zu sehr dem traditionellen Publikum – sprich ältere, gut betuchte Ehepaare – verhaftet, meint Helge Grammersdorf von der Hamburger Sea-Consult. Er berät Branchenunternehmen und sagt für das Jahr 2010 eine Million deutsche Kreuzfahrer voraus, das bedeutet eine Verdreifachung in zehn Jahren. Weltweit sind 300 Luxusdampfer unterwegs, 50 neue befinden sich im Bau.[4]

Der Bedarf an Personal auf den Schiffen ist entsprechend hoch. Die Reedereien suchen vor allem Leute mit Gastronomie- und Hotelerfahrung, besonders Köche, Konditoren, Kellner und Animationstalente. Voraussetzung für eine Anstellung an Bord: Berufserfahrung, gute Englischkenntnisse, sicheres Auftreten und Teamfähigkeit.

Info-Box

Kontakt zu Kreuzfahrtanbietern kann man herstellen über:

Verband Deutscher Reeder
Esplanade 6
20354 Hamburg
Tel.: (0 40) 35 09 70
Fax: (0 40) 35 09 72 12
www.reederverband.de

Einige große Kreuzfahrtanbieter:

Terramar
Zimmersmühlenweg 55
61440 Oberursel
Tel.: (0 61 71) 65 28 88
Fax: (0 61 71) 65 28 80
www.terramar-reisen.de

Hapag-Lloyd
Ballindamm 25
20095 Hamburg
Tel.: (0 40) 30 01 46 00
Fax: (0 40) 30 01 46 01
www.hapag-lloyd.de

Seetours
Frankfurterstr. 233
63263 Neu Isenburg
Tel.: (0 61 02) 81 10 00
Fax: (0 61 02) 81 19 00
www.seetours.de

Sea Cloud Cruises
Ballindamm 17
20095 Hamburg
Tel.: (0 40) 3 09 59 20
Fax: (0 40) 30 95 92 22
www.seacloud.com

Silversea Cruises
Wasserloser Str. 3a
63755 Alzenau
Tel.: (0 60 23) 3 00 25
Fax: (0 60 23) 41 05
www.silversea.com

Internetbörsen für Kreuzfahrtjobs:
www.oscars.at
www.seereisenportal.de

Sandra Bow, *Abenteuer Kreuzfahrt – Jobs und feste Stellen auf See*, Freiburg 1997

Fahrradguide

Wunderschöne Landschaften, atemberaubende Aussichten, erstklassige Hotels, Gepäcktransport, jederzeit verfügbare Mechaniker, ausreichend Masseure und Physiotherapeuten für die ausgepowerten Muskeln – die bestorganisierte Fahrradreise der Welt ist die Tour de France. Leider auch die strapaziöseste ...

Wer es lieber geruhsam mag und die Reise auch genießen will, kann sich einem Fahrradreiseveranstalter anvertrauen. Von den Teilnehmern werden keine sportlichen Höchstleistungen verlangt, stattdessen Mitwirkung, Flexibilität und Improvisationstalent. Jede Tour wird von zwei Guides begleitet. Einer fährt mit dem Gepäcktransporter voraus und sorgt für das Essen. Der andere fährt mit den Radlern hinterher.

Unter dem Motto »Essen und Trinken hält Leib und Seele zusammen – die gleiche Wirkung erzielt auch das Radfahren« bietet der Aachener Veranstalter Weinradl Touren zu 16 europäischen Reisezielen. Die Idee: Reisen mit dem Fahrrad ist mehr als Sport, mit dem Fahrrad reist man einfach anders. Schließlich kommt man so an Orte, die für Autos gar nicht erreichbar sind: Weinberge, eine Steilklippe, eine Lichtung im Wald. Auch leibliche Genüsse kommen nicht zu kurz: Seit 1978 führen die Radwanderreisen in klassische Weingebiete, wie das Burgund und die Provence, aber auch in Bierländer wie Flandern und Dänemark.

Interview

Oliver Saueressig aus Düsseldorf betreut individuelle Fahrradreisen im Ausland. Ursprünglich studierte er Germanistik und strebte eine Karriere als Wissenschaftler an. Der Job als Fahrradreiseleiter beschränkt sich für ihn keineswegs darauf, während des Radelns Acht zu geben, dass niemand verloren geht.

Frage: Was sind die Aufgaben eines Fahrradguides?

Saueressig: Fahrradguides sind velotechnische Helfer, Kofferträger, Wegweiser, Picknickeinkäufer, Ansprechpartner für Hoteliers und Küchenchefs, und möglichst auch noch charmante und taktvolle Mitreisende und Botschafter einer ganz speziellen Urlaubsphilosophie.

Frage: Was mussten Sie dafür lernen?

Saueressig: Ich habe zunächst mal meine Fremdsprachenkenntnisse aufgebessert. Organisationstalent hatte ich, und Fahrrad- und Kleinbusfahren konnte ich auch schon. Lediglich die Vorträge bereiteten mir Bauchschmerzen. Das habe ich aber ziemlich schnell schon beim Auswahlverfahren für meine erste Reiseleitertätigkeit überwunden. Bezeichnend, dass ich mich an der Uni immer vor Referaten gedrückt und mich dieser Herausforderung nie gestellt hatte. Für die Reiseleitertätigkeit war ich sofort bereit, meine Scheu zu überwinden.

Frage: Eine berufliche Umorientierung ist immer ein Wagnis. Was hat Ihnen dabei geholfen?

Saueressig: Ich habe mich lange an viele Illusionen geklammert. Das hat mich unfrei gemacht und mir die Möglichkeit genommen, mich neu zu orientieren. Erst als ich bereit war, alles aufzugeben, konnte ich etwas Neues annehmen. Das fühlt sich im ersten Moment zwar reichlich komisch an und macht Angst, aber diese Angst muss man einfach überwinden.

Frage: Woher kamen die Zweifel an Ihrem ursprünglichen Berufswunsch?

Saueressig: Ein Jahr, nachdem ich meine Stelle in einem Forschungsprojekt an der Uni angefangen hatte, merkte ich, dass mich besonders alle organisatorischen Aufgaben reizten, also neben Kaffeekochen und Kopieren vor allem Terminabsprachen mit Versuchspersonen, Durchführung von Experimenten, Versuche am Computer konstruieren, alles praktische Arbeiten. Die Theorie und das langwierige statistische Auswerten der Versuchsergebnisse hingegen interessierten mich weniger.

Frage: Sind Sie mit Ihrer Entscheidung zufrieden?

Saueressig: Bisher ja. Ich denke, dass mir das Vermitteln von Inhalten mehr liegt. Reiseleitung ist ein sehr anspruchsvoller Job, körperlich und psychisch auch. Man lernt wahnsinnig viel über alle Bereiche des Lebens. Das ist sehr schön, aber manchmal eben auch anstrengend.

Info-Box

Einige Fahrradreiseanbieter:

Weinradl	ETS Radreisen
Weststraße 7	Frankfurter Str. 291
52074 Aachen	51147 Köln
Tel.: (0241) 876262	Tel.: (02203) 9660516
Fax: (0241) 875302	Fax: (02203) 966080
www.weinradl.de	www.ets-radreisen.de

Velo travel
Hebelstr. 19
76133 Karlsruhe
Tel.: (07 21) 9 20 43 50
Fax: (07 21) 9 20 43 51
www.radreisewelt.de/velotravel

Sportlehrer

Klettern, Laufen, Biken, Reiten, Canyoning, Paddeln, Rafting, Höhlentouren, Segeln, Tauchen, Angeln, Golf oder Tennis – manche freuen sich über solche zusätzlichen Angebote am Urlaubsort. Für die anderen sind sie Mittelpunkt, Sinn und Zweck der Reise. Aufregend und exklusiv soll es sein. Schließlich will, wer eine Reise tut, hinterher etwas erzählen.

Zu jeder Sportart gibt es Lehrer, Übungsleiter und Trainer – zwei davon sollen hier vorgestellt werden. Der erste ist Bernhard Pomp aus Mönchengladbach, der während der Saison als Skilehrer in österreichischen Wintersportgebieten arbeitet. Die meisten seiner Kollegen unterrichten in über den Globus verteilten Skischulen, Wintersportressorts oder Clubs: Ob in Südamerika, Kanada, Japan oder im Libanon – wo deutsche Touristen Ski laufen, sind Lehrer mit deutschen Sprachkenntnissen gefragt.

Pomp fährt am liebsten mit Gruppen von Wintersportbegeisterten auf eine Hütte oder ins Hotel. Die Lernwilligen engagieren ihn wochenweise, oder er bietet selbst zusammengestellte Programme an. »Das hat den Vorteil, dass ich ganz individuell mit den Einzelnen je nach Können arbeite. Manchmal übe ich morgens mit den Anfängern am so genannten Idiotenhügel den Stemmbogen und das Abrutschen und gehe nachmittags mit den Fortgeschrittenen ins Gelände.« Abends stehen dann alle gemeinsam an der Bar, auch das gehöre dazu, so Pomp.

Als Sportlehrer zu arbeiten gibt Bewegungsbegeisterten die Möglichkeit, ihre Leidenschaft beruflich einzusetzen und selbst

»einfach sehr viel Sport zu treiben«, sagt Pomp. Wirklich genervt vom Unterrichten ist er eigentlich nie. Dazu gehört neben dem fahrerischen Können auch die Fähigkeit, den eigenen Bewegungsablauf präzise vorzuführen – und das in immer neuen Wiederholungen. Schlampige Fahrweise rächt sich schnell, wenn die Schüler die Unarten ihrer Lehrer nachmachen. Genauso wichtig sei es, Fehler zu sehen und Bewegungen zu korrigieren, was Bestandteil der Prüfungsanforderungen bei der Übungsleiterlizenz ist.

Doch Sportlehrer müssen mehr vorweisen als Fitness. Kommunikation ist gefragt:»Nur gut Ski zu fahren reicht nicht, da fährt man besser Rennen. Aber gut reden allein ist auch nicht genug, da bleibt man besser an der Bar. Es ist also sehr von Vorteil, in beiden Disziplinen deutlich über dem Durchschnitt zu liegen.« Geduld, Begeisterungsfähigkeit und die Gabe, anderen etwas erklären zu können, gehören dazu.»Und Trinkfestigkeit«, ergänzt Pomp.

An den schönsten Stellen der Erde kann man entweder Ski fahren oder aber fliegen, genauer gesagt, Gleitschirm- oder Drachenfliegen. Sportreisebüros offerieren Fernreisen mit Flugunterricht. Wer will, kann Südafrika, Australien und Südamerika aus der Luft erkunden. Auch die Austragungsorte des World Cups finden sich rund um den Globus: in Österreich, Spanien, Norwegen, Brasilien, Venezuela, Australien und Japan.

Fluglehrer arbeiten vom Boden aus. Daher können sie – anders als bei Segel- oder Motorfliegern – bei Problemen nicht direkt eingreifen. Konzentration auf das Geschehen in der Luft, schnelle Reaktionen auf mitunter lebensbedrohliche Fehler und eindeutige Anweisungen über Funk sind gefragt.»Man muss jede Situation nachempfinden können, auch wenn sie sehr weit weg ist. Wenn man seinen Schülern nur über Funk beistehen kann, kommt es schnell zu Magensausen«, erklärt Marco Gänger, Fluglehrer aus Lenggries bei München. Nervenstärke und Ruhe seien wichtige persönliche Voraussetzungen für den Job. Videoaufzeichnungen helfen, Fehler im Nachhinein zu analysieren und Verbesserungsvorschläge auszuarbeiten.

Neben dem Unterrichten engagiert sich Gänger für die Promotion und Imagepflege des Flugsports. Als Mitarbeiter von *Free Flight Pool*, einem Zusammenschluss von Herstellern, Flugschulen und dem Deutschen Hängegleiterverband, besucht er Messen, organisiert TV-Produktionen und pflegt die Zusammenarbeit mit anderen Fun-Sportarten. Fast jeden Monat ist er auf einem Event, rührt die Werbetrommel, informiert und lässt Interessierte am Flugsimulator üben. In Zusammenarbeit mit den örtlichen Flugschulen werden Live-Flugshows veranstaltet.

Info-Box

Die Vorbereitung auf die Prüfung als Sporttrainer oder Übungsleiter kann man bei Vereinen und Verbänden durchführen und dort auch die Prüfung ablegen.

Deutscher Sportlehrerverband (mit Jobbörse)
Am Rasselberg 16
35578 Wetzlar
Tel.: (0 64 41) 92 12 10
Fax: (0 64 41) 92 12 12
www.dslv.de

Sportjobs in Wintersporthotels vermittelt:

Deutscher Hotel- und Gaststättenverband
Postfach 20 04 55
53134 Bonn
Tel.: (02 28) 82 00 80
Fax: (02 28) 8 20 08 46
www.dehoga.de

Informationen über die Tätigkeit als Fluglehrer gibt es bei:

Deutscher Hängegleiterverband
Postfach 88
83701 Gmund am Tegernsee
Tel.: (0 80 22) 9 67 50
Fax: (0 80 22) 96 75 99
www.dhv.de

Free Flight Pool
Miesbacher Str. 2
83703 Gmund am Tegernsee
Tel.: (0 88 21) 1 88 53
Fax: (0 88 21) 1 88 44
www.free-flight.de

Incentives

Täglich um 9 Uhr auf der Matte stehen, über Jahre hinweg ein freundliches Gesicht machen, jedes Telefonklingeln mit der gleichen Höflichkeit entgegennehmen, Überstunden machen und immer schön kreativ sein – wer soll das dauerhaft aushalten? Also bemühen sich viele Unternehmen, ihre Mitarbeiter in guten wie in schlechten Zeiten bei Laune zu halten.

Doch dazu reichen Weihnachtsfeiern und Betriebsausflüge nicht mehr aus. Positiver reagiert der Mitarbeiter von heute auf den gemeinsamen Offroadtrip nach Island oder Kanada. Der nämlich gibt die Möglichkeit, in der Natur zu sein, aufzutanken und etwas zu erleben. Das motiviert. »Ein Incentive muss immer ganz besondere Höhepunkte enthalten, die normal gar nicht zu haben sind«, meint Rosemarie Rädisch, Inhaberin der Incentive-Agentur Windrose in Berlin. Sie organisiert Zeltpartys am Fuße der Pyramiden, Beduinennächte in der Sahara, Kaviar und Champagner am Nordpol oder ein Frühstück mit Orang-Utans.

Früher war ein Incentive eine Belohnung oder ein Anreiz. Wer in der Firma am meisten verkauft oder einen besonders guten Verbesserungsvorschlag gemacht hatte, erhielt zur Belohnung eine Woche Mallorca spendiert. Später wurde man teamorientierter und schickte erfolgreiche Abteilungen zusammen zum Skifahren. »Irgendwann stellte man dann fest, dass gemeinsame Erlebnisse den Teams gut tun«, erklärt Wilfried Mach von der Outdoor-Academy in Ratingen bei Düsseldorf. Er bietet gemeinsam mit seinen Personalentwicklern Trainings mit Indoor- und Outdoor-Elementen an.

Sinn des gemeinsamen Erlebens ist es, Kommunikation und Konfliktfähigkeit zu schulen. Außerdem wird die Verbundenheit zum Unternehmen gefördert, ebenso wie Teamgeist, Kreativität, Selbstreflexion und eine genaue Einschätzung der eigenen Stärken und Schwächen.

Beispiel Nachwuchsführungskräfte-Training: Im Seminar wird mit den Teilnehmern zunächst über ihre zukünftigen Aufgaben gesprochen. Nach der Theorie folgen acht Stufen Praxis an der frischen Luft. Begonnen wird mit vertrauensbildenden Maßnahmen, wie zum Beispiel sich mit verbundenen Augen durch den Wald führen lassen oder von mehreren in die Luft geworfen zu werden. Später müssen die Teams eine Seilkonstruktion bauen (Burmabrücke, Slipline, Riesenstrickleiter, Spinnennetz).

Von der Planung bis zur Durchführung wird dabei jeder Schritt genau analysiert. Wer hatte wann wo das Sagen, wer hat sich ausgeklinkt, wer konnte sich durchsetzen? Wie sah es mit Zeit- und Konfliktmanagement aus? Wie wurde Kritik ausgedrückt? Eine realitätsnahe und doch spielerische Art, die Juniorchefs auf ihren ersten Führungsjob vorzubereiten. Je nach Training stehen auch Bogenschießen und Feuerkunde auf dem Programm, dazu Biwak- und Iglu(!)-bau, Floß- und Helikoptertouren, Abseilen, Erste Hilfe für Extremsituationen und Nachtwanderungen.

Info-Box

Ausbildungen und Schnupperkurse gibt es bei:

Outdoor-Academy Europe
Mülheimer Str. 40
40878 Ratingen
Tel.: (0 21 02) 8 56 96 26
Fax: (0 21 02) 84 70 92
www.outdoor-academy.com

Adressen von Veranstaltern:

Windrose
Neue Grünstr. 28
10179 Berlin
Tel.: (0 30) 2 01 72 10
Fax: (0 30) 20 17 21 17
www.windrose.de

The Event People
Humboldtstr. 62
22083 Hamburg
Tel.: (0 40) 2 27 47 90
Fax: (0 40) 22 74 79 99
www.incentives.de

Vertikal Incentives
Halbtauenstr. 1
79674 Todtnau
Tel.: (0 76 71) 96 95 90
Fax: (0 76 71) 9 69 59 20
www.vivkg.de

Trends Intelligente Incentives
Ulmer Straße 130
73431 Aalen
Tel.: (0 73 61) 96 17 61
Fax: (0 73 61) 96 17 62
www.intelligente-incentives.de

Reiseverkäufer

Das berühmteste Reisebüro der Bundesrepublik heißt *Ehrlich Reisen* und steht in der Kastanienstraße. Dort arbeitet Mutter Beimer aus der Lindenstraße. Im Angebot hat sie alles von der Pauschalreise nach Kreta bis zur Safari in Südafrika.

Ein Branchenkollege von ihr sitzt im fernen Berlin und heißt Georg Fabian. Im Gegensatz zu Beimer studierte er nach dem Abitur ungefähr 25 Semester –»alles einmal querbeet«. Nebenbei fuhr er Taxi und reiste, wenn er genug Geld beisammen hatte, mit dem Zelt quer durch Europa: von Dänemark nach Frankreich, dann nach Italien, Griechenland und Ungarn. Später ging es nach Nicaragua und in die USA.

Doch für den Traum von der großen weiten Welt reichte die Tingelei zwischendurch nicht aus. Daher entschloss sich Fabian im zarten Alter von vierzig, auf Reisevermittlung umzusatteln. »Bei den Kursen im Bereich Tourismus gefiel mir vor allem das Fach Reiseverkehrsgeografie – eine Mischung aus Erdkunde und TUI-Katalog.« Neben den ausgebildeten Reiseverkehrskaufleuten arbeiten in den 20000 Reisebüros der Bundesrepublik zahlreiche Quereinsteiger, ebenso in spezialisierten Büros und Last-Minute-Agenturen.[5]

Reiseverkäufer kennen sich in Buchhaltung und Rechnungswesen aus, können mit dem Buchungssystem START Amadeus umgehen und wissen, wo es was zu sehen gibt: die ältesten Buddhatempel der Welt, antike Ausgrabungsstätten oder romantische Fischerdörfchen. Außerdem lernt man, Flugtarife zu berechnen, exotische Rundreisen zu planen und Bahntickets auszustellen. »Gerade für Flüge ins Ausland gibt es eine Menge Kniffe. Man muss wissen, welche Sonder- und Graumarkttarife existieren und wo man sie bekommt«, so Fabian.

Auch die Kataloge müsse man lernen zu lesen. Ein »belebter Badeort« kann ein Synonym für Ballermann-Atmosphäre sein. »Manchmal bedeutet es auch, dass in jedem Rinnstein eine Alkoholleiche liegt.« »Individuell eingerichtete Ferienhäuser« können sich als geschmacklich ziemlich gewöhnungsbedürftig erweisen. Am besten ist es natürlich, man fährt selbst los, um Hotels und Regionen zu erkunden: Wer eine Stadt mit eigenen Augen gesehen hat, kann ganz anders davon erzählen und sie besser verkaufen. »Wenn ich selbst eine Tempelanlage angeschaut habe, kann ich berichten, wie die Kuppeln in der Morgensonne leuchten, wie man im Garten mit den Mönchen Tee trinkt und dass man im Kloster auch übernachten kann«, so Fabian. Manche Reiseanbieter laden die Vermittler zu Informationstrips ein.

Heute hat sich Fabian auf Bahnreisen spezialisiert. Während seine Kollegen Flugtickets in alle Welt verkaufen, findet er heraus, wie man per Zug durch Europa oder auch mal nach Peking oder Wladiwostok kommt. Dass er ein paar Semester Mathematik studiert hat, hilft: »Logisches Denken ist wichtig, wenn man die ideale Tarifkombination für Auslandsfahrten herausfinden will.« Außerdem muss ein Reiseverkäufer mit urlaubsreifen Kunden umgehen können, kommunikationsfreudig und sympathisch sein und natürlich Spaß am Verkaufen haben. In Reisebüros, die sich auf Firmenreisen spezialisiert und so gut wie keinen Publikumsverkehr haben, kann man dagegen auch introvertierter gestrickt sein.

Das Verkaufen von Reisen ist eine gute Gelegenheit, in die Tourismusbranche einzusteigen. Von dort kann man zu einem der etwa 1500 deutschen Reiseveranstalter, Fluggesellschaften, Kurverwaltungen und Tourismusförderungsinstitutionen wechseln.[6] Ein weiterer Vorteil: Reisebüroangestellte erhalten Vergünstigungen von Reiseanbietern, Fluggesellschaften und Hotels. Eine gute Möglichkeit, mit knappem Budget die Welt zu erkunden.

Info-Box

Informationen über die Arbeit im Reisebüro erhält man bei:

Bundesverband der deutschen Reisebüros und Reiseveranstalter Mannheimer Str. 15 60329 Frankfurt Tel.: (0 69) 2 73 90 70 Fax: (0 69) 23 66 47 www.drv.de	Österreichischer Reisebüroverband Hofburg Kongresszentrum Wien Postfach 113 A-1014 Wien Tel.: 00 43 (1) 5 87 36 66 24 Fax: 00 43 (1) 5 32 26 91 www.oerv.at

Schweizerischer Reisebüroverband
Postfach
CH-8038 Zürich
Tel.: 0041 (1) 4873050
Fax: 0041 (1) 4800945
www.srv.ch

Online-Reiseverkäufer

Früher musste man ins Reisebüro gehen und einen Sack voll Kataloge nach Hause schleppen. Heute kann man – theoretisch – alle verfügbaren Informationen übers Internet abrufen. Trotzdem bleibt die Zahl der Online-Buchungen verhalten: Gerade mal knappe zwei Prozent der Reisen wurden 2001 im Netz verkauft. Bis 2005 hofft man, zumindest in Europa an die 10-Prozent-Grenze der jährlich prognostizierten 438 Millionen Euro Umsatz zu stoßen. Lufthansa will dann jedes vierte Ticket online und per Handy verkaufen. Dann soll der Kunde auch während des Fluges surfen, E-Mails verschicken und natürlich Flüge buchen können.[7]

Nachdem jahrelang der Untergang der traditionellen Reisebüros durch die Konkurrenz aus dem Netz beschworen wurde, kehrte also erst einmal Ruhe ein. Bis es ganz selbstverständlich wird, zumindest unkomplizierte Buchungen wie den Geschäftsflug von Frankfurt nach London oder die Pauschalreise von Düsseldorf nach Mallorca online vorzunehmen, wird es wohl noch einige Zeit dauern.

Vieles wird allerdings auch von neuen, kundenfreundlicheren Ideen abhängen. »Mist wird nicht dadurch besser, dass man ihn online anbietet«, sagt Martin Lohmann, Leiter des Instituts für Tourismus und Bäderforschung in Kiel. Vielfach sei das Internet zeitaufwändiger als das ganz normale Buchen auf traditionellem Weg. Das soll in Zukunft anders werden, wünschen sich zumindest die Airlines. Für die nämlich könnte die Abwicklung übers Netz bis zu viermal billiger werden.[8]

Wenn in Zukunft mehr Reisen online verkauft werden, ergeben

sich neue Chancen für Reiseverkäufer: von der Entwicklung attraktiver E-Commerce-Anwendungen über die Online-Beratung bis zur Einrichtung von Diskussionsforen für Kunden zu aktuellen Themen, zum Beispiel: *Wer soll auf den Mount Everest?* oder *Billig-Fluglinien – ja oder nein?* oder *Gefahren für Urlauber in Florida.*

Info-Box

Eine Liste von Internetadressen rund ums Reisen:[9]

www.lastminute.de oder .com: Plattform für Veranstalter, Airlines, Events

www.travelchannel.de: Rundum-Angebote mit Infos für Geschäftsreisende, Souvenirliste und Promillegrenzen

www.kinderreisen.de: Alles über Urlaub mit Kids bis zur Koffercheckliste

www.travel24.de: Reise-Service mit Eintrittskarten, Katalogofferten und Schnäppchen

www.reisemarkt.de: Empfehlenswert für Deutschlandtourismus und sanften Tourismus

www.dino-reisen.de: Für Seefahrer mit Links zu Fährgesellschaften

www.australien-info.de: Fragen von Aussie-Neulingen werden von Kennern beantwortet

www.reiseplanung.de: Alles rund ums Verreisen – vom Abenteuerurlaub bis zu Visabestimmungen

www.reiseservice.de: Homepages von 1800 Fremdenverkehrsämtern, Ländern, Regionen und Städten

www.dzg.com: Anlaufstelle für die vereinigten Globetrotter

www.reisetraeume.de: Sammlung von Anschriften und E-Mail-Adressen internationaler Tourismusinstitutionen

www.crm.de: Centrum für Reisemedizin, informiert über Krankheiten, Impfungen und Medikamente

www.cn-touristic.de: Pauschalpakete und Charterflüge

www.ltur.de: Über 10 000 Last-Minute-Reisen. Mit pfiffiger Wettersuchmaschine

www.expedia.de: Internetreisebüro mit Reisen, Flügen, Mietwagen, Hotels

www.hrs.de: Reservierungssystem für 90 000 Hotels weltweit

www.flights.com: Rund 30 Millionen Linienflüge weltweit

www.business-class.de: Registrierte Geschäftskunden haben Zugriff auf Hotels, Mietwagen, Flüge und Bahntickets

Reiseveranstalter zu Sportevents

Marathonläufer sind eine Spezies für sich. Nicht nur, dass sie ihrem Körper ohne Not gesundheitlichen Schaden zufügen. Das tun Raucher auch. Doch darüber hinaus wollen die meisten Marathonläufer ihrem Sport an immer exotischeren Reisezielen nachgehen. Das Klima spielt dabei keine Rolle. Nicht einmal Kambodscha, Jamaika oder Mount Fuji sind vor den Langstreckenbegeisterten sicher. Marathonlaufen ist anstrengend. Dazu kommen die manchmal undurchsichtigen Anmeldeformalitäten. Wie soll ein Läufer aus Dortmund wissen, wo es die Anmeldeunterlagen für den Hanoi-Marathon gibt? Oder wer beim Midnight-Sun-Marathon nördlich des Polarkreises zugelassen wird? Wo gibt es Hotels, wo werden die Startnummern ausgegeben, und wie gelangt man morgens trotz Absperrungen zum Start?

Damit die Läufer nicht selbst alles mühsam recherchieren müssen, gibt es einen, der Bescheid weiß: Uwe Ellger von Austrasia Tours im hessischen Lahntal. Er organisiert Fahrten zu allen bekannten Langstreckenereignissen, nach Bali oder Grönland, London, New York oder Hongkong. Ellger hat selbst bereits mehrfach am »besten Lauf der Welt« teilgenommen, dem 90-Kilometer-Comrades-Marathon in Südafrika. Er ist stolz darauf, dass alle »seine« Läufer bei diesem Ultrarennen ins Ziel kamen.

Als aktiver Laufsportler kann Ellger über jedes Detail, das für seine Kunden wichtig ist, Auskunft geben. Seine Stärke ist die persönliche Beratung, bei der Interessierte erfahren, ob ein Lauf der individuellen Kondition entspricht. Austrasia Tours sorgt für Flug, Unterbringung und touristisches Rahmenprogramm, bei dem auch Land und Leute erkundet werden. Dem Ruf der Langstreckler entsprechend sind dies keine Luxusreisen. Wo immer möglich, wohnen die Läufer bei sportinteressierten Gastgebern. Auf Grönland stehen zur Unterbringung außerdem eine Jugendherberge und das Seemannsheim zur Verfügung.

Wer Bewegung eher lästig findet, kann sich trotzdem für die Stimmung auf internationalen Wettkämpfen begeistern – als Zuschauer. Um bei Top-Events wie Olympia, Fußball, Leichtathletik oder Motorsport dabei zu sein, nehmen echte Fans eine Menge auf sich. Man denke nur an die oft verregneten Zeltplätze am Nürburgring, wenn dort Schumacher & Co. um die Formel-1-Weltmeisterschaft rasen. Viele, die einmal bei einem solchen Event dabei sein möchten, scheitern jedoch bereits im Vorfeld, wenn sie sich Karten besorgen wollen.

Auch hier helfen Spezialreiseanbieter. Einer von ihnen ist Wolfgang Vieten aus Meerbusch bei Düsseldorf, seines Zeichens studierter Diplom-Sportlehrer und Weltenbummler. In den weiten Landschaften der USA, Kanadas und Australiens fühlt er sich zu Hause. Angefangen hat alles mit Abenteuerreisen für Studenten und andere Individualisten, die sich nicht ganz auf eigene Faust ins Ausland wagen wollten.

Den Durchbruch mit Sportreisen hatte Vietentours dann zur Fußballweltmeisterschaft 1994 in den USA: Durch seine Erfahrungen in der Organisation von Touren nach Nordamerika wurde er als offizieller Reiseveranstalter für die WM ausgewählt. »Wir waren zur richtigen Zeit am richtigen Ort.« Nicht nur Glück allein, gibt Vieten zu, denn vor den Erfolg haben die Götter bekanntermaßen den Schweiß gesetzt. »Wo wir einmal Glück hatten, hatten wir auch hundert Mal Pech. Das sieht natürlich keiner. Man darf sich aber nicht entmutigen lassen«, empfiehlt er. Und er illustriert sein Geschäft: »Nehmen Sie Sydney 2000. Man hat uns gesagt, die Hotelzimmer seien schon seit zwei, drei Jahren ausgebucht für die Spiele. Aber wir sind immer wieder hingefahren, haben hier sieben Zimmer gefunden und dort zehn.«

Von ihrem Zweitberuf als Schauspielerin und TV-Moderatorin her hat Ehefrau Petra Vieten jede Menge Kontakte zu Sportlern, Journalisten, Vereinen – und so treffen sich bei Vietentours nicht nur gleich gesinnte Fans, sondern auch Promis wie Ex-Sportler Uwe Seeler oder Familienangehörige von aktuellen Olympioniken. Der Besuch von WM-Partys oder dem Training der deutschen Nationalmannschaft sind dann Extrazuckerl bei der Asienreise zur Fußball-WM 2002.

Was den beiden Sportverrückten die Energie für die langen Arbeitstage gibt? »Was Spaß macht, zum Beruf machen!«, ist ihr Tipp für alle, die ihrem Beispiel folgen möchten. Übrigens bieten nicht nur Sportevents Möglichkeiten für spezialisierte Reiseveranstalter, sondern auch Weltausstellungen, internationale Festivals oder Kulturereignisse.

Info-Box

Auf Sportevents spezialisierte Veranstalter sind zum Beispiel:

Vietentours	Austrasia Tours
Bagelstr. 85	Feldstr. 21
40479 Düsseldorf	35094 Lahntal-Caldern
Tel.: (02 11) 17 70 00	Tel.: (0 64 20) 3 10
Fax: (02 11) 1 77 00 17	Fax: (0 64 20) 78 44
www.vietentours.de	www.austrasiatours.de

Dennis Crayton, Rich Hanna, *Der Marathon-Reiseführer*, Mühlheim/Ruhr 1998

Im Hotel

»Um in der Weltgeschichte herumzukommen, gibt es gar keinen besseren Job als im Hotel zu arbeiten«, sagt Holger König, Empfangschef im Berliner Nobelhotel Adlon. Und um einigen Prominenten über den Weg zu laufen, offensichtlich auch nicht: Im Adlon jedenfalls residierten bereits Michail Gorbatschow, Bill Clinton, Kofi Annan, Ignatz Bubis, Pierce Brosnan, Robert de Niro, Steven Spielberg, Mikka Häkkinen und die Gruppe Genesis.

Über 500 Mitarbeiter hat das Adlon, allein 60 davon sind Köche. Wer fröhlich, freundlich und herzlich ist und auch noch gute Umgangsformen mitbringt, für den ließe sich im Hotel auf jeden

Fall etwas finden, so König. Schließlich arbeiten hier neben Pagen, Zimmermädchen, Hausdamen und -männern auch Wagenmeister, Butler, Kellner, Barkeeper, Telefonisten, Sekretärinnen, Buchhalter, Rezeptionisten, Nachtportiers, Techniker, Masseure, Physiotherapeuten, Trainer, Kosmetikerinnen, Vertriebs- und Marketingfachleute, Controller und Veranstaltungsmanager.

Die Karrierewege sind kurz, die Aufstiegsmöglichkeiten gut: Wer als Kofferträger oder Kellner anfängt, kann sich innerhalb weniger Jahre in eine mittlere Managementebene hocharbeiten – entsprechende Trainings und Fortbildungen vorausgesetzt. »Auch die Hoteldirektoren und -direktorinnen haben mit Bettenmachen angefangen. Der Spruch ›Vom Tellerwäscher zum Millionär‹ trifft in der Hotelbranche zu«, sagt Claus-Dieter Jandel von der Hotelkette Steigenberger.[10]

Auch Empfangschef König hat als Hotelpage angefangen, später in London gearbeitet. Als Nächstes liebäugelt er mit einer Station in den USA oder Kanada. Ein befristetes Arbeitsvisum ist mit Erfahrungen in der Hotelbranche kein Problem. Für gehobene Positionen werden die Gebühren plus Umzugskosten übernommen.

In jedem Hotel sind die Dinge anders geregelt: Karten für ausverkaufte Opern beispielsweise bekommt man im Berliner Adlon am Concierge Desk, bei anderen am Front Office, und beim dritten Hotel heißt der dafür zuständige Bereich Guest Relations. Dann gibt es noch den Guest Services Manager, der für die Bereiche Fahrer, Träger, Hoteldiener, Fitness, Wellness, Business-Center und die Boutiquen zuständig ist. In jedem Fall aber hat das Geschäft sehr viel mit dem unmittelbaren Kontakt zu zahlreichen, sehr unterschiedlichen Menschen zu tun. »Das ist das Schöne, aber gleichzeitig auch die Riesenbelastung an unserem Job«, so König. Im Hotel zu arbeiten habe wenig mit einem normalen Bürojob gemein. Wichtig sei, sich über Lob zu freuen und Beschwerden nie persönlich zu nehmen.

Obwohl in der Bundesrepublik bereits über eine Million Menschen in Hotels arbeiten, werden händeringend Leute gesucht. Die Branche leidet unter dem Image der langen Arbeitszeiten und schlechten Einstiegsgehälter. Der Deutsche Hotel- und Gaststättenverband forderte daher bereits eine Greencardregelung für ausländische Arbeitskräfte. Schließlich ist die Branche von jeher international ausgerichtet. Nach Angaben von Präsident Erich Kaub fehlten im Jahr 2001 bereits 80 000 Mitarbeiter. Bis 2004 sollen über 600 neue Hotels in der Bundesrepublik eröffnet werden.[11]

Info-Box

Über Tätigkeitsfelder informiert:

Deutscher Hotel- und Gaststättenverband
Postfach 20 04 55
53134 Bonn
Tel.: (02 28) 82 00 80
Fax: (02 28) 8 20 08 46
www.dehoga.de

Sommelier

Kenntnis und Geschmack von guten Weinen wird von Kennern gern zu einer Art Geheimwissenschaft stilisiert. Daher kann es vorkommen, dass Otto Normalverbraucher Berührungsängste mit Chardonnay und Burgunder hat. Diese Barrieren abzubauen ist das persönliche Berufsziel von Sommelier Hendrik Thoma. Sein Wissen teilt er daher auch gern in Zeitungskolumnen mit und gibt Weintipps in Kochsendungen. Sein Rat: »Trinken, trinken, trinken und darüber einen guten Geschmackssinn entwickeln.«

Thoma ist seit 1996 Sommelier im Hotel Louis C. Jacob an der Elbchaussee in Hamburg. Der Jungstar überwacht einen der umfangreichsten Weinkeller der Hansestadt mit etwa 950 Positionen, der vom Restaurantführer *Der Metternich* mit der höchsten Benotung fünf von fünf Goldenen Flaschen ausgezeichnet wurde – ein Verdienst des Sommeliers. Denn er kauft Weine und andere Spirituosen ein, erstellt die Getränkekarte, betreut die Kellner und berät die Gäste. Außerdem ist er für die Zigarren und eigentlich auch für den Käse zuständig. Diese Aufgaben hat Thoma allerdings abgegeben, um sich ganz den Weinen zu widmen. Sommeliers im klassischen Sinne sind zuständig für Einkauf, Lagerung und Beratung. Unter ihnen gibt es fast so viele Frauen wie Männer. Die bekannteste Sommelière ist die Münchnerin Paula Bosch, ehemaliges Jurymitglied beim bekanntesten deutschen Restaurant- und Weinführer *Gault Millau*, und die Kölnerin Christina Fischer, die von der Herforder Felsenkeller Brauerei zur Wirtin des Jahres 2000 gekürt wurde.

In der einjährigen Ausbildung bekommen zukünftige Weinkellner die nötigen Kenntnisse vermittelt. Doch die Kunst eines Sommeliers misst sich nicht nur an seinem Wissen, sondern auch an seiner Menschenkenntnis. Er muss sich auf seinen Gast einstellen können, im Gespräch herausfinden, welcher Wein der richtige für ihn oder sie ist. »Mein Ziel besteht nicht darin, den teuersten Wein zu verkaufen, sondern den, der am besten passt«, so Thoma. Das hänge von persönlichen Vorlieben, dem bestellten Essen und natürlich auch vom Portemonnaie ab.

Thoma hat seine berufliche Laufbahn als Koch im Parkhotel seiner Heimatstadt Gütersloh begonnen, bevor er später ins Hamburger Landhaus Scherrer wechselte. Vor der Ausbildung müssen Sommeliers Erfahrung in der Gastronomie vorweisen und ein Praktikum in einem Weinbaubetrieb absolvieren. Thoma hat während eines zweijährigen Aufenthalts in der Auberge du Soleil im kalifornischen Napa Valley und auf dem Weingut Cain Cellars in St. Helena seine ersten Erfahrungen gesammelt. Es folgten ein weiteres Praktikum auf dem Johannishof im Rheingau und eine einjährige Ausbildung zum Sommelier auf der Heidelberger Hotelfachschule.

Thoma ist viel herumgekommen. »Die Reiselust ist eine Grundvoraussetzung für diesen Beruf.« Auch heute ist er mindestens alle zwei Monate für einige Tage auf Weinproben unterwegs. »Nur so kann man den Überblick behalten.« Seine Erfolgsbilanz gibt ihm Recht: 1999 wurde er vom *Gault Millau* mit dem Titel Sommelier des Jahres ausgezeichnet. Kurze Zeit später schaffte er die Prüfung zum Master Sommelier. »Aber ich bin kein Weinsnob, sondern einfach ein bekennender Genussmensch.«

Info-Box

Ein Ausbildungsjahr zum Sommelier gibt es bei der:

Heidelberger Hotelfachschule
Buchwaldweg 6
69126 Heidelberg
Tel.: (0 62 21) 3 50 10
Fax: (0 62 21) 38 53 75
www.hotelfachschule-heidelberg.de

Fachzeitschriften: *Alles über Wein, Vinum*

Weitere Jobs für Globetrotter im Tourismus

Barkeeper

Barkeeper sind die fast schon sprichwörtlichen Seelentröster hinter allen Tresen dieser Welt. Schließlich gibt es schummerige Theken und feine Bars fast überall. Gute Laune, freundliches Zugehen auf Gäste und eine feste Hand mit Leuten, die über den Durst getrunken haben, gehören zum Handwerkszeug wie Bierzapfen, Weinkenntnisse und das Anrichten der Cocktails.

Info-Box

Profis haben sich im Berufsverband zusammengeschlossen:

Deutsche Barkeeper-Union
Kottwitzstr. 11
20253 Hamburg
Tel.: (0 40) 4 20 97 55
Fax: (0 40) 4 22 03 14
www.dbuev.de

Hotelberater

In Ländern, die noch nicht voll touristisch entwickelt sind, werden von großen Hotels Berater eingestellt, die das Haus auf die internationalen Ansprüche vorbereiten sollen. Was erwarten die Gäste? Welche Feiertage erfordern spezielle Arrangements (einen Weihnachtsbaum im Dezember, einen Truthahn zu Thanksgiving)? Wie kann ein internationales Marketing aussehen? Was sind attraktive Zusatzangebote?

Wanderreiten

Zum Wanderreiten gehören Sport und Abenteuer. Statt auf eigenen Füßen erkunden die Teilnehmer das Land auf dem Pferderücken. Die Ausritte führen Pferdeliebhaber und Reiter in die Provence und in die Puszta, nach Texas und Arizona, Kanada und Australien.

Rettungsschwimmer

Rettungsschwimmer ist ein Saisonjob unter Sonne und Palmen an vielen erstklassigen Destinationen. Voraussetzung: Rettungsschwimmerschein und praktische Erfahrung in Deutschland.

Campingplatzbetreiber

Viele Urlauber ziehen das einfache Camperleben den Hotelsuiten und Ferienappartements vor. Die Angebote reichen in Europa, Nordamerika und Australien vom fast naturbelassenen Zeltplatz mit sanitären Einrichtungen bis zu professionellen Anlagen mit Wohnmobil-Facilitys, Grillplätzen, Kino, Kinderspielplatz, Schwimmbad, Supermarkt und Surfboardverleih.

Weltumsegler

Keine Lebensstellung, nicht einmal eine echte Berufsperspektive, aber für ein paar Jahre einen echten Weltenbummlerjob bietet das Mitsegeln auf oder Überführen von Jachten. Als Deckshand anheuern lassen kann man sich vor allem in Atlantikhäfen, von denen aus Segler auf längere Törns gehen.

Charterbootbesitzer

Charterbootbesitzer sind glückliche Menschen. Sie leben auf ihrem Boot – wenn es groß genug ist –, und zwar an warmen Orten wie Gibraltar, der Ägäis oder der Karibik. Sie finanzieren ihr Nomadenleben, indem sie braun gebrannte Strandurlauber mitnehmen. Deren Beitrag finanziert die Bootswartung sowie den unmittelbaren Lebensbedarf. Andere Charterbootbesitzer leben an Land und verdienen ihr Geld mit mehrtägigen oder -wöchigen Reisen für Leute, die segeln können oder es lernen wollen.

Umwelttester

Auf der Internationalen Tourismusbörse in Berlin wurde 2001 das Umweltsiegel Viabono für umweltorientierte Hotels, Restaurants, Campingplätze und andere touristische Einrichtungen vorgestellt. Noch ist die Arbeit der Umwelttester allerdings auf Deutschland beschränkt.

4.

Medien

Eine nicht repräsentative Kurzumfrage im Rahmen dieses Buches brachte es an den Tag. Auf die Frage »Wessen Job hättest du am liebsten?« lauteten die häufigsten Antworten: den von Jacques Cousteau (dem Tierfilmer), zweitens den der Moderatorin von Voxtours, Daniela Worel, und drittens den von Alfred Biolek (als Fernsehkoch, nicht als Talkmaster).

Daran wird deutlich: Wer in den Medien arbeitet, bekommt mehr Aufmerksamkeit als andere. Die Tätigkeiten gelten als aufregend, abwechslungsreich und anspruchsvoll. Berufe wie Auslandskorrespondent, Reisemagazin-Moderatorin und Tierfilmer bieten darüber hinaus eine gute Möglichkeit, aus der Passion fürs Reisen eine Profession zu machen. Dazu kommen die internationalen Print-Journalisten, Fotografen und Werbefilmer.

Info-Box

Ein Überblick mit allen wichtigen Adressen und Ansprechpartnern:
Dorothée Berendes, *Top Medien 2000*, Frankfurt/M. 2000

Eine Ausbildung in Medien-
berufen vermitteln:
Koordinations-Centrum
Im Mediapark 7
50670 Köln
Tel.: (02 21) 5 74 32 32
Fax: (02 21) 5 74 32 39
www.aim-mia.de

Evangelische Medienakademie
Emil-von-Behring-Str. 3
60439 Frankfurt/M.
Tel.: (0 69) 58 09 82 07
Fax: (0 69) 58 09 82 54
www.gep.de

Reisemagazin-Moderator

Von wegen alles Urlaub. Ein Traumjob zwar, aber mit ultimativem Stressfaktor, so beschreibt Moderatorin Daniela Worel ihre Tätigkeit bei Voxtours. Dabei hat sie den wahrscheinlich schönsten Arbeitsplatz der Welt, nämlich die Malediven-Insel Mirianhoo. Von hier aus moderiert Daniela Worel seit März 2000 das erfolgreichste deutsche Reisemagazin.

Über eine Million Zuschauer – genannt Voxtouristen – interessieren sich sonntagsabends um 18.15 Uhr für Urlaubsziele fernab von Massentourismus und Pauschalreisen. Für 2001 standen unter anderem Queensland und Torres Straits in Australien, Belize, die Philippinen, Trinidad und Tobago, St. Lucia, Kuba und Kasachstan auf dem Sendeplan.

Angefangen hat alles im Kölner Vorort Ossendorf. Dann zog die damalige Moderatorin Judith Adlhoch mit ihrem Team auf die Insel, erst auf die Seychellen, später auf die Malediven. Dort werden heute vier- bis fünfmal pro Jahr die Moderationen gedreht. »Meine Freunde fragen immer ›Fährst du schon wieder in Urlaub?‹, aber in Wirklichkeit komme ich nach der ganzen Dreherei völlig geschafft und reif für die Insel zurück«, erzählt Worel.

Das liegt am Zeitplan: 5.30 Uhr aufstehen, 6.30 Uhr Maske, 8.30 Uhr Drehbeginn, 21.00 Uhr Feierabend. Eine Staffel umfasst zwölf Moderationen pro Tag, in der prallen Sonne am heißen Strand. Selbstverständlich mit Pausen, in denen die Mitarbeiter baden gehen. Nur die Moderatorin nicht. »Ich muss schließlich aufpassen, dass mein Gesicht nicht zerfließt, das Make-up muss stimmen, deswegen halte ich mich mit Kraulversuchen zurück.« Ein kleiner Trost: Worel darf immerhin barfuß moderieren.

Das 15-köpfige Team produziert bis zu zehn Sendungen pro Reise. »Aber wehe, wenn das Wetter nicht mitspielt. Dann sitzen wir in unseren Unterkünften und warten tagelang genervt, bis wir loslegen können.« Wenn es gar nicht besser wird, fliegt die Mannschaft unverrichteter Dinge zurück. »Was zum Glück aber selten vorkommt«, erzählt Worel.

Ehe auf der Insel gedreht wird, leistet die Redaktion umfangreiche Vorarbeiten. Reiseführer, Magazine und Fachliteratur werden gewälzt, um die Themen für eine Sendung festzulegen. »Das muss alles gewissenhaft recherchiert sein. Was meinen Sie, wie viele Leute anrufen, wenn wir die Höhe des Kilimandscharo falsch angeben?« Fehler könne sich ein seriöses Reisemagazin kaum erlauben. »Wir senden nur, was nachprüfbar ist. Das ist unser Leitspruch, den trägt jeder von uns vor der Sonnenbrille, wenn er auf Drehreise geht.«

Die einzelnen Beiträge einer Sendung werden von Autoren und Produktionsfirmen erstellt. Die Themenpalette reicht von der Ethno-Geschichte in Afrika über den Rapper aus New York City oder den Sultan von Brunei und seine Lasershows bis zu seltenen Walen oder exhibitionistischen Nachtschwärmern. Alle Autoren und Kameraleute sind erfahrene Vielreiser, mit denen Worel eng zusammenarbeitet. »Was ich sage, soll ja zu dem Beitrag passen, eine Einheit bilden und den Ton treffen. Dafür muss ich quasi mit dem Herzen ein Land kennen, das ich niemals gesehen habe«, erklärt sie und führt als Beispiel Kambodscha an: »Ich muss viel mit den Leuten sprechen, die vor Ort in Phnom Penh, Angkor Wat oder Sihanouk Ville gedreht haben. Schließlich spiele ich in der Sendung die Vermittlerrolle für den Zuschauer.«

Wenn alles bearbeitet und anmoderiert ist, benötigt die Redaktion etwa fünf Tage bis zur fertig gestellten Sendung: Texte werden redigiert, Schnitte geändert, Pressetexte geschrieben, Trailer produziert und das Reisegewinnspiel organisiert. Zum Schluss wird die Sendung zusammengefahren: Aus den einzelnen Bausteinen – grafische Elemente, Text und Bild der Einspieler und Moderation – wird ein fertiges Reisemagazin.

Um ein solches TV-Format zu moderieren, sollte man selbst viel herumgekommen sein. »Zuerst muss man das Reisen lernen und sich viel Zeit für die Fremde nehmen. Einfach stehen bleiben, zuhören, eine Situation erspüren und nicht immer nur von A nach B hetzen«, beschreibt Worel ihre eigene Reisephilosophie. Zusätzlich benötigt man Fernseherfahrung, um zu wissen, wie was auf dem Bildschirm wirkt. Wer keine journalistische Vorbildung hat, kann bei einem Einstiegsjob – typischerweise als Kabelträger, Redaktionsassistent oder Gästebetreuer – die Regeln des Geschäfts lernen. Ein telegenes Auftreten inklusive einer charmanten Ausstrahlung hilft, ebenso Sprecherziehung plus ein paar Stunden Schauspielunterricht.

Info-Box

Vox
Richard-Byrd-Straße 6
50829 Köln
Tel.: (02 21) 9 53 40
Fax: (02 21) 95 34 80 00
voxtours@vox.de

Eine gute Möglichkeit, erste Erfahrungen vor der Kamera zu sammeln, sind offene Kanäle. Unterstützung gibt es durch:

Bildungszentrum Bürgermedien	Bayerische Akademie für Fernsehen
Prinzregentenstr. 48	Betastr. 5
67063 Ludwigshafen	85774 Unterföhring
Tel.: (06 21) 52 20 15	Tel.: (0 89) 4 27 43 20
Fax: (06 21) 51 09 28	Fax: (0 89) 42 74 32 23
bildung-ok@t-online.de	www.fernsehakademie.de

TV-Auslandskorrespondent

Der Chefkorrespondent sitzt im Moskauer Studio und kämpft mit den Tränen. Mühsam versucht Gerd Ruge während der Tagesthemen-Live-Schaltung die Fassung zu bewahren. Ein Putsch in Moskau, der zum Glück jedoch niedergeschlagen wurde. Da hört man auch Freude und Erleichterung in der Stimme. Michail Gorbatschow bleibt an der Macht, der Aufstand konservativer Kräfte in der Sowjetunion ist niedergeschlagen. Ruge wird die Ereignisse von 1991 später in seinem biografischen Bericht zusammenfassen: *Der Putsch. Vier Tage, die die Welt veränderten.*

An Krisen ist Ruge gewöhnt. Schon 1950 bekam er als erster deutscher Journalist ein Visum für Jugoslawien, obwohl das Land noch keine diplomatischen Beziehungen zur Bundesrepublik aufgenommen hatte. Dann der Koreakrieg, die Indochinakrise, die Auseinandersetzungen in Vietnam. Seit über 50 Jahren ist er als Korrespondent unterwegs, die Gefahr als ständiger Begleiter: Leben zwischen den Fronten, der tägliche Umgang mit Soldaten, deren Sprache man nicht versteht. Hatte Ruge jemals Angst vor Angriffen versprengter Guerillatruppen oder vor der Entführung durch Widerstandskämpfer? »Ich bin kein Draufgänger. Klar, Mut gehört dazu, wenn du während eines Kriegs entlang der Frontlinie berichtest, aber da habe ich einen gesunden Instinkt.« Wichtig sei, niemals aufs Ganze zu gehen und auf die Freunde vor Ort zu hören. »Die können einschätzen, was einigermaßen sicher ist und was nicht. Man kann nichts erzwingen. Wenn du um 20 Uhr in der Tagesschau auf Sendung musst, dann gibt es manchmal eben keine Bilder. Ungeduld ist in solchen Situationen lebensgefährlich.«

Heute hat Ruge sich auf Auslandsfeatures spezialisiert. Noch immer kann er schnell seine Koffer packen und nur das Notwendigste mitnehmen. Wichtig sei nicht die Vorbereitung, sondern der Kontakt zur Straße. »Da schlägt das Herz und da lebt die Seele. Wenn ich an die Leute auf meiner Reiseroute durch die ehemalige Sowjetunion denke, werde ich richtig wehmütig. Wie herzlich wurde ich in der Mongolei empfangen!« Mitten in der Wüste war Ruge auf eine Gruppe Nomaden getroffen, die nur das Nötigste zum Leben hatten. »Wir sahen eine abgemagerte Herde, mit erfrorenen Tieren. Trotzdem teilten die Familien mit uns. Obwohl wir für sie unvorstellbar reich waren: mit einem Auto, einem Kamerateam.« Es klinge paradox, aber die Gastfreundschaft hätte ihm immer am meisten zu schaffen gemacht. Schließlich geht es beim Drehen auch darum, einen Auftrag zu erfüllen. »Da öffnet jemand sein Herz und du sagst: ›Abbrechen, Einpacken, Weiter.‹«

Die Aufgabe eines Feature-Journalisten beschränkt sich nicht darauf, von Ort zu Ort zu ziehen und mit den Menschen zu plaudern. Der dreimalige Grimme-Preis-Träger verfolgt auch ein übergeordnetes Ziel: »Schließlich habe ich es bei den Zuschauern mit Menschen zu tun, die sich nicht schon jahrelang mit Vietnam oder Russland beschäftigen. Deswegen versuche ich Strukturen zu erklären und zu vermitteln, was für Möglichkeiten daraus erwachsen.« Welche Chancen beispielsweise besitzen die neuen Staaten, die aus der Sowjetunion hervorgegangen sind?»Genau solche Fragen will ich verständlich erklären. Und zwar nicht mehr in zweiminütigen Interviews.«

Natürlich besteht für einen Feature-Journalisten immer die Gefahr, parteiisch zu sein und seine Einschätzung nach Sympathien zu verteilen. Schließlich wählt er aus, wer zu Wort kommen darf und was gezeigt wird.»Klar, auch ich bin emotional, aber Objektivität gibt es in dem Geschäft gar nicht. So ehrlich wie möglich zu sein, gutes Quellenstudium und Freunde an der richtigen Stelle: So wird man zum Experten, der von allen Seiten respektiert wird.«

Ruge ist dieser Schritt gelungen: Nachdem er beim sozialdemokratisch orientierten WDR 1963 mit Gerd Bölling den *Weltspiegel* aus der Taufe gehoben hatte, wechselte er 1973 bis 1976 das Fach und die Richtung: Als Auslandskorrespondent für die Springer-Tageszeitung *Die Welt* ging er nach Peking. Anschließend wurde er Chefredakteur Fernsehen, wieder beim WDR, bis er schließlich zur Lehre wechselte: Über die Harvard University zur Hochschule für Fernsehen und Film in München, wo er heute einen Lehrauftrag hat.

Bereits 1993 hatte Ruge den Studioschlüssel für sein Moskauer Büro an Thomas Roth übergeben. Damals schrieben die Zeitungen, der Träger des Bundesverdienstkreuzes erster Klasse gehe in den Ruhestand. Darüber kann Ruge nur schmunzeln. Für 2001 hat er in der Reihe *Gerd Ruge unterwegs* drei Features über das südliche Afrika gedreht. Keine Spur von ruhigem Lebensabend also.»Nur mit den Emotionen kämpfen im Sendestudio, während einer Live-Schaltung – das müssen jetzt andere ...«

Info-Box

Bücher von Gerd Ruge:

Der Putsch. Vier Tage, die die Welt veränderten, Frankfurt/M. 1991
Weites Land. Russische Erfahrungen. Russische Perspektiven, Berlin 1996
Sibirisches Tagebuch, Berlin 1998

Interview

Gabriele Krone-Schmalz gilt als die beliebteste deutsche Auslandskorrespondentin. Die Journalistin mit dem herzförmigen Haarschnitt war fünf Jahre lang für die ARD in Moskau, moderierte später den *Kulturweltspiegel* und erhielt neben dem Bundesverdienstkreuz unter anderem den Adolf-Grimme-Preis in Silber und den TV-Kritikerpreis. Heute publiziert Krone-Schmalz gesellschaftspolitische Bücher zu Russland und Deutschland.

Frage: Sie sind 1949 geboren. Wann waren Sie zum ersten Mal im Ausland?

Krone-Schmalz: Während meines Studiums bin ich mit R4 und Zelt durch Europa gereist: Frankreich, Spanien, bis runter nach Malaga, über die Pyrenäen zurück, später von Österreich nach Jugoslawien und Italien. Vor dem Abitur bin ich allenfalls mal in Holland gewesen.

Frage: Sie haben Osteuropäische Geschichte, Politische Wissenschaften und Slawistik studiert. Wie kam es zu der internationalen Ausrichtung?

Krone-Schmalz: Ich habe mich immer für Fremdsprachen interessiert, schon als Elfjährige einen Italienischkurs besucht. Mit 15 habe ich Russisch angefangen, was damals fast als subversiv galt. In der Schule hatte ich schon Englisch, Französisch und Latein, und ich wollte nun etwas Exotisches lernen, eine Sprache mit einer anderen Schrift. Chinesisch schien mir ein bisschen schwierig, da habe ich mich später an der Universität mal zwei Semester mit befasst. Ich hatte einfach Freude an Sprachen, damit ist der Grundstein für das Interesse an anderen Ländern automatisch gelegt. Und ich war dank meines Elternhauses auch nicht doof genug, mich von dieser Schwarz-Weiß-Malerei des Kalten Kriegs beeindrucken zu lassen.

Frage: Was wollten Sie früher einmal werden?

Krone-Schmalz: Für meinen Jahrgang war das noch nicht üblich, dass in jedem Zimmer ein Fernseher dudelte. Hörfunk aber fand ich toll. Außerdem hat man da nicht so einen technischen Aufwand wie beim Fernsehen und muss nicht überall mit Kamerateam und Licht auftauchen. Geredet und diskutiert habe ich immer gern. Kurze Zeit habe ich auch mal damit geliebäugelt, Dolmetscherin zu werden. Aber dann konnte ich mich doch nicht so recht damit anfreunden, immer nur das Sprachrohr anderer zu sein.

Frage: Sie haben in der Tagesschauredaktion des WDR gearbeitet, später bei Monitor. Dann, 1987, kam der Ruf nach Moskau, wo Sie die erste deutsche Auslandskorrespondentin wurden. Was haben Sie nach Ihrem Umzug als Erstes gemacht?

Krone-Schmalz: Erst mal bin ich mit meinem Mann nicht per Flugzeug, sondern mit dem Auto über Helsinki und Leningrad nach Moskau gekommen. Ich wollte nicht einfach landen, sondern auch richtig ankommen, sozusagen die Seele dorthin bringen. Nach tausend Kilometern russischer Provinz ist es dann ein atemberaubendes Erlebnis, nach Moskau reinzufahren. Die ersten drei Monate haben wir im Hotel gewohnt. In so einer Umbruchzeit kostet allein das Überleben einen Großteil des Tages.

Frage: Wie sah Ihr Alltag in Moskau aus?

Krone-Schmalz: So wie der von anderen Journalisten, nur ein bisschen länger. Man fängt in Moskau um 9 Uhr an zu arbeiten. Wenn die Tagesthemen in Deutschland um halb elf abends laufen, ist es wegen der Zeitverschiebung in Moskau aber bereits eine halbe Stunde nach Mitternacht. Ansonsten liest man die Tickermeldungen, die Zeitungen, geht auf Pressekonferenzen, telefoniert ein bisschen – obwohl das damals in Russland ein schwieriges Unterfangen war. Es gab ja keine Telefonzentralen. Entweder man hatte die Durchwahl oder man hatte Pech. Außerdem sollte man als Auslandskorrespondent mehr wissen als nur die News. Man muss das Land verstehen, erspüren sozusagen, damit man es den Leuten erklären kann. Und dazu muss man reisen – ein zeitaufwändiges Unterfangen in einem Land mit elf Zeitzonen.

Frage: Wie kommt man an die nötigen Kontakte?

Krone-Schmalz: Die ARD hatte für Gerd Ruge und mich zum Einstand eine große Fete gegeben. Da hatte ich dann alle, die wichtig werden könnten, wenigstens schon mal gesehen. Ansonsten habe ich mich häufig an junge Leute in den unteren und mittleren Ebenen der Ämter und Ministerien gewandt. Durch die Umbruchzeiten sind manche von denen ungewöhnlich schnell die Karriereleiter raufgefallen. Diese Kontakte haben dann sehr geholfen.

Frage: Was ist wichtig, um sich ein professionelles Netzwerk im Ausland aufzubauen?

Krone-Schmalz: Vertrauen schafft man, indem man auch von sich etwas preisgibt. Das Interesse am Westen war riesengroß. Auch wenn ich eigentlich nie die Zeit dazu hatte, habe ich ausführliche Gespräche über westliche Alltagsprobleme geführt, wie Frauen beispielsweise Karriere und Kinder verbinden oder wie wir das Thema Abtreibung diskutieren. Gleichberechtigte Kommunikation ist wichtig – wenn Sie das nicht können, gehen Sie als Auslandskorrespondent baden.

Frage: Beim Thema Kontakte in Russland denkt man automatisch an Wodka. Mussten Sie viel trinken?

Krone-Schmalz: Es geht. Natürlich ist es ein Klischee, aber Russen sehen das eher so: Wenn Leute etwas getrunken haben, ist die Fassade weg und zwischenmenschliches Vertrauen viel leichter herzustellen.

Frage: Bis 1990 gaben hohe sowjetische Funktionäre westlichen Medien keine Interviews. Nach dem Mauerfall wollten Sie dann trotzdem persönlich von Herrn Gorbatschow wissen, wie er zur deutschen Vereinigung steht. Wie ist es Ihnen gelungen, ins Zentrum des Kremls vorzudringen?

Krone-Schmalz: Zu dieser Zeit gaben alle möglichen Leute, die sich für Gorbatschow-Berater hielten, Statements zu dem Thema ab. Ich habe mir irgendwann gedacht: ›Warum fragen wir ihn nicht selber?‹ Daraufhin haben mich die meisten Kollegen für verrückt erklärt. Ich habe mich aber nicht beirren lassen und zusammen mit einem Korrespondenten vom DDR-Fernsehen um einen Termin beim Staats- und Parteichef angefragt. Mit der nötigen Natürlichkeit, Naivität und einem gewissen Optimismus. Kurze Zeit später rief man mich zurück, übermorgen um acht könne ich kommen. Die ARD hat dann – wie für einen Brennpunkt – eine Viertelstunde nach der Tagesschau freigeschaufelt.

Frage: Wie haben Sie sich auf das Interview vorbereitet?

Krone-Schmalz: Nach ein paar Jahren in Moskau kannte ich genug Hintergründe. Ich habe versucht, meine Gedanken zu sortieren und in ein vernünftiges Russisch zu bringen.

Frage: Auslandskorrespondent ist für viele ein Traumjob. Für Sie auch?

Krone-Schmalz: Das Angebot damals war für mich unglaublich attraktiv. Aber plötzlich fing meine Umgebung an mich zu verunsichern. Ob ich mir das auch gut überlegt hätte, ob ich da nicht unter einem totalen Druck stehen würde und ob nicht vielleicht der erfahrene Moskau-Mann Gerd Ruge sich alles Interessante unter den Nagel reißen würde, und ich nachher nur noch für die bunten Sachen zuständig sei. Und so weiter und so fort. Die Verwirrung, die die ganze Rederei bei mir erzeugte, währte zum Glück nur sehr kurz.

Frage: War an den Warnungen etwas dran?

Krone-Schmalz: Erstens war so viel zu tun, dass wir spielend mehr als zwei Korrespondenten hätten beschäftigen können. Zweitens interessiert Gerd Ruge sich selbst viel zu sehr für die bunten Sachen, als dass er sich ständig um die hohe Politik gerissen hätte.

Frage: Und im Nachhinein – ist es immer noch ein Traumjob?

Krone-Schmalz: Früher gab es weder Morgen- noch Mittagsmagazine. Man wurde nicht so fürs Aktuelle verschlissen wie heute. Auslandskorrespondenten müssen sich Zeit für Land und Leute nehmen, um das, was sie anderen erklären wollen, erst einmal selbst zu verstehen. Aber der Druck der Aktualität lässt dieses Eintauchen vielfach nicht zu.

Frage: Sie haben mal gesagt: »In Moskau zählt jedes Jahr dreifach.« Wie war es, zurückzukommen?

Krone-Schmalz: Natürlich ist hier alles ein bisschen leichter und bequemer. Ich hatte ja auch ein Angebot, nach Washington zu gehen. Aber dann hätte ich meine ganzen Erfahrungen aus Russland quasi wegschmeißen können. Ich wollte lieber Zeit haben, um das alles zu verarbeiten. Also habe ich mich ein Jahr beurlauben lassen und dann gekündigt. Mein Mann und ich haben begriffen, dass das Leben endlich ist. Und wir sind gemeinsam der Überzeugung, dass man so wenig wie möglich fremdbestimmt leben und arbeiten sollte. Und in Washington wäre der Stress gleich wieder losgegangen. Heute kann ich mir wenigstens meinen eigenen Stress machen.

Frage: In welchen Ländern haben Sie noch gearbeitet?

Krone-Schmalz: Ich war einige Zeit im New Yorker ARD-Studio und für die Monitorredaktion mal in der Schweiz, in Paris und Madrid. Einmal hat man mir auch eine Stelle in Madrid angeboten. Aber das hat mich total kalt gelassen. Ich hätte gar nicht gewusst, was ich dort tun sollte. Das Einzige, was mich gereizt hätte, war das Wetter.

Frage: Heute schreiben Sie Bücher über Russland. Was ist die neue Herausforderung am Bücherschreiben?

Krone-Schmalz: Das Schönste ist natürlich, dass man sich Zeit lassen kann. Es geht nie um die Frage: ›Habe ich nun 10 Sekunden mehr oder weniger?‹ Ich kann alles frei gestalten – einen vernünftigen Verlag und einen kompetenten Lektor vorausgesetzt. Ich kann meinen Gedankengängen freien Lauf lassen und Dinge äußern, für die ich im Fernsehen nie im Leben Bilder bekommen hätte. Die Arbeit am Buch ist in gewisser Weise menschlicher.

Frage: Kein Interview mit Gabriele Krone-Schmalz ohne eine Frage zur Frisur.

Krone-Schmalz: Irgendwann kam ich vom Friseur, und die langen Haare waren ab. Es sah furchtbar aus. Mein Mann ist zwar Bauingenieur, hat aber eine künstlerische Ader. Er griff beherzt zur Schere und brachte die Sache in Form. Heute ist die Frisur mein Markenzeichen. Selbst wer den Namen nicht zuordnen kann, den Haarschnitt kennt jeder.

Frage: Ihr Gesicht ziert fast jedes Ihrer Bücher. Offenbar ist man im Verlag der Meinung, dass Sie beim Publikum sehr gut ankommen. Wie schafft man das?

Krone-Schmalz: Ich glaube, die Leute haben ein gutes Gespür dafür, ob jemand sich selbst treu bleibt oder nicht. Egal, was der Chefredakteur sagt, und egal, was jetzt gerade irgendwer für politisch opportun hält – mich danach zu richten ist nicht mein Job.

Frage: Ihr Tipp für den Nachwuchs?

Krone-Schmalz: Natürlich ist eine gewisse Eitelkeit für den Job nicht verkehrt, aber zur allgemeinen Motivation darf sie nicht werden. Das ist schlimmer als ein Sprachfehler. Ansonsten: sich niemals verbiegen lassen, Kritikfähigkeit nicht mit Frechheit verwechseln, sich damit abfinden, dass es keine Objektivität gibt, allenfalls Fairness, nicht sauer sein, wenn mal irgendein Idiot karrieretechnisch an einem vorbeizieht. Und immer versuchen, das Unmögliche möglich zu machen.

Info-Box

Bücher von Gabriele Krone-Schmalz:

In Wahrheit sind wir stärker. Frauenalltag in der Sowjetunion, München 1990
... an Russland muss man einfach glauben, München 1991
Russland wird nicht untergehen, München 1993
Straße der Wölfe. Zwei junge Frauen erleben Russland in den 30er Jahren, Köln 1999
Jetzt mal ehrlich – ein offenes Wort über Deutschland, Düsseldorf 1997
Wir können es schaffen. Anstiftung zum Neuanfang in Deutschland, München 1998

Zeitungsauslandskorrespondent

Während das Fernsehen die Geschehnisse der Welt mit bewegten Bildern in die heimischen Wohnzimmer transportiert, ist der Zeitungsjournalist auf Schrift und Fotos beschränkt. Neben dem sinnlichen Rundum-Angebot der Sender hat es der eher trockene Printbereich in der bunten Welt des Infotainment schwer. Das bedeutet: »Viel gründlicher recherchieren als das unter dem Zeitdruck der Fernsehmacher möglich wäre«, sagt Ralf Atkins, Auslandskorrespondent der englischen *Financial Times* in Berlin.

Alle großen Tages- und Wochenzeitungen arbeiten mit Auslandskorrespondenten. Allein in Paris sind über hundert deutsche Journalisten akkreditiert.[12] *Der Spiegel* unterhält Büros in den meisten europäischen Hauptstädten, in Istanbul, Jerusalem, Kairo, Johannesburg, New York, Washington, Los Angeles, San Francisco, Rio de Janeiro, Neu-Delhi, Peking, Singapur und Tokio. Umgekehrt entsenden ausländische Medien ihre Vertreter nach Berlin, manche noch nach Bonn, Frankfurt, Hamburg oder München.

Atkins kommt aus London, studierte Volkswirtschaft und arbeitete als Reporter und politischer Korrespondent, stellvertretender Feature-Redakteur und Fachautor für Versicherungswesen. Ende 1996 erhielt er das Angebot, für die *Financial Times* in die damalige Hauptstadt Bonn zu ziehen.

Seine erste Amtshandlung bestand darin, die Sprache zu lernen. »Das geht am besten, wenn man die Yellow Press liest, *Bildzeitung* und so. Gerade die kurzen Sätze sind für Anfänger leichter.« Heute spricht er fast akzentfreies Deutsch, allerdings von englischen Ausdrücken durchwachsen. Schließlich lebt der Auslandskorrespondent zwischen zwei Sprachen: Er liest, hört und spricht Deutsch, schreiben aber muss er auf Englisch. Das führt zu Formulierungen wie: »Irgendwann ist es die same procedure as every year, wenn man die vierte Neujahresansprache des Bundeskanzlers kommentiert.«

Atkins berichtet für die *Financial Times* über wirtschaftliche und politische Themen in der Bundesrepublik wie Ladenschlussgesetz, BSE und die Diskussion um die politische Vergangenheit von Kanzler Gerhard Schröder und seinen Ministern Joschka Fischer und Jürgen Trittin. Dabei interessiert sich der Korrespondent immer für einen Blick hinter die Kulissen und das Einordnen in Zusammenhänge. »Ich versuche zu verstehen, wie die Deutschen denken, wie sie gestrickt sind. Nur dann kann ich den Lesern zu Hause nahe bringen, warum es auf einmal eine Diskussion um die 68er gibt.«

Neben Sprachkenntnissen und Hintergrundwissen muss im Ausland auch Zwischenmenschliches neu gelernt werden. »Der Umgang unter Kollegen ist anders als in Großbritannien. Man muss hier immer erst 17-mal förmlich sein, bevor das Eis bricht«, erklärt Atkins. Um die für einen Korrespondenten quasi lebensnotwendigen Beziehungen aufzubauen, seien Offenheit und Kommunikation gefragt.»Man muss wissen, welche Witze angebracht sind und welche man besser für sich behält.« Bei heiklen Themen wie dem Zweiten Weltkrieg oder EU-Konflikten müsse man sich auskennen,»sonst blamiert man sich sofort«. Auch bei Angelegenheiten, die zu Hause ganz anders geregelt sind – Gesundheitssystem oder Betriebsverfassungsgesetz –, sind Kenntnisse der gesetzlichen und politischen Voraussetzungen gefragt.»Bei so was weiß ich meistens besser Bescheid als meine deutschen Kollegen, weil die sich noch nie im Leben Gedanken darüber gemacht haben.«

Atkins Zweimann-Büro liegt im Berliner Bezirk Mitte. Hier hört er Radio und liest Zeitung: *FAZ, Süddeutsche, Frankfurter Rundschau, Bild* und *Handelsblatt*. Fernsehnachrichten gehören zum Pflichtprogramm.»Die Zeitung wird spätestens in der Nacht gedruckt. Am nächsten Morgen ist dann vieles veraltet, beispielsweise wenn ein Minister in einer Krise morgens zurücktritt.«

Ansonsten sind die Vormittage ruhig. Atkins schreibt zusammen mit seinem Kollegen einen Bericht über»alles, was gerade passiert« – eine Newsliste mit den wichtigsten Ereignissen für die Londoner Redaktion. Danach gehen die Korrespondenten auf Pressekonferenzen, entweder von Regierungsstellen oder großen Unternehmen. Manchmal fährt Atkins in andere Städte, zum Beispiel wenn wichtige Gerichtsprozesse anstehen, die für die Leser in England interessant sein könnten.

Beim Mittagessen stehen informelle Gespräche mit Pressesprechern, Abgeordneten, Ministern und Diplomaten an. Nachmittags geht es dann ans Schreiben. Die *Financial Times* hat bis zu drei Seiten für europäische Themen zur Verfügung. Wie viel aus der Bundesrepublik berichtet wird, hängt ganz von der Ereignislage ab. Um 17 Uhr schaut Atkins *Heute Journal*,»um zu sehen, ob wir was verpasst haben«. Der Tag endet dann einige Stunden später mit den *Tagesthemen*.

Atkins' nächste Station ist Jerusalem. Dort möchte er drei bis vier Jahre bleiben. Er ist neugierig, wie der Alltag mit Job und Familie in einer umkämpften Region des Nahen Ostens aussehen kann. Ähnlichkeiten und Unterschiede zu entdecken und für seine Landsleute zu übersetzen, darin sieht er seine Aufgabe. Dabei wird er so vorgehen wie in Deutschland. »Um aus der Fremde zu berichten, muss man sehr genau hinschauen können. Man muss lernen zu verstehen, warum die Menschen so sind und nicht anders.«

Reisejournalist

Wenn Weltenbummler nicht gerade unterwegs sind, dann lesen sie gern, und zwar vorzugsweise darüber, was man an exotischen und entlegenen Zielen alles machen könnte, was an der monatlichen Auflagenhöhe von über einer Million solcher Reisemagazine wie *Geo, Abenteuer und Reisen, Globo* oder dem altehrwürdigen *Merian-Heft* deutlich wird.

Einer, der Reportagen für solche Magazine schreibt, bezeichnet sich selbst als spät berufenen Weltenbummler. Erst 1990 ist Horst Schwartz zum ersten Mal in seinem Leben geflogen – und zwar von München nach Berlin, zum Vorstellungsgespräch bei der Stiftung Warentest. »Vorher bin ich nie viel verreist«, erzählt Schwartz.

Das hat sich inzwischen geändert. Der gebürtige Aachener baute nach und nach die Reiseserviceabteilung der Verbraucherschützer auf. Dabei ging es darum, Qualitätsmerkmale rund ums Reisen festzulegen und die Angebote der Reiseveranstalter unter die Lupe zu nehmen. Der Job brachte es mit sich, dass aus dem ehemaligen Landei ein umtriebiger Globetrotter wurde. Bloß das ganze Organisieren fand er lästig. »Ich wollte mehr schreiben. Vier bis fünf Textseiten im Monat – das war mir zu wenig.« Deshalb entschloss er sich, erneut die Koffer zu packen und auf eigene Faust loszuziehen.

Heute ist Schwartz mindestens einmal im Monat unterwegs. Für Tageszeitungen und Tourismusmagazine wie *touristik aktuell* oder *sales business* schreibt er über europäische Ziele: Slowenien, Ungarn, Schottland, Türkei, ein neues Ferienhotel auf Ibiza, die Eröffnung einer Transferstrecke der Bahn, Weltausstellungen oder neue Wassersportmöglichkeiten.

Schwartz' Spezialgebiete sind Bornholm und Kreta. Jedes Jahr besucht er die beiden Inseln, um immer auf dem aktuellsten Wissensstand zu sein. Das nimmt bis zu zwei Monate im Jahr in Anspruch. »Bei diesen Reisen muss man immer neue Themen ausfindig machen. ›Bornholm für Kinder‹ oder ›Kunst und Kultur auf den dänischen Inseln‹.« Der Reisejournalist muss einsame Strände kennen, von denen noch nicht einmal der durchschnittliche Bornholmer etwas gehört hat. Auch *Geo* und *Mare* bitten Schwartz ab und zu um einen Tipp oder ein Statement.

Die Arbeit eines Reisejournalisten beginnt allerdings nicht in der Ferne, sondern am heimischen Schreibtisch: telefonieren, akquirieren, recherchieren, Termine vereinbaren. Einmal hörte Schwartz von historischen Funden in den U-Bahn-Tunneln von Athen. Er stellte eine Liste mit hochkarätigen Gesprächspartnern zusammen, angefangen beim Kultusminister über verschiedene Museumsdirektoren bis hin zum Sprecher der Olympischen Spiele. »Von so einer Reise kann man dann schon ganz gut leben, auch wenn man vorher keinen festen Auftrag hatte«, erklärt Schwartz.

Um genügend Abnehmer für seine Reportagen zu finden, muss ein Reisejournalist auf vielen Hochzeiten tanzen. »Kontakte sind das A und O der Branche«, so Schwartz. Kommunikativ müsse man sein – nichts für Leute, die lieber im stillen Kämmerlein vor sich hin brüten. Wer Reisereportagen schreiben will, sollte neben dem journalistischen Handwerkszeug in jedem Fall Fremdsprachenkenntnisse mitbringen. Und einige Destinationen besser kennen als andere.

Info-Box

Die wichtigsten deutschen Reisemagazine sind:

Geo (mit Geo Saison, Geo Saison für Genießer, Geo Wissen)
Am Baumwall 11
20459 Hamburg
Tel.: (0 40) 37 03 0
Fax: (0 40) 37 03 56 48
www.geo.de

Mare
Am Sandtorkai 1
20457 Hamburg
Tel.: (0 40) 3 69 85 90
Fax: (040) 36 98 59 90
www.mare.de

Merian
Havestehuder Weg 42
20149 Hamburg
Tel.: (0 40) 44 18 80
Fax: (0 40) 44 18 82 02
www.ganske.de

ADAC-Redaktion Motorwelt
Am Westpark 8
81373 München
Tel.: (0 89) 7 67 60
Fax: (089) 76 76 26 04
www.adac.de

Mobil (Magazin der Deutschen
Bahn)
Griegstr. 75
22763 Hamburg
Tel.: (0 40) 88 30 34 80
Fax: (0 40) 88 30 34 72

Fahrradreisejournalist

Reisen ist nicht gleich Reisen. Während die einen auf Wohnmobil-
touren schwören, ziehen die anderen Trips mit dem Fahrrad oder
Motorrad vor. Damit es für jeden Geschmack etwas zu lesen gibt,
schreiben versierte Reisereporter über die unterschiedlichen Möglichkeiten, ans Ziel zu kommen.

Interview

Dres Balmer arbeitet seit 1984 als freier Journalist für Tageszeitungen wie die *Neue Zürcher Zeitung* und für das Schweizer Radio.
Sein Spezialgebiet sind Radreisen, »weil ein Tag ohne Velofahren
ein verlorener Tag ist«. Der Weltenbummler aus Zürich berichtet
von anstrengenden Touren über einsame australische Highways und
viel befahrene Pässe wie die Großglockner-Hochalpenstraße.

Frage: Was macht das Reisen für Sie so attraktiv?
Balmer: Entdecken, Menschen kennen lernen und davon den Lesern und Leserinnen erzählen. Die Arbeit im Ausland erweitert
den Horizont. Das ist eine doppelte Erfahrung. Zuerst das Reisen, dann das Schreiben – eine zweite, innere Reise.

Frage: Haben Sie dafür studiert?

Balmer: Ursprünglich war ich Französischlehrer in Wien. Dann habe ich für das Rote Kreuz gearbeitet, in Zaire, Thailand, Kambodscha und El Salvador.

Frage: Wie sind Sie auf die Idee gekommen, Reisen, Schreiben und Radeln miteinander zu verbinden?

Balmer: Angefangen hat es mit dem Buch *Mitteilungen aus den Anden.* Da habe ich den Zusammenhang thematisiert: Mein Velo ist meine Schreibmaschine. Seit 1990 arbeite ich regulär für Zeitungen und Magazine, hauptsächlich in der Schweiz. Natürlich hat das Fahrradreisen auch den Vorteil, dass es wenig Konkurrenz gibt.

Frage: Arbeiten Sie nach Auftrag, oder planen Sie manchmal ins Blaue hinein?

Balmer: Seit ein paar Jahren spreche ich mich meistens vorher mit den Redaktionen ab. Ich will ja auch, dass die sich an den Kosten beteiligen. Dann fange ich mit der Organisation an. Das sind aber bloß zehn Prozent meiner Arbeit. Ich bin schließlich fürs Reisen zuständig. Dafür gehen ungefähr siebzig Prozent drauf. Die restlichen zwanzig Prozent fürs Schreiben.

Frage: Was macht die Organisation schwierig?

Balmer: Komplizierte Leute.

Frage: Wo hat es Ihnen am besten gefallen?

Balmer: In Australien und auf der Baja California, dieser lang gestreckten Halbinsel von Mexiko, dann kreuz und quer auf meiner Reise durch Spanien, in Argentinien, Chile. Ich kann nicht sagen, welche Tour die schönste war. Alle Strecken haben ihren eigenen Reiz. Radeln und anschließend darüber schreiben – das ist eine Daseinsform für sich. Auf dem Velo entdeckst du die Welt neu und anders. Zum Beispiel der australische Stuart Highway: Alle Autofahrer sagen, das Land ist die ganze Zeit flach, zwei, drei Tage Langeweile – aber das stimmt gar nicht. Auf dem Velo merkst du die Wellen und Steigungen, die das Land hat. Und du entwickelst einen eigenen Rhythmus des Unterwegsseins, und das merkt später auch der Leser.

Frage: Wie bereiten Sie sich auf eine Reise vor?

Balmer: Bei vielen Reisen – wenn ich schon in der Region bin – mache ich noch ein Rekognoszierungsanhängsel, um ein neues Thema zu finden. Zu Hause treibe ich mich dann mit Vorliebe in der Bibliothek herum, lese auch entlegene Titel zum Thema. Für Australien habe ich mir beispielsweise die Reisebeschreibung eines Kollegen besorgt, der vor rund 150 Jahren diese Strecke als Erster erforscht hat. Damals hat er mehrere Anläufe und ein ganzes Jahr gebraucht, dagegen waren unsere vierzehn Tage auf einer vergleichsweise bequemen Asphaltstraße nur ein kleiner Ausflug.

Frage: Nehmen Sie jemand mit? Oder sind Sie allein unterwegs?

Balmer: Mindestens einen Fotografen. Immer öfter versuche ich, Gruppen zusammenzustellen. Das macht mehr Spaß, die Mitradler profitieren von der Planung, Organisation, etwaigen Vergünstigungen und so weiter. Dafür spielen sie dann Fotomodel.

Frage: Gibt es Sponsoren für solche Fahrten?

Balmer: Im Prinzip machen wir Werbung für eine Gegend. Doch oft sind die Tourismusbehörden bürokratisch und kommen nicht damit klar, dass wir keinen festen Etappenplan einhalten können. In Australien beispielsweise wollte die Australian Tourist Commission einen festen Terminplan für die Roadhouses auf dem Weg. Aber das konnten wir als Fahrradfahrer ja nicht garantieren. Und verschiebt sich ein Tag, kann man ihn nicht wieder einholen. Also gab es halt keine Vergünstigung.

Frage: Welche Ziele stehen noch auf Ihrem Programm?

Balmer: Als Nächstes stürze ich mich auf die nahen Destinationen: Vogesen und französische Alpen per Velo, Walliser und Savoyer Alpen auf Skiern. Ich bin allerdings nicht so gierig, dass ich alles abhaken muss. Aber Träume habe ich immer.

Info-Box

Dres Balmer, *Mitteilungen aus den Anden*, Zürich 1985

Zu den wichtigsten Fachzeitschriften gehören:
Motorrad Reisen & Sport
Rad-Touren

Reiseführerautor

Könnte Reiseführer zu schreiben eine Möglichkeit sein, die Urlaubskasse zu füllen? »Es kommt darauf an, welche Vorstellung man von Urlaub hat. Die Recherchen nehmen wahnsinnig viel Zeit in Anspruch. Man muss alle möglichen Strecken abfahren, sich viel anschauen, was man später nicht verwerten kann, und sich mit Bürgermeistern, Kurdirektoren und Museumswärtern auseinander setzen«, erklärt die Reiseautorin Ulrike Krause, die unter anderem für DuMont und den HB-Verlag schreibt. Die meisten hätten jedoch andere Vorstellungen von den schönsten Wochen im Jahr.

Die Deutschen sind Weltmeister im Reisen und so erscheinen jährlich etwa 15 000 Reisetitel, darunter Stadt-, Land-, Kultur- und Wanderführer, Landkarten, Videos, landeskundliche Titel und Hotelführer.[13] Neben literarischen, kunsthistorischen und kulinarischen Begleitern gibt es auch spezielle Titel wie *Mit der Transsibirischen Eisenbahn, Bayerische Schlossgespenster* oder *Reisen zum Mond*. (»Essen Sie keine Kekse auf der Reise! Herumfliegende Krümel können schwere Schäden verursachen.«)

Krause empfiehlt allerdings, sich derlei Exotik für den Lebensabend aufzuheben. »Am Anfang besser über die üblichen Reiseziele arbeiten. Also lieber über den Timmendorfer Strand statt Verden an der Aller, so spannend es da auch zugehen mag.« Denn viele Touristen bedeuten auch viele potenzielle Käufer. 13 Millionen deutsche Spanienurlauber pro Jahr brauchen einen Reiseführer für Mallorca, die Kanarischen Inseln und die Costa Brava. Bei knapp 150 000 Australienbesuchern dagegen ist der Bedarf schon rein rechnerisch deutlich geringer.[14]

Neben den großen Reiseverlagen wie Polyglott, Mair, DuMont, Vista Point, Merian oder dem alternativen Lonely Planet existieren etwa 200 Kleinverlage.[15] Die meisten machen ihren Autoren klare Vorgaben, was Sprachstil, Aufbau, Seitenzahl und Gliederung des Serviceteils angeht. Schließlich sind die meisten Käufer Stammkunden. Sind sie mit einem Reiseführer zufrieden, greifen sie immer wieder zur selben Reihe. Das Erscheinungsbild soll daher einheitlich sein, sodass der Leser sich in jeder Ausgabe zu-

rechtfindet. In seinen Taschenbüchern beispielsweise erwartet Du-
Mont Hinweise auf das Alltagsleben vor Ort mit kleinen Reporta-
ge-Elementen und einer »witzigen einfachen Schreibe ohne schwierige Fremdwörter«. Dafür verwendet der Verlag für die Bebilderung
auch Fotos der Autoren – ein willkommenes Extrahonorar. Andere
Verlage schicken ihre eigenen Fotografen los oder bitten um Listen
geeigneter Motive.
Vor Ort muss der Reiseautor gut zu Fuß sein. »Alles, was ich
schreibe, habe ich selbst gesehen. Man muss sich einen eigenen
Eindruck verschaffen, sonst bleiben die Texte immer leblos«, erklärt Krause. Aufmerksamkeit für die eigene Umgebung, ein guter
Blick für das Alltägliche und das Besondere und natürlich Kon-
taktfreudigkeit gehören dazu. Über die Hafenwirtschaft spricht
Krause mit dem Hafendirektor, über ein Naturschutzgebiet mit einem Ranger und über ein geplantes Staudammprojekt mit einem
Ingenieur und einer Umweltschutzaktivistin.
In jedem Ort gibt es neben den offiziellen auch inoffizielle In-
formationsquellen. Es lohnt sich, im Café die Ohren aufzusperren
(Fremdsprachenkenntnisse vorausgesetzt), zur Kosmetikerin oder
zum Friseur zu gehen, Sportereignisse anzuschauen oder einen
Gottesdienst zu besuchen. Krause tut das, wann immer es geht,
gemeinsam mit ihrem Kollegen Enno Wiese. »Zu zweit kann man
über das Erlebte und Gehörte reden, alles ganz anders verarbeiten, Ideen entwickeln«, erklärt Krause die Teamarbeit. Außerdem
teilen sie sich die Arbeit auch bei weniger aufregenden Reisezielen. Wiese ist dann für die geschichtlichen Einzelheiten zuständig,
Krause kümmert sich um den Serviceteil.
Für einen DuMont-Führer Moskau/Leningrad hat das Autoren-
team ein halbes Jahr von Deutschland aus recherchiert. Krause
und Wiese lasen »halbe Bibliotheken« über Geschichte, Kunstge-
schichte, Architektur, politische, wirtschaftliche und gesellschaftliche Entwicklungen. Auch das Internet hilft, heute, wo »jedes Dorf
schon einen Webauftritt hat«. Gerade bei Aktualisierungen ist es
nicht möglich, erneut vor Ort zu recherieren.
Sie fuhren dann mehrmals hin und verbrachten vor Ort insgesamt zwei Monate. »Gerade in der Umbruchzeit der Sowjetunion
änderte sich alles ständig. Keiner konnte uns sagen, wann wo et-

was stattfindet. Jeden Tag gab es neue Gerüchte, dauernd öffneten und schlossen Hotels, Restaurants und Diskotheken.«

Da viele Verlage Autoren pauschal für die Zusammenstellung eines Reiseführers bezahlen, rät Krause, erst einmal »in der Nähe zu bleiben und die Recherchekosten niedrig zu halten«. In Goa am Strand zu schlafen wäre zwar billig, aber keine günstige Voraussetzung für professionelles Arbeiten. Radwanderwege oder Naturschutzgebiete an der Ostseeküste zu erkunden, könne man dagegen mit einem vertretbaren Budget bewältigen.

Die meisten Reiseführer werden alle ein bis drei Jahre aktualisiert, Kunstführer seltener. »Dann wird es finanziell auch attraktiver: Die Hauptarbeit ist geleistet, man sieht sich die Gegend nur noch ab und zu an und bleibt mittels Internet und Presse auf dem Laufenden.« Krauses zusätzlicher Rat für Nachwuchsautoren, die in die Reisebranche wollen: »Aufs Dorf ziehen. Wer die meiste Zeit sowieso unterwegs ist, kann seine heimischen Mietkosten auf dem Land viel leichter niedrig halten.«

Info-Box

Verlage der Reisebranche, Fachverbände, Touristikunternehmen, wissenschaftliche und Fremdenverkehrseinrichtungen und weitere Adressen finden sich im *Taschenbuch für die Touristikpresse*, Hofkirchen (jährliche Neuauflage).

Folgende Autoren haben Reiseliteratur verfasst:

Joseph Conrad
Ella Maillart
Alexandra David-Neél
Bruce Chatwin
Paul Theroux
Andrea Dornseif

Wanderführerautor

Wandern geht man im Wald oder in den Bergen, nicht jedoch in der Großstadt. So jedenfalls nimmt man gemeinhin an. Leider hat nicht jeder Großstadtmensch die Zeit, am Wochenende aufs Land zu fahren, um dort Ruhe, Muße und Sauerstoff für die arbeitsreiche Woche zwischen Abgasen und Autolärm zu tanken. Was also tun?

Ausgerechnet in der womöglich großstädtischsten aller Großstädte hat sich der Holländer Kaarlo Schepel zur Aufgabe gemacht, die Bewohner für die Wanderung am Stadtrand zu begeistern. Er schreibt Wanderführer für Hongkong. Dabei geht es ihm keinesfalls darum, die wanderlustigen Chinesen auf Shoppingtouren zwischen Wolkenkratzern zu schicken.

Interview

Kaarlo Schepel ist eigentlich Schiffstechniker und hat fünf Bücher über Wandern in Hongkong geschrieben, teilweise auch fotografiert. Die erste Ausgabe seiner *Magic Walks* schaffte es 1990 sofort auf die Nummer eins der Bestsellerliste der *South China Morning Post*. Schepels Philosophie: das Real Hongkong kennen zu lernen und gesünder zu leben.

Immerhin siebzig Prozent von Hongkongs Fläche sind unbebaut, fast die Hälfte davon steht unter Aufsicht der Countryparks Ordinances. Dort finden sich Berge, Wälder, Wanderwege, Wasserfälle, spektakuläre Meeresblicke, wilde Tiere, darunter über fünfzig Schlangenarten, verlassene Dörfer und mehr Baum- und Pflanzenarten als im gesamten EU-Raum, Farmhäuser und Bewohner mit fünf verschiedenen chinesischen Dialekten, vier Jahreszeiten mit einer sich ständig ändernden Landschaft, je nach Regen, Wind, Sturm und Erdrutschen – genug um ein paar Wochen zu reisen.

Frage: Was hat Sie zum ersten Mal nach Hongkong gebracht?
Schepel: Ich war Schiffstechniker und verbrachte während der Indochinakriege zwei Jahre in Südvietnam. Mein Bruder hatte in Amsterdam eine auf Fernost spezialisierte Reiseagentur. Damals

waren Läden, die preiswerte Langzeitaufenthalte in Asien organisierten, eine ziemlich neue Idee für den europäischen Markt. Wir hatten ein Büro in Tokio, eins in Indonesien und eins in Hongkong. Ich habe das damals zusammen mit meinem Bruder und einem chinesischen Freund gemacht. 1979 haben wir den Laden verkauft und sind ins Exportgeschäft gegangen. Irgendwie ist das alles ohne Reisen überhaupt nicht denkbar.

Frage: Was war Ihr erster Eindruck von Hongkong? Hat es Ihnen gefallen?

Schepel: Ich war erst in Japan, dann in Singapur und Bangkok. Hongkong schien näher an zu Hause, nicht ganz so fremd, aber immer noch ein aufregender Ort. Es ist die Mischung aus europäischer und asiatischer Kultur. Und es war auf meinen Asientouren der einzige Ort, der Ausländer offiziell aufforderte, dort ein Geschäft aufzubauen. Trotzdem war das damals noch Teil der Dritten Welt. Als ich das erste Mal in Hongkong war, lebten dort 3,3 Millionen Einwohner. Heute sind es mehr als doppelt so viele. Die haben dafür 3,4 Millionen Handyanschlüsse.

Frage: Wie sehen Sie Hongkong heute?

Schepel: Hongkong ist eine Weltklasse-Stadt. Aber wenn man genauer hinschaut, sind manche Sachen immer noch so wie früher. Und besonders mag ich, dass es so viel Grün gibt. Die vielen Kulturen mit ihren Küchen aus der ganzen Welt – Hongkong ist eine unglaublich lebendige und pulsierende Stadt, eine sehr große Herausforderung, es gibt unendlich viel Energie, egal, wo man hinschaut. Es ist unmöglich, davon unbeeinflusst zu bleiben.

Frage: Wie sind Sie an so einem Ort ausgerechnet aufs Wandern verfallen?

Schepel: Direkt zu Beginn hat mich ein chinesischer Freund mit seiner Familie mitgenommen. Wir gingen nach Sai Wan und Tai Long Wan im Sai Kung Park, immer noch einer meiner Lieblingswege. Als ich zur See fuhr, habe ich mir jede Stadt, in der wir gelegen haben, angeschaut und erwandert. Meistens habe ich den Bus irgendwohin genommen und den Tag damit verbracht, meinen Weg zurück zu finden.

Frage: Wie sind Sie dann darauf gekommen, ein Buch zu schreiben?

Schepel: Nachdem ich 1987 aufhörte Hockey zu spielen, gründete ich einen Wanderclub zusammen mit einem alten Freund aus Australien. Bevor wir richtig gucken konnten, hatten wir 170 Leute auf unserer Faxliste. Wir sind jedes Wochenende unterwegs gewesen, haben immer neue Pfade gefunden, indem wir auf die detaillierten Karten der Country Park Authority geschaut haben. Zu der Zeit schrieb ich zwei Schachkolumnen für die *South China Morning Post*, und man fragte mich, ob ich nicht auch eine Wanderkolumne schreiben wollte. Ich bekam so viel positives Feedback, dass ich im Jahr drauf zwanzig Texte gebündelt als *Magic Walks* herausgegeben habe. Das Buch blieb acht Wochen auf Nummer eins, ziemlich ungewöhnlich für so eine Art von Buch.

Frage: Wo haben Sie bislang gelebt?

Schepel: In den vier Jahren auf dem Handelsschiff bin ich nicht ein Mal zu Hause gewesen. Dann war ich in Südvietnam und ging später zurück in die Niederlande, um Theologie zu studieren und in der Reisebranche zu arbeiten, alles in den siebziger Jahren. Von 1976 bis 2000 habe ich in Hongkong gewohnt. Jetzt denke ich, ist es am besten für meine Kinder, wenn sie in Europa zur Schule gehen. Also bleibe ich erst mal ein paar Jahre hier in den Niederlanden.

Frage: Wo sind Sie sonst noch gewesen?

Schepel: Als Seemann war ich viel in Nord- und Südamerika, in Japan und Süd-Ost-Asien, im Mittleren Osten inklusive Mosambik, Madagaskar, Mauritius und Réunion. Auch in Skandinavien, meine Mutter ist Finnin. Als Travelagent war ich vor allem in Asien unterwegs. Als Schachspieler – ich habe für das Hongkong-Team in acht Weltmeisterschaftem gespielt – war ich viel in Europa und Amerika: Argentinien, Brasilien, Mexiko, USA, aber auch in China, auf den Philippinen, in Singapur, Malaysia, Australien, Indien, Bahrain, die Arabischen Emirate und Armenien. Als Businessman neben China hauptsächlich in der ehemaligen Sowjetunion.

Frage: Was sind Sie von der Ausbildung her?

Schepel: Ich habe an der Universität von Amsterdam drei Jahre Theologie studiert, dazu Latein, Griechisch, Hebräisch und zwei Jahre Jura. Aber abgeschlossen habe ich das alles nicht. Dann wollte ich reisen und wurde Schiffsmechaniker im Selbststudium, hauptsächlich um die Welt zu sehen. Das ist der billigste Weg, allerdings auch ein ziemlich harter.

Frage: Was mussten Sie fürs Schreiben neu lernen?

Schepel: Ich bin wohl ein Sprachtalent, immerhin bin ich seit 1983 offizieller Übersetzer und Dolmetscher am Supreme Court in Hongkong. Fast alles in meinem Leben habe ich mir selbst beigebracht. Man braucht eine inspirierende Umgebung. In den siebziger und achtziger Jahren war Hongkong der ideale Platz für solche Leute. Heutzutage gibt es viel mehr Organisation und Restriktion, aber auch immer noch Chancen für Leute, die danach suchen.

Frage: Wie haben Sie angefangen zu schreiben? Was war schwierig?

Schepel: Zuerst mal musste ich lernen, schriftlich zu verhandeln. Dann musste ich Protokolle schreiben und alle möglichen Texte, die man als Manager einer Handelsfirma so zu schreiben hat. Ich habe Hunderte von Gebrauchsanleitungen für Elektrogeräte verfasst. Da lernt man, klar und eindeutig zu formulieren. Alles muss auch für Leute, die nicht so gut Bescheid wissen, verständlich sein. Das schult. Ich benutze meistens nur die 2 000 einfachsten Worte einer Sprache. Man kriegt ein gutes Publikum, wenn man in der Lage ist, der Sache Leben einzuhauchen, und jeder einen versteht. Am Anfang habe ich mich von guten Verlegern beraten lassen, das habe ich alles bis ins Detail befolgt. Normalerweise fällt es mir leicht zu schreiben, aber ich muss vieles zwei-, dreimal überarbeiten, wenn es gedruckt werden soll. Ich schreibe und produziere Ideen sehr schnell. Das hat wahrscheinlich damit zu tun, dass ich eine lebhafte Fantasie habe und überall Anekdoten sammle.

Frage: Sind Sie lieber unterwegs oder zu Hause?

Schepel: Ein- oder zweimal im Jahr gehe ich noch auf Reisen, aber heute kommt meine Familie an erster Stelle. Ich war in so vielen Ländern. Wenn die Kinder groß sind, fangen meine Frau und ich wieder an. Wir haben dieselben Interessen: Natur, fremde Kulturen, verschiedene Religionen und Lebensphilosophien.

Frage: Wo liegt Ihr Zuhause?

Schepel: Heute liegt unser Zuhause in Holland, in Usquert, ein kleines Dorf mit 1 700 Einwohnern in der Provinz Groningen, an der Grenze zu Ost-Friesland. Das ist der am dünnsten besiedelte Teil der Niederlande. Im Winter schneit es; das Meer ist bloß drei Kilometer weit weg. Wir haben wilde Fasane im Garten, unsere Nachbarn sind Landwirte und wir leben mit Vögeln, Rehen und wilden Tieren um uns herum.

Info-Box

Magic Walks erreichen Sie unter:

Magic Walks, The Alternative Press
PO Box 47141
Morrison Hill, Hong Kong
Tel.: 0 08 52-28 90 17 71
Fax: 0 08 52-28 81 18 53
www.geocities.com/magicwalks/

Dokumentarfilmer

Zum 14. Geburtstag hatte sich Jens Becker eine Schmalfilmkamera gewünscht. Seitdem drehte er – damals noch in Ostberlin –, was ihm vor die Linse kam: Partys, Ausflüge, Alltag. Später, während seines Studiums an der Filmhochschule Babelsberg, bekam das Ganze mehr System: Becker drehte zwölf kurze Dokumentar- und Spielfilme. Nach der Wende machte er sein Diplom und gründete mit Kommilitonen zusammen den Verein *Filmdokument*. »Als das Projekt scheiterte, begriff ich, dass ich für mich selbst sorgen muss.«

Heute dreht Becker pro Jahr zwei bis drei Filme, hauptsächlich für die ARD, das ZDF und Arte. Zum Beispiel die Dokumentation über europäische Henker, die in Ungarn, Rumänien oder Frankreich Menschen durch Guillotine oder Strick exekutierten. Wie er an die Themen kommt? »Meist durch zufällige Begegnungen. Aber ich mache auch Auftragsarbeiten für die Sender.«

Beckers Reisen ins Ausland sind hektisch. Manchmal klappert

er mit seinem Team zwei Städte an einem Tag ab. Er kann sich auf Deutsch, Englisch und Russisch verständigen, in anderen Ländern benötigt er Dolmetscher. »Aber am liebsten spreche ich direkt mit den Leuten. Dann gelingt es auch, jemand aus seinem vorgefertigten Konzept zu bringen, und mehr über die wirklichen Beweggründe zu erfahren.« Auf das Reisen könnte er mittlerweile nicht mehr verzichten. »Ich möchte die Welt kennen lernen, und das geht nur, wenn ich den Menschen gegenüberstehe.« Er ist sich aber auch seiner Verantwortung bewusst: »Man muss seine Interviewpartner schützen und ihnen klar machen, dass sie sich gut überlegen, was sie vor der Kamera erzählen. Auch auf das Risiko hin, dass einem zum Schluss ein besonders schmissiges Zitat fehlt.«

Um einen Auslandsdreh vorzubereiten, konsultiert Becker Reiseführer und recherchiert im Internet. Im Laufe der Jahre hat er sich ein Netz aus Kontakten und Mittelsmännern aufgebaut. »Henker findet man nicht im Telefonbuch. Dafür braucht man schon mal Geheimakten oder einen Privatdetektiv.« Anders als beim Spielfilm entstehen Beckers Dokumentationen mehr aus dem Bauch heraus. »Man ist völlig frei, niemand weiß vorher, was passiert.«

Nach einem Dreh sichtet er das Material, überlegt, wie geschnitten werden soll und welches Filmtempo er einlegen möchte. Technische Kenntnisse seien dabei von Vorteil, aber nicht zwingend. Viel wichtiger sei ein Gespür für Rhythmus und Flow. Denn das Schneiden erledigt in der Regel der Cutter. »Ich bin für die Struktur des Films verantwortlich – die Kopfarbeit.«

Das wichtigste Gebot für Becker in puncto Dokumentarfilm lautet: »Man muss auf Menschen aus allen Schichten – vom Sozialhilfeempfänger bis zum Millionär – zugehen können und sie so annehmen, wie sie sind.« Verhandlungsgeschick ist von Vorteil, um die Drehkosten niedrig zu halten. Und finanzielle Durststrecken seien – gerade für Anfänger – völlig normal.

Info-Box

Verschiedene Hochschulen bieten Studiengänge oder Fortbildungen für Dokumentenfilmer an:

Konrad Wolf Hochschule für
Film und Fernsehen
Marlene-Dietrich-Allee 11
14482 Potsdam-Babelsberg
Tel.: (03 31) 6 20 20
Fax: (03 31) 6 20 25 49
www.hff-potsdam.de

Hochschule für Fernsehen und Film
Frankenthaler Str. 23
81539 München
Tel.: (0 89) 68 95 70
Fax: (0 89) 68 95 71 89
www.hff-muc.de

Werbefilmer

Wenn im Fernsehen ein Sportwagen rasant durch unberührte Wüstenlandschaften kurvt oder ein rothaariger Ire vor seinem Bauernhaus tanzt, dann hatte vielleicht Albert Heiser seine Finger im Spiel. Oder einer seiner Kollegen.

Werbefilmer sind Autoren oder Konzeptionisten für die bunten Bilder der Reklame. Die Auftraggeber kommen dabei aus allen Branchen: Heiser hat schon für Autohersteller und Molkereien, Versicherungen, Telekommunikationsunternehmen und Elektrizitätswerke gefilmt. Jährlich produziert er, je nach Arbeitsaufwand, fünf bis zwanzig solcher Kurzfilme.

Fernsehwerbung ist das am stärksten wachsende Segment der Werbewirtschaften.[16] Wenn der Auftraggeber seine Idee kauft, reist Heiser zu Drehorten rund um den Globus. Zum Team gehören Kameraleute und -assistenten, Tontechniker, Maskenbildner und Friseure für die Schauspieler. Drehorte und Models werden in der Regel von Agenturen vor Ort vorgeschlagen, natürlich nach Vorgaben von Heiser: »Wir drehen auf dem Roten Platz in Moskau, wenn wir Zwiebeltürme und Spuren des untergegangenen Zarentums als Kulisse wollen. Da existiert eine ganz spezielle Atmosphäre, die es sonst nirgendwo gibt.« Öfter allerdings dreht er in den USA. »Da hat man meistens ziemlich viele Locations auf einmal: Wolkenkratzer, Wüste, mannshohe Kakteen und Salzseen.« Doch wenn es auch nur nach Hamburg oder Brüssel geht: Das Reisen inspiriert ihn, die wechselnden Einsatzorte regen die Kreativität an.

Schon vor Beginn der Reise hat Heiser den Film im Kopf. »Erst mal sitze ich zu Hause, starre auf ein weißes Blatt Papier und lasse meine Fantasie spielen.« Er schreibt ein Storyboard, das immer wieder mit dem Kunden abgestimmt werden muss. Die szenische Umsetzung übernimmt dann ein Regisseur. Heute sind sich selbst anerkannte Kinogrößen wie Wim Wenders nicht zu schade, kleine Kunstwerke für die Werbepause zu drehen. Die Verantwortung für den Auftrag allerdings trägt der Konzeptionist. »Da gibt es natürlich immer Schwierigkeiten. Mal sieht die Location ganz anders aus als beschrieben, mal passen die Models oder Schauspieler doch nicht zum Produkt.«

Zwischen seinen Auslandseinsätzen baut Heiser in Berlin die Media Academy auf, eine Fortbildungsstätte für Werbeprofis, die sich mit der theoretischen und praktischen Seite des Filmens, vor allem für das Internet, vertraut machen wollen. Heiser selbst hat Kommunikationswissenschaften studiert und anschließend als Texter und Konzeptionist in der Werbebranche gearbeitet. Leute, die sich für die Werbung interessieren, sollten seiner Meinung nach gut mit Sprache und Bildern umgehen und Sachen auf den Punkt bringen können. »Das kann der Kfz-Mechaniker sein, der gute Witze erzählt«, beschreibt Heiser die Grundqualifikation für den Job. Als Einstieg in die Branche der Werbefilme eignen sich Aushilfsjobs in Produktionsfirmen.

Info-Box

Kurse zur Konzeption und Gestaltung von Werbefilmen gibt es bei:

Creative Game
Glauberstr. 7
12209 Berlin
Tel.: (0 30) 7 15 01 01
Fax: (0 30) 71 58 14 46

Weitere Informationen vermitteln:

Gesamtverband Werbeagenturen	Arbeitskreis Industrie-
Friedensstr. 11	Werbeagenturen
60311 Frankfurt/M.	Mainzer Str. 49
Tel.: (0 69) 2 56 00 80	56968 Koblenz
Fax: (069) 23 68 83	Tel.: (02 61) 1 00 03 23
www.gwa.de	Fax: (02 61) 1 00 03 24
	www.aiw-industriewerbung.de

Werbefotograf

Für den Formel-1-Rennstall Sauber-Petronas ein paar Aufnahmen an der Teststrecke in Barcelona machen, am nächsten Tag Weltmeister Michael Schumacher für Ferrari ablichten – sieht so der Alltag eines Werbefotografen aus? Für Dirk Schaper aus Berlin schon. Bloß dass Schumacher zu wenig Zeit hatte und Schaper deswegen ein paar Tage später im Flieger nach Italien saß, um dort den Ferrari-Auftrag nachzuholen.

Italien, Spanien, Portugal, New York, Los Angeles und die Malediven: Schapers Einsatzorte – pardon Locations – lesen sich wie der Katalog eines anspruchsvollen Reiseunternehmens. Der richtige Beruf also für Reiselustige und Traveller. »Ja und nein«, findet Schaper. Achtzig Prozent seiner Arbeit bestehen im Organisieren und technischen Nachbearbeiten der Aufnahmen und aus dem, »was jeder Dorffotograf macht«: Termine mit Kunden klären, Models und freie Mitarbeiter vor Ort buchen und alles immer wieder verschieben. Die Ausrüstung durchsehen und zur Reparatur geben. Filme entwickeln, Abzüge machen, die gelungenen Aufnahmen beim Kunden präsentieren und warten, welches Foto nach langer Diskussion unter PR-Leuten, Art-Direktoren und Marketingexperten abgesegnet wird.

All dies kann Schapers Begeisterung für die wichtigen zwanzig Prozent seiner Arbeit keinen Abbruch tun: »Ich finde es toll, an immer neuen Orten zu arbeiten, irgendwo zu landen, wo es anders riecht und das Licht mit den Farben eine neue Herausforderung darstellt.« Auch wenn sein Stundenplan bei den meisten Einsätzen nur Flughafen, Hotel, Location und wieder Flughafen zulässt, gibt es keine Routine.»Mir ist noch nie passiert, dass nicht irgendetwas Unerwartetes passiert ist.« Von allen Orten, an denen er gearbeitet hat, sind ihm die Straßen von New York am liebsten.»Das ist hoch kompliziert zu organisieren, man braucht eine Genehmigung, die nur für eine Straßenecke und eine bestimmte Hausnummer gilt. Die Polizei kontrolliert und schickt dich mit der ganzen Ausrüstung zurück, wenn du ein paar Meter weiter gehst. Aber die New Yorker sind toll.« Hunderte von Passanten blieben bei seinem letzten Shooting stehen, feuerten die Models an, gaben ihm gute Ratschläge und unterhielten sich mit ihm über Gott und die Welt.

Diese Kontakte zu allen möglichen Menschen sind es, die Schaper an seiner Arbeit interessieren. Für Sightseeing und Urlaub bleibt zwischen den Buchungen selten Zeit.»Beim ersten Mal auf den Malediven habe ich mich allerdings spontan entschlossen, den nächsten Auftrag abzusagen und vierzehn Tage Urlaub dranzuhängen.« Im Allgemeinen müssen aber die Aufnahmen so schnell wie möglich weiterverarbeitet werden. Der Aufwand, der bei Werbung oder Modefotos betrieben wird, ist hoch – und kostspielig.»Die belichteten Filme kannst du nicht per Boten quer durch Europa schicken.« Der Job ist stressig – nicht nur wegen des Zeitfaktors, sondern auch wegen der Ausrüstung. Schaper hat sich angewöhnt, alles doppelt mitzunehmen. An den wenigsten Orten können Spezialkameras schnell repariert werden oder die richtigen Filme nachgekauft werden.

Nicht nur auf neue Umgebungen, auch auf neue Assistenten muss sich Schaper ständig einstellen. Denn die Kunden zahlen nur ungern einen teuren Linienflug für Schapers eigene Leute, wenn vor Ort für ein paar hundert Mark ein Assistent gebucht werden kann. Ohne Internet wäre das alles gar nicht mehr machbar, meint Schaper. Da gibt es mittlerweile für alle Länder und Großstädte Agenturen, die vorab Models buchen und Location-Scouts losschicken, die interessante Plätze für den Hintergrund suchen. Schaper bekommt dann via E-Mail Polaroids von den vorgeschlagenen Aufnahmeorten.

Die Tagessätze erstklassiger Fotografen sind hoch. So gibt die Website www.berufsfotografen.de Empfehlungen für Mindesthonorare von rund 1 500 Euro pro Arbeitstag außerhalb des heimischen

Studios an, zuzüglich bezahlter An- und Abreise, Flug in der Busi-ness-Class sowie Materialkosten, Honorare für Assistenten und Spe-sen. Zunehmend müssen auch Fotografen mit den neuen Technolo-gien wie Chipkameras und digitale Bildverarbeitung vertraut sein.

Was macht einen guten Fotografen aus? Schaper schwört auf die solide handwerkliche Basis. Er hat den Meisterbrief in der Tasche, kennt aber auch Kollegen, die als Quereinsteiger aus dem Hobby schließlich ihren Beruf gemacht haben. »Das waren dann richtige Freaks, keine Knipser.« Für die Aufträge aus aller Welt braucht man seiner Erfahrung nach Ausdauer, Flexibilität, technisches Fachwissen und ein gutes Auge für Motive als kreative Zugabe. Dafür ist der Job krisenfest, die Zahl der Buchungen nahm bei Schaper in den letzten Jahren kontinuierlich zu, »und mein Umsatz auch«. Platz für neue Kollegen ist genug da, findet er.

Fotograf ist ein Handwerksberuf, der nach drei Lehrjahren mit der Gesellenprüfung abgeschlossen wird (Infos bei den Hand-werkskammern). Es ist aber auch möglich, unter der Berufsbe-zeichnung Fotodesigner oder Agentur für grafische Gestaltung selbstständig zu arbeiten, man kann dann allerdings keine Lehr-linge ausbilden. Mit dem Schwerpunkt künstlerische Gestaltung ist der Fotograf steuertechnisch ein Freiberufler und muss keine Gewerbesteuer zahlen.

Info-Box

Eine Liste mit Ausbildungsstätten gibt es in dem Buch *Fotografie Studium in Deutschland*, zu bestellen über:

Deutsche Gesellschaft für Photographie
Overstolzenhaus
Rheingasse 8-12
50676 Köln
Tel.: (02 21) 2 40 20 37
Fax: (02 21) 2 40 20 35

Eine Kommunikationsplattform zum Erfahrungsaustausch, auch mit Geräteherstellern, Labors und Multimediaverarbeitern, bietet der Pro-fessional Imagers Club: www.pic-verband.de.

Verbände, Branchenbücher und Fotografenpools im Internet:

www.awi-online.de
www.cvphoto.de
www.dgph.photographie.de
www.pic-verband.de
www.fotoportal.de
www.berufsfotografen.de
www.FLIX.de
http://foto.studio.de

Werbezeitschriften im Internet:

www.wuv.de
www.horizont.net
www.selectonline.com

Tierfilmer

Frühmorgens an einem See den Sonnenaufgang erleben, kein Mensch weit und breit, Stille, nur ab und zu ein leises Plätschern, ein Rascheln im Schilf oder ein Vogelzwitschern – für viele Städter heutzutage ein Wunschtraum. Für Michael Schulze, Chefredakteur des Ersten Deutschen Angelfernsehens in Berlin, ist es Berufsalltag.

Schulze produziert gemeinsam mit seinem Geschäftspartner Jörg-Peter Schulz die Anglersendung *Hechtsprung*, die zweimal pro Monat von *Fernsehen aus Berlin* gesendet wird. Weitere 18 deutsche Regionalsender strahlen das Programm für Angler und Naturfreunde aus.»Die Sender suchen händeringend nach guten Spartenprogrammen, die beim Publikum ankommen«, erklärt der Macher des Angel-TV.

Seit Beginn der Sendung 1996 sitzen regelmäßig 500 000 Zuschauer vor den Bildschirmen. Pro Sendung erhält das Angel-TV über 3 500 Fan-Zuschriften.»Ein unglaublicher Erfolg«, schwärmt Schulze. Etwa drei Millionen organisierte Angler gebe es in Deutschland,»mehr als organisierte Fußballspieler«. Und die Dunkelziffer liege noch höher. Viele der *Hechtsprung*-Fans sind jedoch keine Anhänger des Angelsports. Sie haben einfach Spaß an den außergewöhnlichen Natur- und Tieraufnahmen. Dafür sind die beiden Chefredakteure viel unterwegs:»Wir drehen in Kanada und auf Mauritius, genauso wie an der Ostsee oder am Rhein«, erklärt Schulze. Ob Elche und Rentiere am Nordkap oder ein riesiger Schwarm Delfine in Kenia – Schulze kann von spektakulären Erlebnissen erzählen.

»Bei uns werden so gut wie keine Fische getötet«, betont er gleichzeitig.»Wir wollen ganz bestimmt nicht den Killerinstinkt wecken.« Angel-TV bietet seinen Zuschauern vor allem Bilder aus der Natur, die die Mehrzahl von ihnen normalerweise nie zu Gesicht bekäme:»Wir zeigen auch mal, wie ein Biber seine Burg baut oder wie Schildkröten ihren Nachwuchs ausbrüten«, erklärt Schulze.

Wie schafft man es, das eigene Hobby ins Fernsehen zu bringen, und dann auch noch Erfolg damit zu haben? Schulze ist Hobbyangler seit seiner Kindheit und studierte später Germanistik, Theater- und Filmwissenschaften – allesamt verrufen als brotlose Kunst. Nebenbei arbeitet er für viele Fernsehsender. Später wurde er Regisseur von Videoclips für Pop- und Rockmusiker, darunter die *Einstürzenden Neubauten*. Dann endlich hob er das erste deutsche Angel-TV aus der Taufe.»Man muss vor allem eine gute Idee haben. Und man muss handwerklich was können.« Schulze arbeitet konzeptionell und ist sein eigener Texter und Cutter.»Man fuchst sich langsam rein in die Technik«, sagt er.»Das ist wichtig, denn beim Selbermachen geht oft vieles schneller als wenn man einen Riesenapparat von Technikern um sich hat.«

Zusätzlich brauchen TV-Macher unbedingt kaufmännisches Geschick. Denn wer eine neue Sendung produziert, sollte wissen, wie er sich den Markt erschließen kann. Finanziert wird das Anglerprogramm durch einen kleinen Werbeblock in der Halbzeit. Die Werbung findet dagegen vorwiegend durch Mundpropaganda statt.»Wir haben in der Szene einen sehr hohen Bekanntheitsgrad«, erklärt Schulze.»Wer den *Hechtsprung* nicht selbst empfangen kann, kopiert ihn sich bei Freunden.«

Der Chefredakteur des Angelfernsehens genießt seine berufliche Eigenständigkeit, die Reisen und dass er so oft wie möglich draußen in der Natur ist. Natürlich heißt reisen für Schulze immer auch

Materialbeschaffung für eine neue Sendung. In den zwei Wochen vor dem nächsten *Hechtsprung* ist er deshalb regelmäßig voll ausgelastet: »Die Leute denken, das ist Urlaub, aber da steckt natürlich eine ganze Menge Arbeit drin«, betont er.

Info-Box

Hechtsprung erreichen Sie unter:

1. Deutsches Angel-TV
Gotenstraße 82
10829 Berlin
Tel.: (0 30) 78 00 09 22
Fax: (0 30) 78 00 09 26

FAB Fernsehen aus Berlin
Hardenbergplatz 2
10623 Berlin
Tel.: (0 30) 26 97 00
Fax: (0 30) 26 97 01 00
www.fab.de

Internetseiten zum Thema Angeln:

www.angeln-deutschland.de, www.angelseiten.de

Eisenbahnfilmer

Eisenbahnfreunde sind wie Fußballfans: Keiner weiß, wie viele es gibt – aber verrückt sind sie alle. Die einen besuchen möglichst viele Stadien zwischen Kasachstan und Brasilien, die anderen sammeln Lokomotiven und Bahnstrecken.

Sie sind skeptisch? Es geht noch weiter. Frank Thürmer aus Berlin sammelt seit über 15 Jahren Eisenbahnstrecken und hat daraus einen Beruf gemacht. Der ehemalige Postangestellte filmt Dampfloks in Polen und Museumsbahnen in Thüringen, organisiert Sonderfahrten in den Harz und begleitet Fans auf Eisenbahntrips durch den Nahen Osten.

Über 1 600 Kassetten mit Aufnahmematerial stapeln sich in seinem Schnittstudio in Berlin, 120 Stunden Programm hat er daraus produziert. Allein die Folge *Wiedergeburt der Stromlinie* über den Rückbau einer deutschen 30er-Jahre-Lok konnte er 15 000 Mal verkaufen. Thürmers Vorteil gegenüber anderen Dokumentarfilmern besteht darin, dass er das Hobby seiner Kunden teilt.»Eisenbahnfans wollen die Lok sehen, nicht die Schönheiten der Strecke. Den Zug unter Dampf, die technischen Variationen der verschiedenen Baureihen.« Man muss also wissen, was das Herz des Eisenbahnfreunds höher schlagen lässt: ein besonderes Pleuelgestänge oder eine windschnittige Verkleidung wie die der Stromlinienlok, die es immerhin auf 170 Stundenkilometer bringt.

Auch wenn wahre Fans viel auf sich nehmen – in die Innere Mongolei oder die Ukraine traut sich allein so schnell keiner. Für die Daheimgebliebenen dokumentiert Thürmer Oldtimer-Modelle, die dort noch regelmäßig fahren. Keine leichte Aufgabe, wenn er mit seinem Drei-Mann-Team bei minus 25 Grad in 2 000 Metern Höhe die Fahrt über den chinesischen Jing-Peng-Pass filmt.»Der Dampf gefriert sofort auf der Linse. Gott sei Dank gibt es bei Dampfloks ein schönes Feuer; da dreht man das Objektiv zum Heizer und filmt dann weiter.« Dass er selbst friert, ist Nebensache: Die Kamera muss in eine Art Kaffeewärmer aus Daunenjacken gesteckt werden, damit der Akku weiterhin Betriebsstrom liefert.

Im Gepäck hat Thürmer nicht nur die Technik, sondern auch Werkzeug, dazu Wattestäbchen und Isopropyl-Alkohol zum Reinigen der Geräte. Auf der Reise in die Mongolei brach das Plastik des Kameragehäuses in der Kälte wie Glas, am Ende hielten nur noch Kabelbinder die Kameras zusammen. Tesa klebte bei den Temperaturen nicht mehr.

Die Wüste findet der Eisenbahnfilmer allerdings unangenehmer.»Kameras mögen den feinen Sand überhaupt nicht.« Mit einer Hand voll hartgesottener Fans fuhr er auf der historischen Hedjazbahn von Syrien nach Jordanien, ursprünglich ging die Strecke bis Haifa in Israel. Außer dem Sand hatte er aber keine Probleme. China ist da schwieriger, sagt er.»Die wollen schon im Voraus eine genaue Motivbeschreibung für die Drehgenehmigung.« Ein Freund, der sonst als Fremdenführer in China unterwegs ist, half bei der Vorbereitung und begleitete ihn beim Drehen.

Wenn Thürmer ins Erzählen kommt, ist der reiselustige Berliner kaum zu bremsen.»Rumänien war schlimm, da haben nachts im Schlafwagen immer drei Mann Wache gehalten, damit die anderen beruhigt schlafen konnten.« Auch die Strecke durch die Osttürkei bis ins Kurdengebiet ist unter Sicherheitsaspekten nicht so zu empfehlen. Die landschaftlichen Reize des Euphrat-Tals – und natürlich die interessante Technik – gleichen das allerdings aus der Sicht des Eisenbahnfreaks wieder aus.

Neben der Liebe zum Sujet und dem filmerischen Können ist Organisationstalent erste Voraussetzung für den Beruf. Noch vor der Abfahrt muss viel recherchiert, beantragt und gebucht werden. Verhandlungsgeschick hilft, um sich Drehgenehmigungen auf Bahnhöfen oder exklusive Bilder von Museumsbahnen zu sichern, ebenso wie Improvisationstalent, wenn die Ausrüstung unterwegs mit Bordmitteln repariert werden muss.

Thürmer vertreibt seine professionell gemachten Videos über den EK-Verlag. Allein die wichtigsten deutschsprachigen Magazine – *Eisenbahnmagazin, Eisenbahnkurier, Eisenbahnjournal* – bringen es zusammen auf monatlich über 120 000 verkaufte Exemplare.[17] Etwa die gleiche Auflage anderer Zeitschriften kommt noch dazu, schätzt Thürmer. Der Südwestfunk strahlt eine eigene Sendung namens *Eisenbahnromantik* aus.

Für den Ostdeutschen Rundfunk Brandenburg und den Mitteldeutschen Rundfunk produziert Thürmer ganze Eisenbahnsendungen. Zur Sendezeit von Günter Jauchs Millionärsshow erreicht er im Sendegebiet Einschaltquoten von fünf Prozent. Was mit Super-8-Urlaubsfilmen begann, ist ein erfolgreiches Unternehmen geworden, in das einige hunderttausend Mark für Technik investiert wurden. Trotzdem klingt Thürmers Tipp an interessierte Nachfolger entspannt:»Mach dein Hobby zum Beruf – dann hast du 24 Stunden Freizeit am Tag!«

Info-Box

Infos und Kontakt:

EK-Verlag
Postfach 500 111
79027 Freiburg
Tel.: (07 61) 70 31 00
Fax: (07 61) 7 03 10 50
www.ek-verlag.de

Fachzeitschriften:

Eisenbahnmagazin, Eisenbahnkurier, Eisenbahnjournal

Weitere Jobs für Weltenbummler in den Medien

TV-Reiseverkäufer

Vielen gilt das Internet als zu kühl und unpersönlich, um am Bildschirm die schönsten Wochen des Jahres zu buchen. Das Fernsehen dagegen kann einen viel sinnlicheren, lebendigeren Eindruck davon vermitteln, was den Gast am Urlaubsziel erwartet. Es kann Emotionen transportieren – ein wichtiger Faktor bei der Urlaubsplanung.

Während viele das Gefühl haben, im Netz die Katze trotz Preisvorteil im Sack zu kaufen, zeigt das Fernsehen – quasi naturnah –, ob es an den angebotenen Zielen exklusiv oder abenteuerlich, friedlich oder turbulent zugeht. TM3 verkauft mit der Sendung *Urlaubsreif* bereits Reisen, ebenso wie der digitale Fernsehsender Via 1-TV. Auch RTL plant einen Reisekanal.

Der britische Marktführer *Travel Channel* machte im Jahr 2000 immerhin eine halbe Milliarde Euro Umsatz. Auf der Insel gibt es neben zahlreichen Shopping-Kanälen mit Reiseangeboten drei mit touristischem Vollprogramm.[18] Daher haben sich auch hierzulande die Fernsehmacher der Devise verschrieben, den Kunden dort abzuholen, wo er ist – im heimischen Wohnzimmer. Statt mit Mausklick wird analog per Telefon, später digital mit der Fernbedienung gebucht. Für Reisefans ein neues Einsatzgebiet, in dem der Kuchen noch lange nicht verteilt ist.

Info-Box

Sender, die im Fernsehen Reisen verkaufen, sind zum Beispiel:

TM 3
Bavariafilmplatz 7
82031 Grünwald
Tel.: (0 89) 64 19 50
Fax: (0 89) 64 19 51 09
www.tm3.de

Via 1
Jenfelder Allee 80
22039 Hamburg
Tel.: (0 40) 66 88 53 00
Fax: (0 40) 66 88 53 44
www.via1.de

Online-Reiseführer

Auch Rucksack-Reiseführer wie *Lonely Planet* und *The Rough Guide* bieten aktuelle Infos per Internet. Diese dienen hauptsächlich dem Verkauf der eigenen Produkte, sprich: der Bücher. Doch es gibt auch reine Online-Reiseführer, die man vom PC aus oder per Handy abfragen kann. Der Clou: Fortlaufend werden neue Beiträge von Abenteurern on the road dazugestellt. Open-Source heißt das Ganze und bietet zwar keine geprüften Informationen, dafür das Neueste vom Neuen. Vor allem in weniger entwickelten Reisegebieten wie Usbekistan oder dem Tschad eine große Hilfe. Beispiel: www.world66.com

Sportreporter

Auch Sportreporter kommen viel rum. Schließlich fahren die deutschen, österreichischen und Schweizer Sportler und Mannschaften zu Freundschaftsspielen und Wettkämpfen rund um den Globus. Alle vier Jahre finden Europa- und Weltmeisterschaften und Olympische Spiele statt. Auch für Hintergrund- und Vorberichterstattung werden Sportreporter im Ausland eingesetzt. Der bekannteste unter ihnen ist Ben Wett mit Büros in Washington und Los Angeles.

5.

Kunst, Musik und Showgeschäft

Nichts ist so grenzüberschreitend wie Kunst und Musik. Picasso-Ausstellungen und Rolling Stones-Konzerte jedenfalls werden rund um den Globus besucht. Ob in den USA, Südamerika, Europa, Südafrika, den Staaten der ehemaligen Sowjetunion bis hin nach Japan oder China: Die Faszination durch Werke von Beethoven, Händel, Michelangelo, Dürer und Kandinsky macht nicht an Landesgrenzen Halt.

Auch ist es für zeitgenössische Maler, Schriftsteller und Musiker häufig leichter als für »Normalsterbliche«, ein langes Visum außerhalb Europas zu bekommen. Grund genug also für professionelle Globetrotter, eine Karriere als Künstler – im weitesten Sinne – in Erwägung zu ziehen. Für die, die sich eine Karriere als Frontman oder -woman einer Rockband oder als freischaffender Bildhauer nicht so recht vorstellen können, werden auch Alternativen aufgezeigt, zum Beispiel als Roadie, Tätowierer oder Bandmanager. Doch zunächst zur Kunst.

Künstler

Ist Künstler überhaupt ein richtiger Beruf? Und kann man damit Geld verdienen? Valera und Natasha Cherkashin aus Moskau können. Und sie kommen viel dabei herum. Über sechzig Ausstellungen und zwanzig Performances haben sie weltweit schon gegeben. Neben dem russischen Fernsehen und der DW TV haben der amerikanische Nachrichtensender CNN und Italian Super Channel das Treiben des Künstlerpaares verfolgt.

Und das hat es in sich: Im nördlichen Japan beispielsweise besuchten die Cherkashins Cape Soya-Misuki, einen Zipfel des Festlandes, der geografisch gesehen am nächsten zu Russland liegt. Als Art-Happening unter dem schönen Namen *From Russia with Love* und mit tatkräftiger Unterstützung einiger Japaner und Exilrussen, wurden Steine ins Wasser gelegt und die Zwischenräume mit Sand gefüllt.»So haben wir die beiden Länder mit eigener Kraft einander ein Stück näher gebracht«, sagt Natasha.

Reisen gehört zur Kunst der Cherkashins, gibt ihnen Inspiration und neue Ideen. Die erste Reise 1990 war »a travel to history«, wie Natasha es ausdrückt. Unter dem Titel *The Cherkashin's Museum Metropolitan* veranstalteten die Künstler Art-Happenings anlässlich des Endes der sowjetischen Epoche. Doch das Museum bestand nur als Konzept, »in der Kunst«. Es materialisierte sich in den Hallen und Tunneln der Moskauer Metro.»Die U-Bahn der Hauptstadt ist der ausdrucksstärkste Bau der Sowjetära. Wenn wir über gewaltige Systeme sprechen, müssen wir an Orte gehen, die den Stil, die Symbolik und die Mystik dafür haben«, erklärt Natasha. Die prachtvollen Stationen waren Hintergrund für einen Schönheitswettbewerb unter den Skulpturen, einige Hochzeiten zwischen Skulpturen und Menschen, ein freiwilliges Reinigungsprojekt (*Subbotnik*) und ein Privatisierungs-Happening mit dem Titel *Art for the People* statt.

Die Cherkashins interessieren sich für Weltmächte:»Wir sind selbst in einem Empire groß geworden und wissen, wie es sich anfühlt, wenn man denkt, wir sind die Größten, Stärksten und Besten. Dieses Gefühl spiegelt sich wider in Kunst und Architektur und natürlich in Denkmälern und Wahrzeichen. Weltmächte laden die besten Künstler der Welt ein, investieren viel Geld, um etwas ganz Besonderes zu schaffen.«

Nach der Auseinandersetzung mit der Sowjetära begannen die Cherkashins, andere »imperiale Kulturen« zu erforschen. Ihre Reisen führten sie zunächst in die USA und die Bundesrepublik, dann nach Großbritannien, Spanien und Japan.»Wir suchen in anderen Ländern nach unseren Themen. Überall finden sich Teile einer

Weltkultur, und auch unsere Kunst ist ein Teil davon«, erklärt Natasha.

Das Werkzeug der Cherkashins ist Papier. Aus Fotografien und Zeitungen machen sie collagenartige Bilder und Figuren. Jede Ausstellung wird im Verhältnis zu ihrer Umgebung geplant. Ein Beispiel: Im Berliner Olympiastadion eröffnete das Künstlerpaar 1997 seine Unterwasserausstellung *German Atlantis*, bei der die Bilder an einer Leine in das Becken getaucht wurden. Die Besucher konnten die Ausstellung mit Badehose und Taucherbrille besuchen.

Wie haben die beiden Moskauer es geschafft, die Berliner Bäderbetriebe zu einer so ungewöhnlichen Kooperation zu bewegen? Natasha erklärt: »Unsere Ideen sind nur auf den ersten Blick verrückt, aber sie folgen einer globalen Herangehensweise: arbeiten mit Kultur, die Vergangenheit erforschen, Länder näher zusammenbringen. Unsere Aktionen sind zwar kleine, aber dennoch bedeutsame Maßnahmen, um politische Probleme zu lösen, vielleicht auf ungewöhnliche Art und Weise.« Den meisten Leuten, auch deutschen Beamten, würde es gefallen, Teil eines künstlerischen Prozesses zu sein. Dadurch eröffneten sich auch für diese neue Perspektiven. »Meistens kriegen wir die Leute dazu, ziemlich enthusiastisch mitzumachen.«

Natürlich nicht immer: Eine spanische Organisation hatte die Cherkashins eingeladen, in einer Bank auszustellen. In Madrid angekommen, besichtigten sie zunächst das Foyer. Valera nahm ein Messband aus der Tasche, um die Länge der Wände zu vermessen. »Innerhalb weniger Sekunden hatten wir die Sicherheitsleute am Hals, die natürlich kein Englisch sprachen«, erzählt er. Um sich zu erklären, zog der Moskauer eine Grundrisszeichnung der Bank aus der Tasche, die er im Vorfeld bekommen hatte. »Dann sind sie völlig ausgeflippt. Erst nach einer halben Stunde Telefonieren haben sie uns gehen lassen.« Andere Inszenierungen fanden statt im Haus der Russischen Kultur in Berlin, im Center of Photography in Tokio, im Museum of Fine Arts in Santa Fe, New Mexico, und in der Weltbank in Washington.

Die Cherkashins halten über ihre Kunst Vorlesungen an englischen, japanischen und amerikanischen Universitäten, darunter in Tokio, Wakkanai, New York, Los Angeles und San Francisco.

»Wir erklären, inwieweit Reisen für uns Kunst ist und wie wir immer wieder durch unsere Kunst versuchen, mit anderen Kulturen zu kommunizieren«, erklärt Natasha. Sie selbst war übrigens Englisch- und Physiklehrerin, bevor sie als Künstlerin hinaus in die Welt zog. Sie fühlt sich heute weder als Spinnerin noch als Teil einer Unterhaltungsindustrie. »Künstler werden in Russland eher als eine Art Propheten angesehen, die etwas Wichtiges und Einzigartiges schaffen«, sagt sie. Als Lehrerin allerdings hätte sie am Wochenende und in den Ferien freigehabt. Das sei heute nicht mehr so.

Info-Box

In den meisten Ländern gibt es unzählige kulturelle Einrichtungen, Vereine, Galerien und politische Institutionen, die sich dem internationalen Künstleraustausch widmen. Eine gute Internetadresse mit vielen Links zu solchen Einrichtungen findet sich unter: www.deutsche-kultur-international.de

Werke der Cherkashins sind zu sehen unter: http://cherkashins.tripod.com.

Fotoilllustrator

Man muss sich nicht wundern, dass die deutschen Kreativen keinen Weltruf haben. »Wenn man als Fotograf, Designer oder Künstler in einer großen Agentur in London anruft, kriegt man fast hundertprozentig einen Termin. Die interessieren sich dafür, Neues kennen zu lernen und unter allen die Besten auszuwählen. In Deutschland dagegen wird man erst mal abgewimmelt. Neue Ideen sehen die meisten als lästig an.«

So spricht eine, die es wissen muss: Martina Leeven. Wenn eine deutsche Agentur sie bittet, ihren Lebenslauf zu schicken, schüttelt sie den Kopf. »Woanders interessiert man sich für die Arbeit – in Deutschland für den Lebenslauf. Ich verstehe nicht, was das miteinander zu tun hat«, so die Fotografin aus … ja, woher eigentlich?

Also der Reihe nach: Leeven wurde an der saarländischen Grenze zu Frankreich geboren, zog im Alter von sechs Jahren mit ihrer Familie in die USA, mit 15 weiter nach Brasilien und zum Highschool-Abschluss zurück an die amerikanische Ostküste. Ein Kunststudium brachte sie nach Athens in den US-Bundesstaat Georgia. Dort traf sie jemand, der ihr zeigte, wie man schwarz-weiß fotografiert. »Bis dahin hatte ich zwar immer mal wieder geknipst, wäre aber nie darauf gekommen, einen Beruf daraus zu machen«, so Leeven.

Bald wurde der Kunststudentin der amerikanische Süden zu eng, zu konservativ, und so organisierte sie einen Studienplatz in Prag. Nach dem Abschluss arbeitete sie dort als Art-Direktor. »Wegen der ganzen Umzieherei wollte ich mal sehen, wie sich das anfühlt, einen festen Job zu haben.« Außerdem war der neue Markt im Osten begierig, Know-how aus dem Westen aufzusaugen. »Aber trotz des Erfolgs war ich nicht zufrieden. Das Arbeiten in so einer hierarchischen Struktur gefällt mir nicht, ein Roboterleben stößt mich ab.«

Also fotografierte Leeven nebenher, arbeitete an ihrem Stil und spezialisierte sich auf Fotoillustrationen. Dabei hat ihre Arbeit wenig mit traditionellen Porträts oder Landschaften zu tun. »Mir geht es darum, durch Kombinationen von A und B ein Drittes, eine Emotion zu erzeugen.«

Nach einigen Jahren war Prag nicht mehr genug. »London schien mir das Zentrum für Fotografie, Kunst und Werbung in Europa«, erklärt Leeven. Englisch sprechen und mit der Kamera umgehen konnte sie schon, also zog sie los. »Natürlich gehört auch ein Schuss Naivität dazu, einfach das Auto voll zu packen und loszufahren.« Später ging sie auf die gleiche Weise nach Amsterdam, Lissabon, zurück nach Prag und schließlich nach Berlin.

Um sich auf unbekannten Märkten zu orientieren, ist erst einmal Marktforschung angesagt – nicht nur in der Fotografie. Daher begann jede neue Etappe immer mit dem Weg in die Bücherei und in die Designerläden vor Ort. »Ich schaue mir an, welche Verlage welche Bücher machen und welche Designer mit was erfolgreich sind«, erklärt Leeven. Je mehr man sich mit dem jeweiligen Markt vor Ort beschäftigt, desto klarer werden die eigene Chancen. »Und dann merkt man auch, wie man das eigene Marketing gestalten muss und Selbstpromotion macht«, so die Fotografin.

Leeven arbeitet für Verlage, für Designprojekte wie einen Architekturkalender, für Theater und Film, für Ausstellungen, für Computer- und Frauenzeitschriften, aber auch für Tageszeitungen wie *The Guardian.* Dabei eignen sich ihre illustrativen Fotos weniger für den politischen Teil als für den Magazinteil am Wochenende. In Lissabon beispielsweise illustrierte Leeven für einen Literaturverlag die Erstausgaben von Jungautoren. Diese Art von Fotocollagen war in Portugal überhaupt nicht bekannt.»Das war für die interessant, etwas zu machen, was ganz neu, fremd und assoziativ wirkt.« In der Bundesrepublik arbeitete sie mit bei Ausstellungen zum Thema Motorrad und Lifestyle und zur Stadtentwicklung Berlins. Im dazugehörigen Bildband illustrierte sie das Thema »Berliner Luft«.

Die Frage, ob ihr das Studium geholfen hat, verneint sie, obwohl sie dort viel über Fotografie gelernt hat.»Ich würde heute die Zeit viel besser nutzen und meine kreative Seite selber aufbauen.« Wo es sie in ihrem Leben noch hinzieht, das weiß sie nicht.»Prinzipiell kannst du von jedem Punkt der Erde aus deine Fotos an die Redaktionen und Verlage schicken.« Psychologisch allerdings sähe das anders aus.»Für einen Redakteur bist du näher, wenn du um die Ecke sitzt, als wenn du in Peking arbeitest. Auch wenn die E-Mail mit dem Foto genau gleich lang braucht«, meint Leeven. Aber auch das könne sich ja noch ändern.

Info-Box

Fotografieseminare gibt es beim:

Lette Verein
Viktoria-Luise-Platz 6
10777 Berlin
Tel.: (0 30) 21 99 40
Fax: (0 30) 21 99 41 03
www.b.shuttle.de

Reisemaler

Auf Reisen trifft man Leute, die ihr Geld mit Tätigkeiten verdienen, die hierzulande nicht gerade als lebensunterhaltdeckend gelten. Einer davon ist der Franzose mit Künstlernamen Simon. Er malt Bilder aus fernen Ländern, Indien und China, aber auch europäische Motive aus Venedig, London und Frankreich. Sein Vater war als Zahnarzt bei den französischen Truppen in Algerien stationiert, hatte dort seine Leidenschaft für ferne Länder entdeckt und später seinen Sohn mit dem Reisefieber angesteckt.

Also stand für Simon fest: Sein Job dürfte nicht an Schreibtisch und Büro gebunden sein. Da er an den Künstler in sich glaubte, entschied er sich zunächst für eine Karriere als Schriftsteller. »Ich hatte so viele Bücher von Jack London und Jules Verne gelesen, dass ich mir etwas anderes gar nicht vorstellen konnte.« Sein erster Roman *Les Passions Impatientes* erschien 1984 bei Les Editions la Découverte und erntete einige wohlwollende Kritiken.

Der Roman spielt in der Banlieue von Paris. »Ich wollte über das schreiben, was ich kannte. Aber es zog mich ins Ausland.« Zusätzlich malte Simon, was er auf seinen Reisen gesehen hatte. Das meiste davon konnte er bei Ausstellungen in Frankreich und Deutschland verkaufen. Die Preise kalkulierte er nach Größe des Bildes, Zeitaufwand für das Malen und seiner eigenen künstlerischen Einschätzung.

Ende der achtziger Jahre reiste Simon nach Portugal. Aus den geplanten drei Wochen wurden drei Jahre, in denen er Porträts zeichnete, meist mit Kohle, von Fischern und Roma. »Wenn jemand meine Bilder mochte, hat er gleich die ganze Familie geschickt«, erzählt er. Zusätzlich arbeitete er mit Wasserfarben und Tinte, »was man so im Rucksack dabeihat«. Viele dieser Bilder verkaufte er auf Ausstellungen in Portugal, unter anderem im Institut Français in Porto.

Dann ging er zurück nach Frankreich. Doch lange hielt er es nicht aus. »Andere hatten mir immer wieder von Indien erzählt, auch von der Gewalt dort. Das war ein Topos, der mich interessierte, da wollte ich hin.« Also ging er.

In Indien malte und zeichnete er jeden Tag, meistens Alltagsszenen und Menschengruppen.»Nach den ganzen Landschaftszeichnungen in Portugal wollte ich diesmal etwas anderes machen, mich auf Menschen konzentrieren, auf Arrangements, auf Kompositionen.« Indien war für Simon eine Erleuchtung:»Da ist Spiritualität allgegenwärtig. Natürlich gibt es viel Dreck, Umweltverschmutzung, religiöse Intoleranz, das Kastensystem. Aber auf der anderen Seite ist es ganz normal, mitten auf der Straße zu singen oder zu beten. Dafür würde man in Frankreich sofort die Polizei holen.« Beeindruckt von der fremden Umgebung, schrieb er neben dem täglichen Mal- und Zeichenpensum»Hunderte von Briefen«, auch, um seine eigene Entwicklung zu reflektieren.

Nach Hause zurückgekehrt stand sein Plan fest: Die Indien-Bilder sollten diesmal nicht in einer Ausstellung verkauft werden, sondern als Buch erscheinen. Auf der Suche nach einem Verleger fuhr er zum Reisebuchfestival *Etonnants Voyageurs* im ostfranzösischen St. Malo und stieß auf den Chef der *Editions de la Boussole*. Dieser zeigte sich von den Bildern begeistert, war jedoch der Ansicht, dass zu einem Buch auch Texte gehören.

Also begann Simon, sämtliche Briefe, die er aus Indien an seine Freunde geschrieben hatte, wieder einzusammeln und daraus Texte zu machen.»Es hat mich zwei Wochen gekostet, den Ton zu treffen, ein bisschen lyrisch, ein bisschen ironisch. Aber ich wollte den Leuten neben den Bildern auch erklären, was ich in Indien erlebt hatte und wie sehr das mein Leben beeinflusst hat.« Nach der Veröffentlichung von *Au Corps de l'Inde* 1999 ging alles sehr schnell: *Le Monde* druckte eine positive Kritik, die Zeitschrift *Le nouvel observateur* ebenso, später folgten weitere Magazine. Der große Erfolg rief nach einem Folgebuch. Simon schaute in seine Schublade und fand die Landschaftsbilder aus Portugal. Daraus entstand ein Jahr später *L'Appel du Bleu.*»Das Reisen war inzwischen die unverzichtbare Grundlage meiner Arbeit geworden. Ich möchte den Leuten eine andere Art von Reisen nahe bringen, dafür werben.« Und das bedeutet für ihn vor allem, sich Zeit zu nehmen. »Ein Land gibt einem nichts, wenn man nur zwei bis drei Tage an einem Ort bleibt. Das ist einfach oberflächlicher Tourismus. Sobald man länger verweilt und ein bisschen die Sprache lernt, ändert sich das Verhalten der Einheimischen dem Reisenden gegenüber völlig.«

Als nächstes Projekt schwebt Simon ein Buch mit Bildern aus der algerischen Sahara vor. »Die Erzählungen meines Vaters habe ich immer noch im Kopf. Außerdem wird so eine Trilogie meiner Reisebilder daraus: Indien, Portugal, Algerien.«

Neben dem Malen unterrichtet Simon an einer Kunstschule. Sein Thema: *Carnets de Voyage*, ein weißes Buch, das während einer Reise gefüllt wird. »Letztendlich will ich den Leuten Mut zur Kunst machen. Zu malen und zu schreiben verpflichtet uns dazu, immer die Augen offen zu halten.« Ob unterwegs oder zu Hause.

Info-Box

Das Reisebuchfestival *Etonnants Voyageurs* wird veranstaltet von:

Agentur Megalitz
48 Bvd. Ville Bois Mareuil
F-351000 Rennes
Tel.: 00 33 (2) 23 21 06 21
Fax: 00 33 (2) 23 21 06 29

Weitere Infos gibt es unter :

www.etonnants-voyageur.com

Tätowierer

Irgendwann in früher Vorzeit fanden Medizinmänner heraus, dass Asche – mit Knochensplittern unter die Haut gepikt – gut fürs Immunsystem ist. Und so kommt es, dass weder Jon Bon Jovi noch Franziska van Almsick die ersten Prominenten mit Hautmalereien sind. Der 5 000 Jahre alte Ötztalmann kam ihnen zuvor.

Das neuzeitliche Tätowieren hat seine Wurzeln im südpazifischen Raum. Die Muster und Motive waren Zeichen von Status und Prestige und Wappnung gegen feindliche Mächte. Sie regelten die Beziehungen der Geschlechter und bestimmten das Verhältnis der Menschen zu ihren Göttern. Gestochen wurde zum Beispiel, wer in Hungerszeiten einen dicken Fisch gefangen oder einen drohenden Feind getötet hatte. Tattoo-Operationen mit gezähnten Knochenklingen wurden unter rituellen Vorschriften und ausschließlich durch Spezialisten durchgeführt.

Bis in die siebziger Jahre waren in unseren Breitengraden hauptsächlich Seefahrer tätowiert. Ein Song von Marilyn Monroe besagt, dass kein echter Matrose sei, wer keine Tätowierung habe. Die Tattoos dienten als Erinnerung an ferne Länder, die Sehnsucht nach der Heimat, an die Freundin zu Hause oder das weibliche Geschlecht allgemein. Wenn kein Dienst war (oder besonders im Arrest), tätowierten sich die Matrosen auch zum Zweck des Zeitvertreibs. Es gab unzählige Motive, vor allem Anker und Steuerrad. Professionelle Tätowierer dagegen waren meist in Häfen und nahe dem Rotlichtviertel zu finden.

Heute gelten Tätowierungen eher als Mittel zur Darstellung der Persönlichkeit, Reibungsfläche zur Umgebung, politisches Statement und als eine Art Auseinandersetzung mit dem eigenen Körper. Skorpione, Röschen, Drachen und Delfine finden sich mittlerweile auch auf Oberarmen, Rücken und Dekolletés von Sekretärinnen, Arzthelferinnen und Polizisten. Juristen, Ärzte und Architekten gelten als kaufkräftige Kunden der Tattooszene. Die Jugendzeitschrift *Bravo* legte schon einmal abwaschbare Partytattoos ihrer Auflage bei. Bio- und Hennatätowierungen sowie Permanent-Make-up zählen zum Angebot von Kosmetikstudios.

Hubert Rieder, seines Zeichens Punkrocker der alten Schule, tätowiert seit Beginn der neunziger Jahre in Bitterfeld. Wie viele andere seiner Zunft hat er früh angefangen zu zeichnen und zu malen. Die Stationen seines sonstigen Lebenslaufes: Geburt, Schule, Lehre, Arbeit, Abwicklung des Betriebs. »Alles nicht weiter tragisch, ich habe eh lieber hinterm Schlagzeug gesessen«, rekapituliert er. Dann machte er für befreundete Musiker Plattencover, Logos und T-Shirts. »Irgendwann brauchten die dann auf einmal alle Tattoos«, beschreibt er den Beginn seiner Tätigkeit.

Obwohl für Rieder das Chemiedreieck »eine hoch interessante Gegend« ist, hält er es nie lange zu Hause aus. 1993 zum Beispiel ging er nach New York. Er wollte sehen, wo der Hardcore herkommt – ein Musikstil »für Leute, denen Punk zu lasch ist«, so Rieder. Wir geben seine Eindrücke in Auszügen wieder: »Da hab ich Elio Espana getroffen und konnte schlagartig bei ihm im Fly Rite Studio anfangen zu tätowieren. Die Leute von Agnostic Front, Warzone und Sheer Terror liefen dort rum, war auf jeden Fall eine Horizonterweiterung. Squit, die Bassistin von den Luna Chicks hab ich da tätowiert.« Danach arbeitete er im Fun City, ebenfalls NYC, später in Mexiko-Stadt, im Tattoo&Body Art in Basel und im Dark&Brightside in Leipzig. Auf den Conventions in Berlin, Frankfurt/Main, Halle, Leipzig und Magdeburg ist er regelmäßig. »New York und Mexiko waren aber schon ein bisschen anders. Da sehen viele Tätowiertsein als so was Ähnliches wie die Mitgliedschaft in einer kommunistischen Partei.«

Seine Kunden, sagt Rieder, kommen oft mit nebulösen, wenig konkreten Vorstellungen zu ihm. Er muss dann herauskriegen, was die Person in etwa haben will. »Wenn sich einer beispielsweise einen Kühlschrank auf dem Schenkel vorstellt, wird es interessant«, kommentiert Rieder. Gemeinsam mit den Kunden entwickelt er die Vorlagen. Daraus ergeben sich häufig jahrelange Kontakte. »Wenn jemand süchtig wird, muss das Motiv integrierbar sein«, so Rieder.

Das Handwerkszeug des Tätowierers sind Maschine (zwei Spulen, Griffstück, Nadel), Einwegrasierer, Sterilisator oder Autoklav zum Sterilisieren mit Heißluft oder gespanntem Wasserdampf zum Abtöten von Bakterien und Viren. Desinfektionsmittel bieten zusätzlichen Schutz. Einweghandschuhe, Vaseline, Einwegnäpfchen für Farben, Küchenrolle und Sprühflasche zur Säuberung der Hautoberfläche gehören ebenfalls dazu. Das Ultraschallgerät »klopft« mit Wellen die Nadeln sauber. Nützlich ist ein Friseurstuhl mit mechanischer Hydraulikpumpe und klappbarer Rückenlehne.

Tattoo-Shops finden sich mittlerweile nicht nur in Großstädten, sondern vor allem in touristischen Zentren rund um den Globus, von Bangkok und den Thai-Inseln bis zur Copacabana. Durch Urlaubsstimmung und Hitze ermutigt und durch die niedrigeren Preise angelockt, wünschen sich viele Westeuropäer offensichtlich ein ewiges Andenken an das Leben in luftiger Kleidung. Die Künstler sind dabei nicht immer Einheimische. Auch Weltenbummler aus kälteren

Gefilden verdienen sich mit dem Stechen ihre Trips. In der Regel können sich Kunden in seriösen, das heißt offiziellen Läden durch einen aktuellen Prüfbericht (Sporentest) von der Funktionsfähigkeit des Heißluft-Sterilisators oder des Autoklavs überzeugen. Sterilisierte Griffstücke und Nadeln werden bei jedem Kunden gewechselt.

Info-Box

Ausbildungsinfos gibt es über:

Tätowier Magazin
Ottenhöferstr. 8
68239 Mannheim
Tel.: (06 21) 48 36 10
Fax: (0621) 4 83 61 11

DJ

Partys gibt es überall auf der Welt. Und wo getanzt und gefeiert wird, braucht man Musik: in Bars und Clubs, auf Raves und Festivals, bei Geburtstagspartys, Hochzeiten und anderen Privatvergnügen. Wenn es keine Live-Musik gibt, kommen die Songs aus der Konserve, sprich von Platte, CD, Kassette und neuerdings auch im MP3-Format aus dem Rechner. Die Leute, die dafür zuständig sind, heißen Discjockey, DJ, DJane oder Selector.

Die Auftritte dauern zwischen einer und zehn Stunden, manchmal auch mehr. Während die Leute auf dem Dancefloor feiern, arbeiten die DJs im Schichtsystem. Manche gehen zwischendurch schlafen, »wenn sie vernünftig sind, sonst landen sie nach zwei Jahren in der Klapsmühle«, so Vilas, DJ aus Köln. Er sieht es als seine Aufgabe, den Leuten einen guten Abend zu bereiten. »Das gelingt am besten mit einer Mischung aus eigener Lust und einem Gefühl für die Stimmung im Raum.«

Die Haupttätigkeit eines DJs ist es, Platten aufzulegen und Platten zu kaufen, in Vilas' Fall House, Dub, Drum'n'Bass. Und Techno – aber entspannten, den er *Minimal Techno* oder Kölner Schule nennt. »Das kann man auch ganz normal zu Hause hören. Die Beats gehen den Leuten ins Gehirn, regen die Fantasie an und sind nicht ganz so profan«, erklärt er.

Die Clubszene ist international. Bei großen Events legen DJs aus verschiedenen Nationen auf: Engländer, Holländer, Belgier, Deutsche, Skandinavier, manchmal ist auch ein Russe dabei. Verständigt wird sich über die Musik oder auf Englisch. Mit dem Soundprojekt *Liquid Style Session* (zwei DJs, ein Saxofonist, und beizeiten ein Organist) legte Vilas beim *Mountain Break Beat* in Innsbruck auf. Neben internationalen Event-Agenturen, Party- und Konzertveranstaltern wird er häufig von Clubs in Basel, Budapest und Kopenhagen gebucht. Bei einem Auftritt im Prager Roxy präsentierte Vilas den Tschechen 1991 möglicherweise zum ersten Mal überhaupt Drum'n'Bass. Im Gegenzug kümmerte sich der Gastgeber besonders um ihn. »Auf dem Rider hatte ich neben der ganzen Technik angegeben, dass ich eine Flasche Becherovka haben will«, erzählt er. Und tatsächlich fand er backstage einen Tisch mit zwei Flaschen vor: Becherovka und Fanta. »Die Limo habe ich dann aber stehen lassen – wenn schon, denn schon«, so Vilas. Eine Einladung vom kubanischen Kultusministerium zum Jazzfest in Havanna allerdings konnte er nicht annehmen, da ihm diese gerade mal eine Woche vor dem geplanten Auftritt ins Haus flatterte.

Die meisten Aufträge bekommen DJs über Mundpropaganda. Ein Marketinginstrument für die eigene Kunst ist die Aufnahme von Platten, CDs und Kassetten. Durch moderne Technik ist es möglich geworden, eigene Musikstücke selbst abzumischen und CDs in Kleinauflage herzustellen. So bleiben die Musiker unabhängig von Plattenfirmen, sind aber selbst für die Vermarktung zuständig. Vilas' Label *Inna Riddim* vertreibt die Scheiben über www.planet-bass.de. »Wenn die Leute sich nach einem Auftritt irgendwo auf der Welt die CD kaufen wollen, können sie die ganz einfach übers Netz bestellen.«

Bis in die achtziger Jahre hinein bestand der Job eines DJs hauptsächlich darin, die Platten von anderen Musikern aufzulegen. Die Stücke waren drei- bis fünfminütige Songs, bestehend aus Strophen und Refrain. DJs waren damals eher Moderatoren. Heute ist der DJ, wenn er sein Handwerk beherrscht und die nötige Inspiration hat, selber vielmehr Komponist. Die Tracks, aus denen er seinen Auftritt zusammensetzt, sind als einzelne gar nicht mehr zu erkennen. »Die Höhepunkte auf der Tanzfläche entstehen oft nicht nur durch das vorliegende Material, sondern dadurch, dass ich an einem Punkt zum Beispiel die Basslinie ausblende und genau im richtigen Moment wieder auf die Leute loslasse. Das gibt dann häufig ein großes Hallo«, beschreibt Vilas seine Arbeit. Und DJ Talisman vom Berliner Matrix-Club ergänzt: »Der moderne DJ verkriecht sich nicht hinterm Pult, sondern will eine gute Show liefern.« Der Mann oder die Frau an den Reglern müsse eine Beziehung zum Publikum aufbauen. »Du kannst zu Hause der Beste sein, es hilft aber nichts, wenn du bei den Leuten nicht ankommst.«[19]

Vilas sieht es als besondere Herausforderung, den Horizont der Leute zu erweitern. Das funktioniere aber nur, wenn diese bereit sind, Neues aufzunehmen. Er ist oft ein paar Stunden vor seinem Auftritt da und sieht sich an, was die anderen DJs machen und wie die Stimmung auf der Tanzfläche ist. »Dann überlege ich: Was passt jetzt? Wie könnte es weitergehen? Jeder DJ ist nur so gut wie sein Publikum. Wer in einer Disco auf Ibiza arbeitet und da die Chart-Hits auflegt, der passt eben auch zu seinem Publikum.« Vilas' Tipp zum Einstieg ins DJ-Geschäft: »So häufig und so lange wie möglich Platten auflegen.«

Viele DJs veranstalten zusätzlich eigene Events und Partys; sie suchen Locations, organisieren Licht und Anlage, verhandeln mit anderen DJs und Bands und kümmern sich um Verträge, Gagen, Hotels, Versicherungen, Türsteher und Getränke.

Info-Box

Infos über Kollegen weltweit, Musik und Kommunikation mit anderen gibt es unter:

www.internetdj.com

Bei der GEMA (Gesellschaft für musikalische Aufführungs- und mechanische Vervielfältigungsrechte) müssen Veranstaltungen angemeldet werden, da für die Wiedergabe von musikalischen Werken anderer Künstler Lizenzgebühren anfallen. Techno- und House-DJs dagegen argumentieren, dass sie im Mix neue Musikstücke schaffen.

GEMA
Bayreuther Str. 37
10787 Berlin
Tel.: (0 30) 2 12 45 00
Fax: (0 30) 21 24 50 09 50
www.gema.de

Ulf Poschardt, *DJ Culture. Discjockeys und Popkultur*, Reinbeck 1997
Ralf Niemczyk, Torsten Schmidt, *From Scratch. Das DJ Handbuch*, Köln 2000

Um sich einen Überblick über die Szene zu verschaffen, bieten sich auch Zeitschriften an wie etwa *Groove* (www.groove.de).

Bandmanager

Große Rockbands und Musiker touren durch die halbe Welt. Neben Led Zeppelin, The Rolling Stones, AC/DC, ABBA, Genesis und Guns'n Roses geben auch Neil Young, Madonna, Prince, Nina Hagen, die Skorpions und Janet Jackson weltweit Konzerte in den Stadien und Konzerthallen. Sogar die Deutschrock-Band Die Toten Hosen und Oldie-Orchesterchef James Last feiern Erfolge in Australien, ganz Europa und in den USA.

Keine Band ohne Manager. Einen der größten von ihnen haben wir für dieses Buch interviewt.

Interview

In puncto wilde Auftritte mit Blutspucken und Feuerwerk gilt die US-Rockband KISS als bislang ungeschlagen. In den siebziger Jahren ließen sie sich mit Hits wie *Rock'n Roll all Night*, *I was made for loving you* oder *Black Diamond* als größte Glamrockband der Welt feiern. Auf eine Milliarde Dollar werden die Einnahmen aus verkauften Platten, CDs und Merchandise-Artikeln mittlerweile geschätzt.[20] Und der Spuk ist noch lange nicht vorbei: Mit gigantischen Plateaustiefeln und Out-of-Space-Masken spielten Gene, Paul, Peter und Ace, nach einem fulminanten Revival Ende der neunziger Jahre 2001 auf dem Roten Platz in Moskau.

Chris Lendt war Vizepräsident der Glickmann/Marks Agentur in New York, dem Business-Management von KISS. Mit den vier exzentrischen Musikern reiste er um die Welt und kümmerte sich um die Geschäfte hinter der Bühne. Da die Musik an sich nicht viel hermachte, konnten die Platten weniger über das Radio promotet werden. Es waren die Shows, die Millionen von Fans in die Plattenläden trieben. KISS tourte daher unentwegt. In zwölf Jahren begleitete Kassenwart Lendt KISS bei über 800 Konzerten in 25 Ländern, darunter England, Deutschland, Österreich, Frankreich, Spanien, Portugal, Holland, Skandinavien, Italien, Japan, Brasilien, Mexiko, Australien, Neuseeland und natürlich die USA. Mit einem Business-Abschluss der University of South California arbeitet Lendt heute als Berater für Unternehmen der Unterhaltungsindustrie.

Frage: Sie haben direkt nach Ihrem Abschluss an der Business-School angefangen, für KISS zu arbeiten. Was mussten Sie als Erstes lernen?

Lendt: Als Allererstes: ein guter Zuhörer zu sein. Zweitens: die Branche zu verstehen, indem ich alles sehr genau beobachtet und jede Menge Verträge und Geschäftskorrespondenz gelesen habe. Drittens: Ich musste die persönlichen Beziehungen der Bandmitglieder zu den ganzen Leuten drum rum verstehen. Viertens: mich pedantisch um jedes Detail zu kümmern. Und fünftens: ich selbst zu sein – als Businessman, nicht als Rock'n'Roller.

Frage: Sie haben Ihren Job 1976 durch eine Stellenanzeige bekommen – nicht gerade typisch für das Rock-Geschäft. Was hatten Sie ursprünglich geplant?

Lendt: Ich habe mich immer für die Unterhaltungs- und Medienbranche interessiert. Ursprünglich dachte ich, nach dem Abschluss gehe ich in eine Werbeagentur, zu einem Fernsehsender oder in ein Filmstudio. Als sich durch die Anzeige in der *New York Times* der Job bei KISS anbot, habe ich die Chance wahrgenommen. Es klang so ungewöhnlich und ich dachte, das sei eine gute Möglichkeit, durch die Hintertür ins Entertainment zu kommen. Ich hatte ja auf der Highschool schon eine Band gemanagt. Also gab es auf einmal einen Weg zurück zur Musik: mit einer Supergroup.

Frage: Über ein Jahrzehnt mit einer Rockband wie KISS zu arbeiten – ist das ein Job oder eher ein Lebensstil?

Lendt: Erst war es ein Job, aber irgendwann wurde es zum Lebensstil. Vor allem das Reisen hat mir Spaß gemacht, die Tourneen mit Topkünstlern sind vielleicht die ultimative Form des Reisens. Ich hatte die Chance, nicht nur viele, viele Orte zu besuchen, sondern auch mit unglaublich unterschiedlichen Leuten und Charakteren in Kontakt zu kommen. In den zwölf Jahren habe ich mehr von der Welt gesehen als andere Leute in ihrem ganzen Leben. Die Rock'n'Roll-Branche war total neu für mich, genauso wie die Legionen von jungen Fans, die in all den Städten zu KISS pilgerten. Natürlich mochte ich auch die ganzen Hotels und Restaurants aus dem Guide Michelin.

Frage: Was waren Ihre Aufgaben bei KISS?

Lendt: Mein beruflicher Hintergrund waren Finanzen, Marketing und Medien. Also bestand meine Hauptarbeit darin, die täglichen Finanzangelegenheiten von KISS zu regeln – vor, während und nach den Touren. Außerdem war ich die Verbindungsstelle zwischen der Band und allen, die professionell mit der Show zu tun hatten, darunter Konzertveranstalter und Promoter. Ich habe die finanziellen Dinge rund um die Auftritte geregelt, die ganze Verwaltung gemacht und die Budgets überwacht. Außerhalb der Tourneen habe ich mit Anwälten, Verkäufern, Plattenfirmen und anderen Finanzleuten gearbeitet. Natürlich gab es auch einen engen persönlichen Kontakt zu Paul, Gene, Peter und Ace, wenn sie ein Haus oder Grundstück kaufen oder sonst irgendwie investieren wollten.

Frage: Waren diese Leute, mit denen Sie beruflich zu tun hatten, ganz normale Geschäftsleute, oder waren das eher Teile der Rock'n'Roll-Welt?

Lendt: Die meisten hatten jeweils einen Fuß in beiden Welten. Agenten, Promoter und Plattenfirmen mussten ja irgendwie eine Beziehung zum Rock'n'Roll haben. Trotzdem waren sie verantwortlich, das Ganze als Unternehmen zu managen. Konflikte gab es meistens dann, wenn die Leute den Sinn für die Ausgewogenheit verloren. Die meisten Künstler, inklusive KISS, sind in diesem Geschäft, um Geld zu machen. Gleichzeitig sind sie Kreative, und diese Performance-Welt hat eine ganz eigene Dynamik, die auf jeden Fall respektiert werden muss. Wer die schwierige Balance halten konnte, war gut in dem Job. Das ist genauso wie in anderen kreativen Bereichen wie Werbung, Film oder Mode.

Frage: Das Konzept KISS war exzentrisch, exzessiv und crazy. War das nur Show? Gab es Leute im Hintergrund, die wie jedes andere Büro gearbeitet haben?

Lendt: Die öffentliche Inszenierung von KISS war brillant: wild, überschäumend und extravagant. Das machte die Shows so spektakulär, das war der Schlüssel zum Erfolg, das elektrisierte die Fans. KISS bot die perfekte Show des Rock-Rebels, sie wirkten wie Gesandte der Hölle. Aber das war zum größten Teil genau das: Show. Hinter den Kulissen mussten die Geschäfte funktionieren, so wie anderswo auch. Auf- und Abbau jede Nacht glichen einer größeren militärischen Operation. Millionen von Dollars flossen durch das KISS-Imperium, und die mussten alle kontrolliert werden. Natürlich gab es eine Menge Verrücktheit damals – das wird es im Rock'n'Roll immer geben. Aber Gene und Paul wollten alles ganz genau und »straight« haben.

Frage: Inmitten des ganzen Wahnsinns – wie haben Sie es geschafft, normal zu bleiben?

Lendt: Ich kannte meinen Platz und wusste, wie ich in das System hineinpasse. Ich konnte mein Gleichgewicht halten. KISS wollte jemand, dem sie vertrauen konnten und der verantwortungsvoll mit dem Unternehmen umgeht. Es war klar, dass ich weder Kumpel, Babysitter oder Roadie war. Gene nannte mich »The Moneyman« oder »Die Brieftasche«. Ich habe mich im Rock'n'Roll-Lifestyle wohl gefühlt, das war wild, übergeschnappt und eine Menge Spaß, aber ich habe nie versucht, ein Teil davon zu werden. Viele Leute überleben nicht in dem Geschäft, weil sie Drogen nehmen, trinken oder sonst wie über die Stränge schlagen.

Frage: Eine Band zu managen heißt auch, eine Atmosphäre für den Künstler zu schaffen, in der er kreativ sein kann. Wie haben Sie das gemacht?

Lendt: Das ist eigentlich eher die Aufgabe der persönlichen Manager. Deren Job ist es, für ein Umfeld zu sorgen, das die kreativen Instinkte des Künstlers motiviert. Als Business-Manager geht es darum, sich um alle finanziellen und abwicklungstechnischen Angelegenheiten der Künstler zu kümmern, damit die sich auf die Auftritte, die Plattenaufnahmen und das Songschreiben konzentrieren. Das ist eben das Einzige, was nur der Künstler kann. Sonst kann fast alles andere eben auch von anderen geleistet werden. Ich habe versucht, alles so zu organisieren, dass KISS möglichst viel Zeit hatte, kreativ zu sein.

Frage: Wollten Sie jemals selbst auf der Bühne stehen?

Lendt: Bloß einmal, als ich in der Highschool Gitarre gespielt habe. Meine Idole waren Keith Richards, Jimi Hendrix und Eric Clapton. Aber trotz einer Fender Stratocaster und vielen, vielen Gitarrenstunden, bin ich nicht mal in die Nähe ihrer Fußstapfen gekommen.

Frage: Die Lebenserwartung für Musikmanager sei ziemlich kurz, haben Sie mal gesagt. Was ist der Hauptgrund dafür?

Lendt: Das Musikgeschäft ist ziemlich vertrackt und kompliziert. Ein Künstler kann schnell von ganz oben nach ganz unten fallen. Musikfans sind typischerweise Teens und junge Twens, und diese Altersgruppe ist unberechenbar. Wenn die Karriere einen Knick bekommt, was fast jedem Künstler an irgendeinem Punkt passiert, wird meistens dem Manager die Schuld gegeben. Dann wird er gefeuert. Das Pendel schlägt ziemlich hektisch aus in dieser Welt. Es gibt nur wenige Musikmanager, die ständig neue Künstler entdecken oder anziehen und dann über Jahre hinweg Erfolg haben. Die meisten sind froh, wenn sie ein paar fette Jahre mit einem Künstler haben, der es geschafft hat. Und ganz wenige Künstler haben Karrieren, die über Jahrzehnte hinweg gehen, so wie KISS, die inzwischen auch mindestens fünf Manager hatten. Allerdings seit 1973.

Frage: Was für eine Art von Mensch muss man sein, um Rock-Promoter zu werden?

Lendt: Rockkonzert-Promotion ist ein hochriskantes Geschäft. Das hat was mit Spielen zu tun. Die Chance, finanziell erfolgreich zu sein, ist gering. In den letzten Jahren wurden die Künstler mächtiger und hatten es leichter, die Bedingungen und Preise zu diktieren. Das Resultat: die meisten unabhängigen Promoter, die ich in den siebziger und achtziger Jahren kennen gelernt habe, sind nicht mehr im Geschäft oder arbeiten heute für große Unternehmen. Dasselbe gilt für die Plattenindustrie.

Frage: Ihr persönlicher Tipp für den Nachwuchs?

Lendt: Erst mal muss man Künstler finden, mit denen man nicht nur arbeiten, sondern auch leben kann. Die Beziehung ist ziemlich eng und persönlich. Man muss die Musik und den Künstler verstehen, persönlich wie professionell. Außerdem ist es höchstwahrscheinlich eine kurze Karriere, also sollte man das Beste draus machen, solange man im Rampenlicht steht. Rock-Manager sind oft eng mit einem Musiker verbunden und es ist ein Full-Time-Job, das zu pflegen. Manchmal wird es schwierig, noch für andere Künstler oder Kunden aus dem Musikbereich zu arbeiten. Also muss man sich darauf konzentrieren, woher das Geld kommt. Auf der anderen Seite muss man sich ja auch um die Zukunft kümmern und neue Chancen wahrnehmen und entwickeln. Das alles gleichzeitig zu machen, ist natürlich schwierig, aber der beste Weg, seine Überlebenschancen zu erhöhen.

Roadie

Nicht jeder Roadie ist langhaarig, trägt eine Armeehose und ist auffällig tätowiert. Ralf Hänsch aus Essen beispielsweise ist ein ganz normaler Freelancer im Veranstaltungsgewerbe, selbstständiger Produktionsassistent, Subunternehmer und Roadie.»Das ist ein Job, bei dem man am Anfang Kisten und Kabel schleppt, und dann immer mehr Technik zusammenstöpselt«, erklärt er seine Aufgaben. Heute kümmert er sich um die Elektrik bei Sport- und Werbeevents, Filmaufführungen und Konzerten. Das Sechs-Tage-Rennen in Berlin und ein riesengroßes Reggae-Open-Air im Sommer gehören inzwischen zu seinem Standardprogramm.

Ein Roadie muss in erster Linie schwere Sachen tragen: Boxen, Verstärker, Mischpulte samt Computern, Kisten und Koffer, Keyboards und Schlagzeuge in Einzelteilen. Während langer Auf- und Abbautage spielt er Mädchen für alles, ist immer und überall da und kann mit einem Akkubohrer umgehen.»16 Stunden am Stück sind völlig normal«, so Hänsch.»Genauso wie die Ausbrüche manischer Produzenten, wenn die Catering-Firma die Petersilie vergessen hat.« Weil bestimmte Bands mit dreißig LKWs voll Equipment unterwegs sind, bieten Transport und Aufbau von Bühnen und Anlagen eine Beschäftigung für sehr viele mehr oder weniger qualifizierte Leute.»Technisches Verständnis brauchst du, aber das entwickelt man am besten ›on the job‹«, sagt Hänsch, der selbst Elektriker gelernt hat, danach aber zehn Jahre nur am Tresen von Bars und Discos arbeitete.

Ohne Führerschein (so viele Klassen und so wenig Punkte wie möglich) und Englisch geht in der Branche ziemlich wenig. Schließlich machen große Tourneen nicht an Landesgrenzen Halt.»Und es heißt eben *Wind up* und nicht höhenverstellbares Stativ«, erklärt Hänsch. Boxen nennt man *cabins* und das Boxenpaket an der Decke *cluster*.»Die Tonleute schwafeln ständig von *mids* und *tops* und jammern über zu wenig Saft«, erklärt Hänsch, der außerdem die *stagehands* und die *locals* kommandieren muss.

Ein Roadie hat mit ganz unterschiedlichen Leuten zu tun, mit LKW-Fahrern, studentischen Kartenverkäufern und wichtigen Machern, die zum Teil mit unsinnig teuren Sportwagen nebst schwer behängten Models anreisen – nicht nur im Klischee, sondern auch in der Realität. Der Kontakt zu Promis macht den Job interessant. »Aber die kochen auch nur mit Wasser«, meint Hänsch. Bei den vielen Leuten im Team sind Menschenkenntnis und Kommunikationstalent gefragt. »Das hilft, wenn du mit Auftraggebern über den Strom beim Metallica-Konzert verhandeln oder vierzig Leiharbeiter organisieren musst.«

Bei großen Tourneen kommen die Roadies viel rum und pflegen Freundschaften fast überall auf der Welt. »Skandinavier, Amerikaner und Franzosen – die sind für mich nicht ferner als jemand, der zehn U-Bahn-Haltestellen weiter wohnt.« Auf diese Weise ließen sich Geldverdienen und persönliche Interessen gut verbinden. »Wenn wir in Skandinavien arbeiten, bleibe ich noch ein paar Wochen in Schweden zum Angeln, die Kollegen dort freuen sich über Billigschnaps und geben mir neue Platten mit nach Hause.« Wer in den USA auf- und abbaut, kann Teile für exklusive Motorräder zu vertretbaren Preisen suchen oder einen alten Chevrolet in Detroit oder Los Angeles organisieren.

Roadies arbeiten vor allem auf Konzerten. Sie müssen wissen, wann und wo es Backstage-Pässe gibt, wer wo T-Shirts und Konzertposter verkauft und wie die gesamte Crew an Essen kommt. Meistens werden die Roadies von Veranstaltern wie Concert Concepts und Procon gebucht. »Die Großen machen überall Shows, auch in Japan und China«, so Hänsch. Dabei will fast immer der Umgang mit hysterischen Teenagern gelernt sein. »Und der mit manchmal suspekten Security-Menschen auch«, ergänzt er.

Von Marketing und Werbung sollten Roadies schon einmal etwas gehört haben. Eine akzeptable Rasur und saubere Jeans können vorteilhaft sein, wenn es um geschäftliche Sachen geht. Auch um Meetings und Terminkoordination kommt man nicht herum. Trotzdem sieht es Hänsch als seine Hauptaufgabe, mit großen Bandbussen inklusive vollem Kühlschrank und entsprechender Musik »on the road« zu sein. »Ich bin gern unterwegs, und dann will ich wissen, was man in den Städten sehen und machen kann, wo es brauchbare Hotels und was Gutes zu essen gibt.« Ein ausgeprägter Orientierungssinn sei in jedem Fall vorteilhaft.

Nicht jede Partyankündigung hält, was sie verspricht: Es

kommt vor, dass Hänsch beispielsweise eine Woche lang für ein Event griechische Säulen aus Styropor bastelt und bemalt. Als das Tafelsilber eingeflogen war und die Absperrung geregelt, wurde der Spaß abgesagt. Die Säulen kamen auf den Müll. Kurz danach hat er für eine Bank ein paar tausend Luftballons aufgeblasen, dafür gab es dann auch gutes Geld. Am liebsten erinnert sich Hänsch daran, wie ihm ein Mitglied der Mädchenband Tictactoe in den Po gekniffen hat.

Info-Box

Eine Ausbildung zum Event-Elektroniker gibt es bei:

Siemens
Nonnendammallee 104
13629 Berlin
Tel.: (0 30) 38 62 92 31
www.siemens-ausbildung.de

Die großen Konzert-Veranstalter sind:

Concert Concept	Procon Multimedia
Kurfürstendamm 63	Wilhelm-Bergner-Str. 5
10707 Berlin	21509 Glinde
Tel.: (0 30) 81 07 50	Tel.: (0 40) 6 70 88 60
Fax: (0 30) 8 10 75 19	Fax: (0 40) 6 70 61 59
www.deag.de	www.procon-online.de

Showsportler

Ob man Profisportler wird oder nicht, entscheidet sich in der Regel in einem Alter, in dem man noch keine Berufsratgeber liest. Denn der Entschluss, auf eine Karriere in Tennis, Fußball oder Leichtathletik zu setzen, fällt mit 15 – spätestens.

Geht das auch anders? Wenn man neben den üblichen Schneller-höher-weiter-Sportarten auch andere gelten lässt, so scheint es selbst in einem Alter von 40 noch nicht zu spät. Der Kalifornier Dan

Boubleday beispielsweise begann mit 44 das Sandburgenbauen und brachte es innerhalb von fünf Jahren zur Weltmeisterschaft. Seine Karriere als Bauunternehmer hängte er an den Nagel und lebt seitdem von seinen Skulpturen, darunter Menschen und Tiere.

Zum Sport im weiteren Sinne gehören auch andere Skurrilitäten. Zum Beispiel das Dribbeln. Ein chinesischer Sportler verbrauchte über dreißig Schuhpaare, indem er über 2 000 Kilometer zurücklegte und dabei die gesamte Zeit einen Ball mit dem Fuß in der Luft hielt. Sein Name: Jin Guangzheng, der ebenfalls Weltrekorde im Schnell-Jonglieren und im Absolvieren von Liegestützen mit einem Finger hält.[21]

Etwas konventioneller geht es bei Mario Biermordt zu. Er wurde im zarten Alter von 37 Jahren Weltmeister im Bankdrücken. In Las Vegas stemmte er in 2000 immerhin 260 Kilo – in Rückenlage und mit einer Stange über der Brust. Auf der Fitnessmesse FIBO 2000 in Essen hat er sich selbst, inzwischen 38, noch einmal übertroffen: 275 Kilo – ein neuer Europa-Rekord. Biermordts äußere Daten: 1963 in Bernburg an der Saale geboren, 1,74 Meter groß und 110 Kilo schwer.

In seiner Jugend hat Biermordt angefangen zu boxen. Nach einer Verletzung hörte er für eine Weile auf und fing Anfang 20 mit dem Kraftsport an – zunächst mit selbst gebauten Hanteln. 1994 wurde der gelernte Baumaschinist dann eher zufällig Landesmeister in Sachsen-Anhalt. »Ich habe mit ein paar Kumpels übers Drücken gesprochen, und einer meinte, ich solle doch mal an einem Wettkampf teilnehmen«, erzählt Biermordt. Gesagt, getan: Er trainierte und stemmte mit 230 Kilo einen neuen Landesrekord. »Damit war klar: Da muss noch mehr gehen.«

Trotz der ganzen Stemmerei achtet Biermordt nicht sonderlich auf seine Ernährung, raucht allerdings nicht und trinkt Alkohol nur in Maßen. Seine Ausdauer trainiert er mit Laufband, Stepper und Radfahren. »Sport ist ja nicht nur zum Zeigen da, sondern auch dafür, mit ausgebildeten Muskeln die Gelenke vor Verletzungen zu schützen.« Bauch- und Rückenmuskeln beispielsweise beugten einem Verschleiß der Wirbelsäule vor. Außerdem fördere Kraftsport Wohlbefinden, Selbstbewusstsein und Stressabbau.

Biermordt trainiert zwei- bis zweieinhalb Stunden pro Tag, viermal die Woche. 2000 gründete er gemeinsam mit Kollegen einen Bundesleistungsstützpunkt Powerlifting in Köthen, Sachsen-Anhalt. Powerlifting besteht aus Kniebeugen, Kreuzheben» und der Königsdisziplin Bankdrücken«, so nennt es Biermordt. Und als wäre das nicht Action genug, engagiert er sich auch noch in der Jugendarbeit: Gemeinsam mit der evangelischen Jugendhilfe bietet er einmal im Monat ein kostenloses Training in seinem Studio an. Auch Biermordts zweite Leidenschaft, das Reisen, kommt nicht zu kurz. Überall auf der Welt erfreut sich der Kraftsport wachsender Beliebtheit: Beim Worldcup 1999 im kanadischen Calgary gab es 500 Teilnehmer, im darauf folgenden Jahr in Las Vegas bereits 730. Zwischen den Meisterschaften fährt Biermordt auf Messen, zu Shows und Events rund um den Globus. Der nächste Europacup findet in Helsinki, die nächste Weltmeisterschaft in Südafrika statt. Dort muss Biermordt seinen Titel verteidigen. »Kein Problem, momentan lege ich leistungsmäßig eher noch zu.« Biermordt hat mehrere Sponsoren, darunter eine Recyclingfirma. Und einen Wahlspruch: Wer rastet, der rostet.

Diashow-Presenter

So unbeliebt häusliche Diaabende bei Freunden und Verwandten sein mögen, so begeistert gehen die Zuschauer mittlerweile zu professionell präsentierten Diashows. Mit Multivisionsvorträgen, aufwändiger Technik und kinoleinwandgroßen Projektionsflächen werden Aufnahmen von fremden Ländern und Kulturen gezeigt. Musik, Nebelschwaden und 3-D-Effekte entführen den Zuschauer auf bunte Märkte, in mystische Tempel, auf eisige Gletscher, in den tropischen Urwald und in die Hütten der Urus auf dem Titicacasee.

Für das Fernweh der Zuhausegebliebenen hat sich eine eigene kleine Branche entwickelt: Schätzungsweise zwanzig deutsche Weltenbummler und Diashow-Presenter können mittlerweile gut von diesem Geschäft leben. Hinzu kommt eine unbekannte Zahl von Reisenden, die immerhin genug verdienen, um ihre eigenen

Touren zu finanzieren. Am Anfang stehen allerdings einige Investitionen an: Einen professionellen Multivisionsvortrag zu produzieren kann zwischen 10 000 und 50 000 Euro kosten.

Je extremer die Reisen, desto größer das Interesse des Publikums: ob mit dem Fahrrad durch Indien, mit der Transsibirischen Eisenbahn von Paris nach Peking oder als Wanderer durch die Anden. Kai-Uwe Küchler, erfahrener Reiseerzähler und Abenteurer aus Berlin, testet seine persönlichen Grenzen am liebsten auf Reisen in die Himalaja-Kette, nach Südamerika und in den Süden Afrikas. Der passionierte Höhenbergsteiger, Fotograf, Reisejournalist und Germanist präsentiert auf seinen Diashow-Tourneen einen Mix aus Kultur, Menschen und Abenteuern – bundesweit in über fünfzig Städten.

Am Anfang war es die körperliche Herausforderung, die ihn in die Ferne lockte. Für eine Tour bedarf es jedoch weiterer Eigenschaften: Improvisationstalent, Spaß am einfachen Leben, eine stabile psychische Verfassung und Sensibilität für fremde Kulturen. Für die späteren Diavorträge sind sprachliches Ausdrucksvermögen, Sinn für Dramaturgie und publikumswirksame Inszenierungen vonnöten.

Mit einer dreiwöchigen Ferienreise in die Serengeti ist es hingegen nicht getan. Die Erstellung einer Show kann zwei bis drei Jahre dauern. Ist das Wetter schlecht, sind die Tiere nicht da oder ist die politische Situation für bestimmte Ausflüge zu unsicher, können mehrere Trips in die Region notwendig werden.

Neben der Begeisterung für den Klettersport und weite Reisen sind fotografische Kenntnisse und ein Gefühl für das richtige Motiv gefragt. Schließlich soll jedes Bild bis zu tausend Leute pro Vorstellung begeistern. »Auch die Zuschauer sind inzwischen Profis geworden. Mittelmäßige Fotos locken niemand mehr hinterm Ofen hervor«, so Küchler.

Werbung, Vermarktung und Produktion der Diashows erfolgen über seine Firma Art & Adventure: Dort werden die Plakate gedruckt, Anzeigen gestaltet, die Kundenkartei geführt und der Kontakt zur Presse gepflegt. Auch an Zeitungen und Buchverlage verkauft Küchler seine Bilder. »Man muss aufpassen, dass man nicht im Papierkram erstickt, aber das gehört eben dazu.« Im Vordergrund steht für ihn jedoch die Lust am Bergsteigen und Reisen. »So habe ich wenigstens immer eine Ausrede zu fahren.« Bisher habe sich der Aufwand in jedem Fall gelohnt – auch finanziell.

Praxis-Box

Ob Sie Talent zum Diashow-Presenter haben, können Sie nur in der Praxis herausfinden. Auch wenn Sie mit Ihren Vorführungen schon Erfolge bei Freunden und Verwandten hatten, testen Sie erst einmal eine gezielt aufgebaute Präsentation:

- Nehmen Sie sich alle Bilder einer Reise (besser mehrere Reisen in dieselbe Gegend) vor und wählen Sie nach strengen Qualitätsmaßstäben die besten davon aus.
- Suchen Sie einen roten Faden und bringen Sie die Dias in eine erzählerische Ordnung. Sortieren Sie alle Aufnahmen rigoros aus, die nicht zur Geschichte gehören.
- Achten Sie darauf, nach ruhigeren Strecken immer wieder optische und erzählerische Höhepunkte einzubauen.
- Führen Sie Ihre fertige Show fremdem Publikum vor. Das kann der örtliche Pfadfinder- oder Fußballclub sein, ein Seniorenheim oder die Klasse eines befreundeten Lehrers.
- Seien Sie aufmerksam und finden Sie heraus, wie Ihr Publikum reagiert, auf jedes einzelne Bild, jede Anekdote. Achten Sie auf Langweile genauso wie auf Unverständnis und Nachfragen, auf Lachen wie auf Begeisterung und Staunen. Bauen Sie die Show gegebenenfalls neu zusammen.
- Wenn die Show steht, denken Sie über Sponsoren nach. Das kann eine spezialisierte Reiseagentur sein, ein Fahrradhersteller oder eine Fotoausrüstungsfirma.

Info-Box

Produktion und Vermarktung von Diashows:

Art & Adventure
Hoffmannstr. 24
12435 Berlin
Tel.: (0 30) 53 69 87 55
Fax: (0 30) 53 69 87 56
www.art-adventure.de

Eventmanager

Die Kunst des unvergesslichen Moments: Die Eröffnung der Olympischen Spiele oder einer Fußballweltmeisterschaft, der erste Tag der Filmfestspiele, der erste Abflug von einem neuen Flughafen, Silvesterpartys, eine Sonnenfinsternis, Jubiläen (»100 Jahre Aspirin«), Wahlkampagnen und Feiertage einer Königsfamilie wie Geburtstage und Hochzeiten sind längst kein nationales Geschäft mehr, sondern eine grenzüberschreitende Wissenschaft. Auch bei international tätigen Unternehmen geht es darum, durch Erlebnisse auf ein neues Produkt aufmerksam zu machen.

Info-Box

Informationen zum Eventmanagement gibt es bei:

Forum Marketing Eventagenturen
Berliner Str. 26
33378 Rheda-Wiedenbrück
Tel.: (0 52 42) 94 54 24
Fax: (0 52 42) 94 54 10
famab@t-online.de

Fachmesse:
World of Events
Rheinstr. 20
65185 Wiesbaden
Tel.: (06 11) 14 40
Fax: (06 11) 14 41 18
www.rhein-main-hallen.de/worldofevents/

Fachzeitschrift:
Event Partner

Weitere Jobs im Bereich Kunst, Musik und Showgeschäft

Kunstförderung

Zahlreiche Institutionen haben sich dem internationalen Kulturaustausch oder der Förderung deutscher Kunst im Ausland verschrieben. Am weitesten verbreitet ist das Goethe-Institut Inter Nationes mit über 120 internationalen Niederlassungen. Für die Förderung des internationalen Musikaustausches setzt sich der Deutsche Musikrat ein. Es gibt eine Exportunion des deutschen Films, eine Gesellschaft zur Förderung der Literatur aus Afrika, Asien und Lateinamerika, und ein Haus der Kulturen der Welt. Das Internationale Theaterinstitut förderte internationale Begegnungen von Theaterleuten und organisiert die Festivals *Theater der Welt* und *Theater der Nationen*. Alle Adressen über www.deutsche-kultur-international.de.

Kunstfahnder

In vielen privaten und staatlichen Kunstsammlungen fehlen Stücke, die geraubt oder enteignet wurden oder in kriegerischen Auseinandersetzungen verloren gingen. In einem internationalen Fahndungsprojekt der Koordinierungsstelle für Kulturgutverluste waren 2001 bereits über 3,5 Millionen solcher verschwundenen Gemälde, Zeichnungen und Skulpturen dokumentiert. www.LostArt.de

Zirkusmitarbeiter

Im Zirkus arbeiten Artisten, Clowns, Dompteure, Tierpfleger, Requisiteure, Bühnentechniker und natürlich ein Zirkusdirektor. Die

Künstler kommen aus aller Herren Länder. Sie sind es gewohnt, quer durch Europa und andere Kontinente zu reisen. Feuerspucker, Tänzer, Jongleure, traurige und lustige Clowns haben überall auf der Welt ein Publikum.

6.

Helfen, lehren, unterstützen

Die Deutschen reisen nicht nur viel – sie wandern auch gern aus. Hinter sich lassen sie vor allem den deutschen Winter, dazu »die Gartenzwerge und Bausparverträge«, so Wolf Schneider, Urgestein des deutschen Journalismus, Sachbuchautor und Mallorca-Fan.[22] Doch was tun, um in der Fremde seine Brötchen zu verdienen? Zunächst einmal bietet es sich an, Wissen und Know-how zu vermitteln, das vor Ort nicht zu haben ist. Das sind vor allem Fremdsprachen, aber auch handwerkliche und technische Fertigkeiten. Während in den USA, Kanada und Japan zunächst einmal ein Interesse beispielsweise an der deutschen Sprache geweckt werden muss, gibt es in den Entwicklungsländern häufig einen großen Bedarf an Know-how. Hier stellte der Bundeshaushalt 2001 rund 3,7 Milliarden Euro allein für die Entwicklungshilfe bereit.

Dahinter verbirgt sich eine Vielzahl von Aktivitäten: Waldbrandbekämpfung in Indonesien, Aids-Vorsorge in Kenia, Jugendarbeit in den Armutsgebieten von Chile, Berufsbildung in Argentinien oder Regierungsberatung in den Staaten der ehemaligen Sowjetunion. Fast alle Berufe sind willkommen: Krankenschwestern, Ärzte, Physiotherapeuten, Hebammen, Laboranten, Pädagogen, Lehrer, Informatiker, Verwaltungsfachleute, Ingenieure, Rechtsanwälte, Wirtschaftswissenschaftler, Logistiker, Kfz-Mechaniker, Wasser- und Sanitärspezialisten, Finanzberater und Handwerker aller Art.

In der Bundesrepublik arbeitet eine Vielzahl von staatlichen, karitativen und privaten Entwicklungshilfeorganisationen, darunter der Deutsche Entwicklungsdienst, der sein Jahresbudget von über

66 Millionen Euro schwerpunktmäßig in Afrika einsetzt, teilweise auch in Asien.[23] In Nepal beispielsweise bauen deutsche Maschinenbauer Kraftwerke, die das Monsunwasser für die Energiegewinnung nutzen. So können auch schwer zugängliche Dörfer mit Elektrizität versorgt werden. Die Deutsche Gesellschaft für Technische Zusammenarbeit ist in rund 130 Ländern engagiert. Sie berät Menschen und Organisationen bei Planung, Durchführung und Bewertung von Programmen. Über 2 700 Projekte finden sich in den insgesamt 30 Arbeitsfeldern, darunter Land- und Umweltmanagement, Bildung, Ernährung, Erhalt der Tropenwälder, Ökologie, Armutsbekämpfung, Wirtschafts- und Beschäftigungsförderung. Unter den kirchlichen Einrichtungen finden sich Caritas und Misereor. »Ärzte ohne Grenzen« arbeiten vor allem in Kriegsgebieten, wie im Kosovo oder in Sierra Leone, wo Verletzte chirurgische Hilfe und traumatisierte Opfer psychosoziale Unterstützung benötigen.

Neben den humanitären Hilfestellungen gibt es in der Entwicklungsarbeit auch andere Aufgaben. Das Institut für Auslandsbeziehungen hat sich der internationalen kulturellen Zusammenarbeit verschrieben und bietet unter anderem Jobs als Kultur- oder Medienassistent in Polen und Rumänien. Auch Historiker oder Kindergartenfachberaterinnen werden gesucht.

Sie sehen: In der Entwicklungshilfe geht es um mehr als das Überweisen von Spendengeldern. Berufliches Können in fremde Länder und Kulturen einzubringen ist ein Job für Weltenbummler mit sozialem Engagement. Übrigens hat noch niemand lange in einem anderen Land gearbeitet, ohne auch selbst dazuzulernen. Zum Beispiel in den Gesundheitswissenschaften: »Von den Erfahrungen in Übersee gehen positive Impulse auch für unser Medizinverständnis aus«, meint Professor Hans Jochen Diesfeld vom Institut für Tropenhygiene und Öffentliches Gesundheitswesen in Heidelberg. »Das ganze Konzept von ›Primary Health Care‹ geht auf Erfahrungen von Ärzten in Entwicklungsländern zurück. Viele ehemalige Entwicklungshelfer haben mit dazu beigetragen, die deutsche Medizin aus einer gewissen Provinzialität herauszuführen.«[24]

Info-Box

Informationen zu beruflichen Auslandsaufenthalten gibt es bei:

Carl-Duisberg Gesellschaft
Weyerstr. 79-83
50676 Köln
Tel.: (02 21) 2 09 80
Fax: (02 21) 2 09 81 11
www.cdg.de

Auslandsabteilung der Zentralstelle
für Arbeitsvermittlung
Feuerbachstr. 42-46
60325 Frankfurt/M.
Tel.: (0 69) 7 11 10
Fax: (0 69) 7 11 15 55
(hier gibt es die Broschüre
Arbeit in Übersee)

Institut für Auslandsbeziehungen
Charlottenplatz 17
70173 Stuttgart
Tel.: (07 11) 2 22 50
Fax: (07 11) 2 26 43 46
www.ifa.de

Deutscher Entwicklungsdienst
Tulpenfeld 7
53113 Bonn
Tel.: (02 28) 2 43 40
Fax: (02 28) 2 43 41 11
www.ded.de
Hier erhält man auch den
ded-Brief, eine sehr informative
Zeitschrift zum Thema
Entwicklungshilfe

Bundesministerium für wirtschaftliche Zusammenarbeit
und Entwicklung
Friedrich-Ebert-Allee 40
53113 Bonn
Tel.: (0 18 88) 53 50
Fax: (0 18 88) 5 35 35 00
www.bmz.de

Fremdsprachenlehrer

Anfang der siebziger Jahre sang das Schlageridol Chris Roberts den Erfolgstitel »Do you speak English?«. Der Text weiter: »Honey, I do: Das kann ein Trick sein, der Schlüssel zum Glück sein ...« – für die, die damals klein waren, möglicherweise die erste Begegnung mit einer Fremdsprache.

Wo Chris Roberts aufhörte, fängt der Sprachlehrer an. Dabei nimmt man Fremdsprachenunterricht, außerhalb der staatlichen Schulen am liebsten bei Muttersprachlern. Deutsch gehört weltweit zu den am häufigsten gelernten Sprachen – allerdings mit weitem Abstand hinter Englisch und Französisch. In Europa lernen etwa 40 Prozent der Bürger Englisch, 19 Prozent Französisch und 10 Prozent Deutsch als Fremdsprache.[25] Auch außerhalb Europas ist Deutsch gefragt. Unternehmen aus Ländern der ehemaligen Sowjetunion haben häufig Interesse daran, dass ihre Mitarbeiter Deutsch lernen, um wirtschaftliche Beziehungen zu knüpfen oder zu intensivieren. In touristischen Gebieten rund um den Globus pauken Leute in Hotel und Gastronomie Vokabeln und Grammatik, um mit Besuchern aus Deutschland, Österreich und der Schweiz sprechen zu können. Häufig werden Sportlehrer, Fahrer und Führer durch Museen und Sehenswürdigkeiten mit zusätzlichen Sprachkenntnissen besser bezahlt.

Für Deutsche, die selbst gut in Fremdsprachen sind, besteht darüber hinaus auch die Möglichkeit Englisch zu unterrichten. Wo nicht genügend Muttersprachler zur Verfügung stehen (was meistens außerhalb Europas und fernab der besonders attraktiven Orte und Hauptstädte der Fall ist), hat man mit guten Englischkenntnissen in der Regel keine Schwierigkeiten, an örtlichen Schulen oder mit selbst akquirierten Schülern zu beginnen. Dabei ist es durchaus möglich, mit entsprechendem Engagement an lukrative Aufträge zu kommen, beispielsweise indem man einen asiatischen Manager auf seinen Aufenthalt im deutschen oder englischen Sprachraum vorbereitet.

Ein Franzose, der als Sprachlehrer im Ausland unterrichtet, ist Thierry Fasquell. Während seines Wehrdienstes in Berlin verliebte er sich in die damals noch geteilte Stadt. Er beschloss zu bleiben und begann an mehreren Schulen Französisch zu unterrichten. Die ersten Einzelschüler fand er durch Kleinanzeigen in den Stadtmagazinen *Zitty* und *Tip*.

Sein Job besteht fast ausschließlich aus Kommunikation. »Es macht viel Spaß, in den Gesprächen mehr über das Leben der Leute zu erfahren, auch, wenn es am Anfang nur sehr holprig geht.« Weitere Lieblingsthemen: Literatur und Kino. Als Franzose wird er von seinen Schülern außerdem häufig in Liebesangelegenheiten um Rat gefragt.

Wer überhaupt kein Französisch kann, wird von Fasquell zunächst einem Aussprachetraining unterzogen.»Wenn so ein Tabu-la-Rasa-Mensch zu mir kommt und dann Stück für Stück lernt zu sprechen, das ist schon jedes Mal ein kleines Wunder«, beschreibt er seine Arbeit.

Mit der Zeit wurde der studierte Philosoph ambitionierter: Er organisierte auf eigene Faust Sprachreisen, zunächst in die Bretagne und nach Paris, später in den französischsprachigen Senegal. Sein Angebot: Er kümmert sich um Anreise und Unterbringung in Hotels oder Familien und unterrichtet als Intensivkurs täglich sechs Stunden Französisch.»Man muss schon ein ganz schöner Dauerredner sein, um so viel Sprachunterricht zu geben. Wichtig ist, dass die Leute mir sympathisch sind, sonst fehlen mir die Kraft und die Lust dazu«, erklärt Fasquell. Er selbst leidet schon an einer Berufskrankheit: Durch seine betont deutliche Aussprache wird er in Frankreich nicht mehr für einen Muttersprachler gehalten.

Fasquell organisiert bei seinen Sprachreisen auch das Freizeitprogramm vor Ort: Theater und Film, Strand und Sport, Stadtbummel und Besichtigungen. In der Bretagne kommt schon einmal ein Windsurfkurs dazu, in Paris eine Club-Nacht mit französischen Freunden. Und im Senegal ein gemeinsam zubereitetes Abendessen – mithilfe eines senegalesischen Kochs.

Die Erfahrung, die er in der Organisation seiner Sprachkurse und -reisen gesammelt hat, setzt Fasquell heute auch für andere Sprachschulen ein. Er entwickelt neue Angebote für den Aufenthalt von Ausländern, die Deutsch lernen wollen. Dabei kommt es ihm neben der Auswahl an guten Sprachlehrern vor allem darauf an, mehr zu bieten als einen reinen Sprachkurs: Architektur, Fotografie, Film, Theater und Musik stehen auf den von ihm ausgearbeiteten Programmen.

Was für Fasquell einen guten Sprachlehrer ausmacht? Eine gute Rhetorik, das ist klar. Schließlich soll ein Bewunderungsprozess beim Schüler einsetzen. Er muss sich wünschen, auch so gut wie der Lehrer reden zu können.»Wenn der Schüler während des Unterrichts denkt: ›Wie redet der denn, was ist das denn für ein langweiliger Typ?‹, dann ist er auch nicht motiviert, die Sprache zu lernen.«

Zwar kursieren Legenden von Sprachlehrern, die weder Muttersprachler sind noch selbst über besonders gute Sprachkenntnisse verfügen. Prinzipiell empfiehlt sich jedoch eine möglichst akzentfreie Aussprache, ebenso pädagogische Kenntnisse, die man beispielsweise durch Nachhilfe oder als Dozent an der Volkshochschule erwerben kann. Auch grammatisches Wissen ist nötig. Der Lohn für die Mühe: Was man als Sprachlehrer beim Unterrichten lernt, kann man überall auf der Welt einsetzen.

Info-Box

Der Deutsche Akademische Austauschdienst ist an jeder Universität vertreten und betreut Studenten, die in anderen Ländern, wie Großbritannien, Frankreich oder den USA, Deutsch unterrichten wollen. Hauptsitz ist:

DAAD
Kennedy Allee 50
53175 Bonn
Tel.: (02 28) 88 20
Fax: (02 28) 88 24 44
www.daad.de

Deutscher Volkshochschulverband
Hansaallee 150
60320 Frankfurt/M.
Tel.: (0 69) 95 62 61 82
Fax: (0 69) 95 62 62 83
www.dvv-netzwerk.de

Mitarbeiter am Goethe-Institut

Der größte Anbieter von Deutschkursen im In- und Ausland ist das Goethe-Institut (seit Januar 2001 vereint mit Inter Nationes – bislang eine Einrichtung politischer Öffentlichkeitsarbeit unter Aufsicht des Bundespresseamts). In den weltweit über 120 Goethe-Instituten mit insgesamt 3 400 Mitarbeitern unterrichten ausschließlich deutsche Muttersprachler. Hier sind Akademiker gefragt, eine Zusatzausbildung in Deutsch als Fremdsprache ist gern gesehen. Ansonsten hilft vor allem Hartnäckigkeit, denn der Andrang an Interessenten ist groß.

Interview

Dr. Michael Nentwich ist Leiter des Goethe-Instituts in Atlanta, Georgia, und zuständig für das Kulturprogramm und die pädagogische Arbeit. Seine Ausbildung begann er 1982 in der Münchner Zentralverwaltung. Danach arbeitete er als Deutschlehrer in Madrid, später als Institutsleiter in Düsseldorf. 1992 ging er als regionaler Koordinator der pädagogischen Verbindungsarbeit für Brasilien nach São Paulo und als regionaler Werbebeauftragter und Leiter des Projekts *Social Studies USA* nach New York.

Frage: Was war Ihr erster Auslandsaufenthalt?

Nentwich: Mein Geburtstag, wenn man so will. Ich bin in Prag geboren, das damals, 1941, zum deutschen Protektorat Böhmen und Mähren gehörte. Meine Eltern, die aus dem nördlichen Sudetenland stammten, waren aber als tschechische Staatsbürger aufgewachsen.

Frage: War es dadurch naheliegend für Sie, später im Ausland leben und arbeiten zu wollen?

Nentwich: Bereits als kleiner Junge bin ich mit meiner Familie häufig umgezogen, lebte in Österreich und England, bevor die Bundesrepublik in den fünfziger Jahren zur neuen Heimat wurde. Als Schüler saß ich oft vor Atlanten und reiste mit dem Finger auf der Landkarte und viel Fantasie im Kopf in der Welt herum.

Frage: Wann kam es zum ersten Kontakt mit dem Goethe-Institut?

Nentwich: Nach meinem Anglistikstudium bewarb ich mich beim Deutschen Akademischen Austauschdienst auf ein Gastlektorat in einem englischsprachigen Land. Man schlug mir eine Stelle an der Chinesischen Universität Hongkong vor, das damals britische Kronkolonie war. Dort arbeitete ich viel mit dem örtlichen Goethe-Institut zusammen, und die Kollegen und Kolleginnen fanden, ich solle mich doch auch mal bewerben. Ich gab also meine Hochschulkarriere auf, um stattdessen mit Goethe weiter um die Welt zu ziehen.

Frage: Welche Voraussetzungen mussten Sie für das Goethe-Institut mitbringen?

Nentwich: Fremdsprachenkenntnisse, Interesse an Kultur im engeren und im weiteren Sinn, Erfahrung als Sprachlehrer, Offenheit gegenüber allem, was fremd ist, und Flexibilität, vor allem ständig neue Anpassungsbereitschaft. Man muss immer wieder die Zelte abbrechen, was ziemlich schmerzhaft sein kann.

Frage: Wie gefällt es Ihnen in den USA?

Nentwich: Immer wieder beeindruckt bin ich von der Flexibilität der Amerikaner und den ganz anderen Größenverhältnissen hier. Vermissen tue ich dagegen das soziale und kulturelle Engagement der öffentlichen Hand wie in Deutschland und seine bildungsbürgerlichen Traditionen.

Frage: In welchen Ländern haben Sie als Deutschlehrer gearbeitet?

Nentwich: Neben Hongkong, Spanien, Brasilien und den USA habe ich in Kanada, Uruguay, Argentinien, Polen und Russland unterrichtet – manchmal ein paar Wochen, manchmal ein paar Jahre.

Frage: Eine Anekdote von Dr. Nentwich »abroad«?

Nentwich: Ich machte einen Abendspaziergang in Kyoto, Japan. Ein Junge, der mit seinem Fahrrad an mir vorbeifuhr, hielt an und fragte mich in schlechtem Englisch: »You from America?« Ich antwortete: »No, from Germany.« Er: »And where in America is Germany?« Auch nachdem ich ihm klar gemacht hatte, dass Deutschland nicht in Amerika liegt und Deutsche Deutsch und nicht in erster Linie Englisch sprechen, fragte er mich weiter nach Amerika und bat mich, mit ihm Englisch zu sprechen, damit er üben könne. Deutschland interessierte ihn überhaupt nicht. Damals, 1976, wurde mir zum ersten Mal klar, dass die Welt Deutschland keineswegs für ihren Nabel hält und wir, wenn wir andere für uns interessieren wollen, hart daran arbeiten müssen.

Frage: Welche Sprachen sprechen Sie?

Nentwich: Muttersprachlich Deutsch, fast muttersprachlich Englisch, fließend Portugiesisch, etwas rostig Spanisch, Italienisch und Französisch.

Frage: Ihr persönlicher Tipp für Leute, die es ins Ausland zieht?

Nentwich: Mach es! Die Chancen stehen gut, dass du es nie bereust.

Teach the Teacher

Muss Fremdsprachenlernen eigentlich immer so wahnsinnig kompliziert sein? Muss es nicht und ist es auch nicht, meint jedenfalls Uwe Kind. Er ist Deutschlehrer in New York und weigert sich seit 1976, seine Schüler und Schülerinnen mit stumpfsinnigem Konjugieren zu quälen. Beim ihm wird stattdessen gesungen.

Gesungen? Wenn Kind die Gitarre rausholt, werden Amerikaner, Japaner und andere, die Deutsch lernen wollen, zu Kindern. Wichtige Sprechakte wie »Ich bin Ausländer und spreche nicht gut Deutsch« werden zur Melodie von *She'll be coming 'round the mountain* gesungen. Oder »Wo haben Sie Deutsch gelernt? Am Goethe-Institut, ja und bei Uwe Kind, auch in der Schule« zur Melodie von *Santa Lucia*. Oder mit Brahms Wiegenlied »Ach, Herr Brahms, wollen Sie schon gehen? Es ist spät, ich muss gehen. Es war wirklich sehr, sehr schön. Tut mir leid, ich muss jetzt gehen!«. Adjektivendungen dagegen werden zur Melodie von *Oh, when the saints* gelernt: »Die blaue Bank, die blaue Bank, ich sehe eine blaue Bank, ich setz mich auf die blaue, blaue. Ich sitze auf der blauen Bank.«

Bei Kind wird auch gerappt und getanzt, und das nennt er Lingo-Rap und Lingo-Tech. Die heißen Melodien dafür kreiert er mit Komponist und Liedermacher Mark Schaffel aus Nashville, Tennessee. Sein Lingo-Tech-Stück *Ich bin Cool* wurde bereits ein Hit in Dänemark. Kind selbst stammt aus Finsterwalde in Brandenburg und stu-

dierte später Germanistik und Anglistik an der amerikanischen Ostküste.

Kinds Lektionen gleichen einem riesigen Kindergeburtstag. Er
selbst steht in der Mitte, spielt Gitarre und singt. Zum Beispiel Prä-
positionen: »Vor und hinter, über, unter, an und neben, zwischen,
auf und in.« Seine Schüler und Schülerinnen begleiten das Ganze
mit Gesten: Bei *vor* gehen die Hände vor den Kopf, bei *hinter* dahinter, bei *zwischen* unter die Achseln, bei *auf* kommt die flache
Hand auf den Kopf, und bei *in* zeigt der Finger in den Mund.

Bei Kinds *Deutschvergnügen* geht es nicht nur um Vokabeltrai-
ning. »Die Leute sollen merken, wie die Sprache funktioniert. Sie
lernen Formulierungen, idiomatische Ausdrücke und Grammatik.
Aber nicht durch Pauken bis zum Umfallen, sondern mit Spaß«,
erklärt Kind. Seine Schüler und Schülerinnen kommen aus allen
Generationen, sind zwischen acht und achtzig, manchmal noch älter. »In einem brasilianischen Kloster-College haben sogar die
Nonnen mitgerappt und mitgetanzt. ›Ich bin cool! Bist du cool? Ja,
logo, ja‹«, erzählt Kind.

Die Idee zum pädagogisch wertvollen Rock'n' Roll kam Kind in
den Kaffeepausen seiner Schule. Dort hatten Lehrer und Schüler
zum Spaß deutsche Volkslieder gesungen. Die prägten sich sofort
ein. »Und als ich dann auf einmal Volksliederdeutsch im Vokabu-
lar meiner Schüler entdeckte, wusste ich, was zu tun war.« Kind
ließ sich von einem blinden Studenten Gitarrespielen beibringen,
um seine Idee in die Tat umzusetzen.

Um sein Konzept bekannt zu machen, rief der Deutschlehrer
beim Late-Night-Talker David Lettermann an und erklärte, dass
er seinem Publikum in zwei Minuten beibringen könnte, wie man
ein Bier und ein Schnitzel bestellt. »Die Idee gefiel ihm und Bingo!
Ich war in einer der populärsten Shows der Vereinigten Staaten.«
Danach folgte ein NBC-Special über seine Arbeit. Dort wurde
auch gezeigt, wie er amerikanischen Bauarbeitern französischen
Small Talk per Volkslied beibrachte. Danach kamen Besuche in
den Shows von Jonny Carson und Alfred Biolek, später schickten
Fernsehstationen aus aller Welt ihre Teams zu Kind. Sein Lieder-
buch *Eine kleine Deutschmusik* wurde zu einer Fernsehserie in Tokio verarbeitet, und der WDR drehte *English Alive* für das deut-

sche Publikum. Kinds nächstes Werk: *Tune into Espanol*. Basis vor den Erfolg sind dabei immer »Freude an der Arbeit und Respekt vor den Schülern. Wenn man sich etwas Neues für die ausdenkt und mit Spaß bei der Sache ist, dann hat man auch Erfolg«.

Kind unterrichtet nicht nur Deutsch, sondern gibt multisprachliche Konzerte auf Japanisch, Chinesisch, Russisch, Italienisch, Französisch und Latein. Er geht auf Lingo-Tech-Seminar-Touren durch Schweden, Norwegen, Dänemark, Tschechien, Polen, Lettland und Litauen. Dort zeigt er Lehrern, wie man Deutsch durch Musik, Rhythmus, Tanz und Bewegung lernt und lehrt. »Die Leute sind meistens begeistert. Endlich lernen sie auch als Lehrer mal was Neues. Sie erkennen, dass sie ihre schönen Grammatikinseln verlassen und über ihren eigenen Schatten springen können. Dann fangen sie auch an, sich vor ihrer Klasse zu bewegen.« Damit, so Kind, ließe sich die schwere deutsche Sprache entmystifizieren. Schließlich habe Deutsch als Fremdsprache in der Welt viel Konkurrenz. »Wenn man keine neuen Ideen hat, sinkt Deutsch auf dem Spielplan ganz schnell nach unten.«

Mit seiner Sing-Lingual-Methode ist Kind international als Lehrer für Lehrer an Schulen, Hochschulen, Stiftungen und anderen Institutionen gefragt. Seine Konzerte und Lehrerseminare finden statt in Neuseeland, Australien, Argentinien, Brasilien, Uruguay, Kanada, natürlich in den USA und in Japan übers Fernsehen. »Überall gibt es Deutschlehrer, die sich begeistern lassen. Früher dachte ich, das sind nur die Amis, aber inzwischen gibt es überall, wo ich hinkomme, *Deutschvergnügen*.«

Seine Methode hat er auch schon in einem New Yorker Untersuchungsgefängnis ausprobiert. Dort sollten spanisch sprechende Häftlinge in Englisch unterrichtet werden. Kind brachte ihnen wichtige Sätze wie »I want to call my lawyer« mit Musik bei. Das klappte so gut, dass die Gefängniswärter nun ein paar Sätze Spanisch lernen wollten. Kind brachte ihnen daraufhin bei, wie man »Wasch deine Hände, Sir, und bitte nicht in der Küche rauchen« sagt. Das *Sir* und das *bitte* wurde durch das schnelle Rappen quasi unterbewusst an die Wächter weitergereicht, und die Häftlinge wunderten sich über so viel plötzliche Höflichkeit. Das Klima in dem Gefängnis habe sich dadurch deutlich verbessert.

Info-Box

Infos über und Kontakt zu Uwe Kind:

Kind International
400 East 59th Street
USA-New York, N.Y. 10022
Tel.: 0 01 (2 12) 5 93-32 24
Fax: 0 01(2 12) 8 32-65 65
www.kindinternational.com

Krisenmanager

Zur Lösung der Frage, wie Entwicklungsländern zu helfen sei, gibt es viele Ansätze: Zum Beispiel, dass wegen mangelnder Entwicklungsfortschritte nur noch Katastrophenhilfe zu leisten sei. Ansonsten sollten einige Landstriche sich selbst überlassen bleiben und mehr Eigenverantwortung wahrnehmen. Andere behaupten, es seien durchaus Erfolge zu erzielen, wenn die Hilfe bloß effektiver organisiert würde. Eine dritte Theorie besagt, Ausgangspunkt jeder Verbesserung sei die Demokratisierung.[26]

Trotz der unterschiedlichen Standpunkte scheint jedoch kaum jemand der Meinung zu sein, das Elend der Entwicklungsländer ginge die Europäer nichts an. Eine Vielzahl von staatlichen und karitativen Einrichtungen hilft, wo Not am Mann und an der Frau ist. Neben den klassischen Entwicklungshilfethemen wie Frieden, Menschenrechte, Alphabetisierung, Bildung, Gesundheitsbildung, Impfprogramme und der Bekämpfung von Seuchen geht es auch um die Vermittlung von technischem und medizinischem Know-how.

Einer der großen Entwicklungshilfeträger ist Care, für den Holger Trechow aus Köln als Rückkehrkoordinator in Bosnien arbeitet. Ein politisch heikles Projekt in dem vom Bürgerkrieg zerrütteten Land: Angehörigen von moslemischen und serbischen Minderheiten soll die Rückkehr aus Deutschland ermöglicht werden. Dazu plante Care den Wiederaufbau von über 200 zerstörten Häusern.

Die Helfer standen in den Städten Novigrad und Bosanska Krupa zunächst vor einem Berg von ungelösten Fragen: Welche Häuser sollen aufgebaut werden? Welche Familien brauchen am dringendsten Unterstützung? Wer kann bei der Auswahl helfen? »Da kann man nicht irgendwie willkürlich die einen Häuser aufbauen und die anderen nicht. Doch um auszuwählen, muss man mit den Leuten sprechen. Da kommt einem aber dann wieder die Sprache dazwischen«, erzählt Trechow. Ohne die Zusammenarbeit im Team aus vier internationalen und 25 lokalen Kräften wäre das nicht zu schaffen gewesen.

Am Anfang standen Feldbesuche. Trechow nahm Kontakt zu Familien auf, führte lange Gespräche mithilfe von Dolmetschern. Dann suchte er nach Häusern, die wiederaufgebaut werden sollten: nicht zu groß, nicht zu teuer, und von Leuten, die nach Deutschland geflüchtet waren und jetzt wieder nach Bosnien zurückkehren wollten. Diese Familien sollten zusätzlich hilfsbedürftig und förderungswürdig sein. »Da gab es natürlich auch welche, die uns einen seit Jahren toten Vater als Hauseigentümer präsentierten. Ich hatte es mit gefälschten Fingerabdrücken und Ausweisen zu tun. Da muss man ständig aufpassen«, so Trechow.

Um zu verhindern, dass Neid und Missgunst den Erfolg des Projekts gefährdeten, suchten die Krisenmanager Kontakt zu vertrauenswürdigen Personen innerhalb der Flüchtlingsorganisationen. Schließlich wollte man auch zeigen, wie verschiedene Minderheiten friedlich miteinander leben können. »Eine echte Gratwanderung. Das gelingt nur mit Glauben an die eigene Kraft«, so Trechow. In solchen Situationen lerne man, sehr eigenverantwortlich und selbstständig zu arbeiten und zu entscheiden. »Man muss sich das mal vorstellen: Da arbeitest du in einem Land, das vom Bürgerkrieg zerstört ist, du siehst Tausende von Menschen, denen es weiß Gott nicht gut geht, und du sollst entscheiden, wer eins von den wiederaufgebauten Häusern bekommt.«

Trechow studierte Internationale Politik und Afrikanistik. Während eines Praktikums im Bundesministerium für wirtschaftliche Zusammenarbeit knüpfte er erste Kontakte mit Entwicklungshilfe-Organisationen. Er hörte von Camp Sadako, einem Projekt der Vereinten Nationen für Flüchtlinge im kenianischen Krisengebiet. »Es war gar nicht so schwer, dort einen Praktikumsplatz zu bekommen. Ich habe mich einfach beworben«, erzählt Trechow. Später absolvierte er ein Aufbaustudium Humanitäre Hilfe in Bochum und wurde in fünf Themengebieten ausgebildet: Völkerrecht, Geopolitik, Epidemiologie, Projektmanagement und Anthropologie. Ein Studiensemester verbrachte er an der schwedischen Partneruniversität in Uppsala.

Später arbeitete Trechow in Haiti und betreute ein von den Vereinten Nationen finanziertes Krankenhaus. »Vor Ort herrschten seltsame Bedingungen. Ich habe in dem Krankenhaus gewohnt, musste mich an- und abmelden, auf der Straße war es zu gefährlich, wir durften nur mit Auto und Chauffeur in die Stadt. Ich war schon erleichtert, als ich wieder nach Deutschland zurückkam.« Dann frischte er seine Kontakte zu Care auf und ging schließlich nach Bosnien. Sein Traum für die Zukunft: »Ich will eine eigene Organisation aufbauen, die in Bosnien an die Care-Arbeit anknüpft und mehrere solcher Projekte betreut.«

Blickt Trechow auf seine berufliche Karriere zurück, fällt ihm vor allem auf, wie einfach es war, die ersten Schritte zu gehen. Denn die Liste der Entwicklungshilfe-Organisationen ist lang und Hilfe in Form eines Praktikums ist immer gefragt. Erste Anlaufstation sind die Zusammenschlüsse verschiedener Träger, zum Beispiel der Verband Entwicklungspolitik von Nicht-Regierungsorganisationen oder der Deutsche Entwicklungsdienst.

Praxis-Box

Das Auswärtige Amt für zivile Friedensfachkräfte trainiert Krisenmanager für den Einsatz in konfliktgeladenen Gebieten. Dabei geht es vor allem um die Beobachtung von Waffenstillständen oder Wahlen, zum Beispiel im Kosovo, in Bosnien oder auch in Osttimor. Massengräber werden untersucht, Justizsysteme aufgebaut, manche der Helfer arbeiten mit politischen Parteien oder unabhängigen Medien zusammen. Förderung der Zivilgesellschaft nennt sich das oder post-conflict-peace-building. Fast alle Alters- und Berufssparten können für die Friedensmissionen ausgebildet werden: Juristen, Politologen, Historiker, Verwaltungsleute, Polizisten und Reservisten der Bundeswehr. Vor allem aber werden Generalisten gesucht, Leute mit Organisations- und Improvisationstalent, guten Fremdsprachenkenntnissen und Stressresistenz.

Der Job der nicht-militärischen Krisenmanager ist gefährlich. Folglich stehen nicht nur Völkerrecht und Institutionenkunde der Organisation für Sicherheit und Zusammenarbeit in Europa auf dem Lehrplan, sondern auch die Behandlung von Schussverletzungen, Verhaltensregeln bei Minengefahr und Geiselnahmen und eine Funkerausbildung. Da trotz allem Autounfälle die häufigste Todesursache bei Friedensmissionen sind, gibt es auch ein Fahrtraining im Geländewagen.

Info-Box

Krisenmanager werden ausgebildet an der:

Aus- und Fortbildungsstätte des Auswärtigen Amts
Gudenauer Weg 134-136
53127 Bonn
Tel.: (0 18 88) 17 21 31
Fax: (0 18 88) 1 75 21 31
www.auswaertiges-amt.de
(Hier gibt es auch Broschüren für die verschiedenen Laufbahnen im Auswärtigen Dienst.)

Ein Aufbaustudium Humanitäre Hilfe gibt es an der:

Ruhr-Universität
Institut für Friedenssicherheit und Humanitäres Völkerrecht
Gebäude 02/33
44780 Bochum
Tel.: (02 34) 3 22 73 66
Fax: (02 34) 3 21 43 86
www.ifhv.de

Weitere Informationen sind erhältlich bei:

Verband Entwicklungspolitik von
Nicht-Regierungsorganisationen
Kaiserstr. 201
53113 Bonn
Tel.: (02 28) 94 67 70
Fax: (02 28) 9 46 77 99

Deutscher Entwicklungsdienst
Tulpenfeld 7
53113 Bonn
Tel.: (02 28) 2 43 40
Fax: (02 28) 2 43 41 11
www.ded.de

Gesellschaft für technische
Zusammenarbeit
Dag-Hammarskjöld-Weg 1-2
65760 Eschborn
Tel.: (0 61 96) 7 90
Fax: (0 61 96) 79 11 15
www.gtz.de
(Hier gibt es u. a. die Broschüre
Arbeiten in der dritten Welt.)

Deutsche Stiftung für inter-
nationale Entwicklung
Tulpenfeld 5
53113 Bonn
Tel.: (02 28) 2 43 45
Fax: (02 28) 2 43 47 66
www.dse.de
(Hier gibt es die Broschüre
Institutionen der Entwicklungs-
arbeit.)

Dienste in Übersee
Nikolaus-Otto-Str. 13
70771 Leinfelden-Echterdingen
Tel.: (07 11) 7 98 90
Fax: (07 11) 7 98 91 23
www.due.org

Weltfriedensdienst
Hedemannstr. 14
10969 Berlin
Tel.: (0 30) 2 51 05 16
Fax: (0 30) 2 51 18 87

Care
Dreizehnmorgenweg 6
53175 Bonn
Tel.: (02 28) 97 56 30
Fax: (02 28) 9 75 63 51
www.care.de

Sozialarbeiter

Bis in die neunziger Jahre hinein wurden in der Entwicklungsarbeit überwiegend Techniker, Ingenieure, Ärzte, Physiotherapeuten und Krankenschwestern eingesetzt. »In den letzten Jahren sucht man aber häufig Leute mit pädagogischem oder sozialwissenschaftlichem Hintergrund, die etwas von Projektorganisation verstehen«, erklärt Johannes Kniffki, der über zehn Jahre in lateinamerikanischen Hilfsprojekten gearbeitet hat.

Sein eigener Hintergrund. Kniffki hatte in Freiburg Sozialarbeit mit Schwerpunkt Gemeinwesen studiert und eine Abschlussarbeit über Selbstverwaltung, Interessenvertretung und Ungehorsam gegenüber Obrigkeiten geschrieben. Daran schloss sich zunächst ein Job in einem Projekt für jugendliche Graffitisprayer an.

Doch Kniffki wollte ins Ausland. »Als Kind war ich auf einem streng katholischen Internat, wo die Missionare immer von ihren Abenteuern in der großen weiten Welt erzählten. Seitdem war mir klar: Das wollte ich auch.« Die Chance dazu bot sich, als die Auslandsabteilung des Caritasverbands eine Anfrage aus Mexiko erhielt. Ein Bischof war auf der Suche nach Unterstützung, um seine Region ökonomisch voranzubringen. Die Caritas kannte Kniffki aus Studiumszeiten und fragte an, ob er zu einem Auslandsaufenthalt bereit wäre.

Sie brauchten ihn nicht zweimal zu fragen. Nach einem Spanischkurs bei der Arbeitsgemeinschaft Entwicklungshilfe in Köln zog Kniffki mit seiner Ehefrau nach Chiapas in ein Indianerdorf ohne elektrischen Strom. »Das ist zunächst eine ganz merkwürdige Situation. Die wissen ja überhaupt nicht, was sie mit so einer weißen Langnase wie mir anfangen sollen.« Aus der allgemeinen Verwirrung heraus musste er erst einmal die Grundlagen für seine Arbeit schaffen. »Gute Beratung heißt für mich: gemeinsam suchen, entdecken und erfahren. Ohne ein solides Vertrauen funktioniert da überhaupt nichts.«

Schritt für Schritt begann Kniffki, mit den Einheimischen zusammen die wirtschaftliche Situation vor Ort zu analysieren und Perspektiven zu erarbeiten. Das bedeutete herauszufinden, wer was kann und die Stärken zusammenzuführen, zu koordinieren und zu profilieren. »Ein Unternehmensberater muss auch erst mal herausfinden, was sein Kunde überhaupt will, wozu er bereit ist und was er kann«, erklärt Kniffki.

Gemeinsam beschlossen die Dorfbewohner inklusive Sozialarbeiter, eine konzernunabhängige Initiative aufzubauen und den von den Bauern biologisch angebauten Kaffee im Ausland zu vermarkten. Dabei sieht Kniffki seine Rolle als Sozialarbeiter darin, die Dinge von außen zu betrachten und zu kommentieren. Umsetzen tut er seine Ratschläge nicht. »Das müssen die Leute dort auf ihrem eigenen Weg tun. Da kann ich nicht als Europäer kommen und sagen: Macht das mal so und so.« Im Zweifelsfall müsse man ohnehin nach der Methode Versuch und Irrtum vorgehen.

Nach fünf Jahren war die Aufbauhilfe abgeschlossen und Kniffki kehrte in die Bundesrepublik zurück. Doch lange hielt er es im kalten Deutschland nicht aus. »Das Projekt Leben im Ausland war einfach noch nicht abgeschlossen für mich.« Er bewarb sich bei einem Programm der Europäischen Union und zog mit Frau und Kind nach Kuba. Dort unterstützte er die örtliche Caritas darin, ein Ernährungshilfeprogramm logistisch umzusetzen, das heißt, dafür zu sorgen, dass Lebensmittel- und Medikamentenlieferungen pünktlich am richtigen Ort landen.

Von dort aus ging es zurück nach Mexiko. Kniffki arbeitete im Katastrophenschutz und beriet weiter einige kubanische Projekte. »Die Regierung nahm die Vertreter der kubanischen Caritas nicht richtig ernst. Bei Verhandlungen musste ich dann rüberfliegen«, erklärt er. Weitere Stationen seiner Auslandskarriere waren Nicaragua, Argentinien, Kolumbien und Guatemala, wo er im Auftrag der Katholischen Arbeitnehmerbewegung einen Zusammenschluss von Kleinbauern begleitete. Spanisch und Portugiesisch spricht er inzwischen fließend. Englisch und Französisch brachte er aus der Schule mit.

Ende 2000 kehrte Kniffki in die Bundesrepublik zurück. »Mein Sohn ist inzwischen elf, er soll auf eine deutsche Schule gehen. Der ist ganz froh, dass er jetzt hier ein so großes Freizeitangebot hat.« Kniffki eröffnete ein eigenes Büro und berät von Berlin aus Projekte in Lateinamerika, später vielleicht auch in Osteuropa. Doch ein Stubenhocker wird aus ihm nicht: »Ich werde sicher über hundert Tage im Jahr unterwegs sein. Sonst halte ich das gar nicht aus.« Gibt es für ihn noch ein Traumziel, das er noch nicht bereist hat? »Neuguinea. Da kamen schließlich die Missionare her.«

Info-Box

In der Entwicklungshilfe sind zum Beispiel aktiv:

Deutscher Caritasverband
Karlstr. 40
79104 Freiburg
Tel.: (0761) 200418
Fax: (0761) 200541
www.caritas.de

Misereor
Mozartstr. 9
52064 Aachen
Tel.: (0241) 4420
Fax: (0241) 442188
www.misereor.de

Katholische Arbeitnehmer-
bewegung
Bernhard-Letterhaus-Str. 26
50670 Köln
Tel.: (0221) 77220
Fax: (0221) 7722118
www.kab.de

Arbeitsgemeinschaft für
Entwicklungshilfe
Ripuarenstr. 8
50679 Köln
Tel.: (0221) 88960
Fax: (0221) 8896100
www.ageh.de

Missionar

Nichts bleibt, wie es ist, noch nicht einmal die Arbeit eines Missionars. Früher zogen die Gottesmänner aus, um den christlichen Glauben als einzig seligmachenden zu verkünden. Heute dagegen steht das Bekehren Andersdenkender eher im Hintergrund. Auch die christlichen Kirchen predigen nicht mehr gegen andere Religionen an, sondern wollen Kulturen verbinden. Hier ist Überzeugungsarbeit – nicht Besserwisserei – gefragt.

Und dafür braucht ein Missionar die Fähigkeit, das Vertrauen anderer zu gewinnen sowie echtes interkulturelles Verständnis, das sich häufig bei Leuten findet, die in mehr als einem Kulturkreis zu

Hause sind. Wie zum Beispiel bei Reinhardt Schultz. Der Südafrikaner mit deutschen Eltern ist eigentlich Betriebswirt. Seine Heimat liegt bei Pretoria, dort ist er geboren, und aufgewachsen. Statt an Mopeds zu schrauben und Musik zu hören, baute er bereits als Teenager mit seinem Vater zusammen eine Kirche auf. »Ich musste den Bau planen, Zeichnungen machen, Material einkaufen, das Holzskelett bauen«, erinnert er sich. Schultz spricht neben Deutsch und Englisch Afrikaans, Vendi, Pedi und Tswana, Sprachen, die er in Afrika gelernt hat.

Nach dem Abitur studierte Schultz in Pretoria Wirtschaft und arbeitete in der Industrie. Als 27-Jährigen rief ihn das Berliner Missionswerk zum ersten Mal in die Bundesrepublik, weil jemand gebraucht wurde, der sich sowohl in Deutschland als auch in Afrika auskannte. Schultz arbeitete als Personalreferent und Geschäftsführer. Später übertrug man ihm die Aufgabe, die verschiedenen evangelisch-lutherischen Kirchen in Südafrika zu vereinigen. Dabei gab es viele Eilflüge hin und zurück, weil es vor Ort an Personal und fachlicher Kompetenz mangelte.

Daneben arbeitet Schultz immer auch als Pfarrer, ein Amt, für das man in Südafrika nicht Theologie studiert haben muss. »Ich predige auf afrikanische Art. Es ist alles viel persönlicher als in Deutschland. Man redet richtig mit den Menschen, spricht über konkrete Probleme.« Der deutsche Südafrikaner betreut neun Gemeinden, die zum Teil achtzig Kilometer voneinander entfernt liegen. Mit viel Organisationstalent arbeitet er in jeder Gemeinde mit einem Kollegen zusammen.

Schultz pendelt zwischen den Kontinenten, reist von Südafrika nach Deutschland, zurück nach Botswana oder von Swasiland nach Genf und wieder nach Südafrika. Er ist Retter in der Not, bei Hilferufen aller Art, vor allem in afrikanischen Finanz- und Verwaltungskrisen. Das klingt nach Staatsauftrag – und genau das ist der Unterschied zu früher. Heute geht es in der Missionarsarbeit nicht nur um kirchliche, sondern auch um gesellschaftliche Belange. Von den Seelsorgern wird Aufbauarbeit verlangt. »Die Einheimischen sind sehr froh über unsere Unterstützung. Oft glauben die allerdings, dass Europäer alles können«, sagt Schultz.

Sein Leben zwischen den Kontinenten gleicht dem eines Botschafters: Seine deutschen Erfahrungen nutzt er in Südafrika, und in Deutschland bringt er persönliche Beziehungen und Erlebtes aus Südafrika ein. Zum Beispiel, dass es keine Kirchensteuer gibt: »Da muss man das Geld über Spendenwerbung eintreiben. Diese Erfahrung, wie ich für die Kirche werbe, habe ich nach Deutschland mitgebracht.«

Einfühlungsvermögen und Flexibilität gehören zu Schultz' großen Stärken. Ebenso die innere Ruhe und die Zuversicht, auch schwierigste Probleme irgendwie lösen zu können: »Ich habe zwei Dinge im Blut. Ich brauche dauernd eine Herausforderung im Job. Ein ganz normaler Betrieb mit seinen täglichen Abläufen ist mir zu langweilig. Krisensituationen reizen mich.« Außerdem habe er immer ein Ohr für Benachteiligte und Unterdrückte. Schon früher kämpfte er gegen die Apartheidpolitik und wurde deswegen verhaftet. Angehenden Missionaren rät Schultz, offen zu sein und auf andere Leute zuzugehen: »Viele Probleme sind nur kommunikativ zu lösen.«

Solange das Innere von Afrika unbekannt war, wurden Missionare vor allem in Südamerika eingesetzt. Heute arbeiten auch einige in Asien, doch die Visumbeschaffung ist dort schwieriger. Missionare sind von der Ausbildung her Theologen, Mediziner, Handwerker, Lehrer oder andere Fachkräfte. Wer an einer Missionarsschule studiert hat, arbeitet auch als Pfarrer, das heißt: Kinder taufen, Sonntagspredigten halten, Hochzeiten und Beerdigungen begleiten. Es ist allerdings nie auszuschließen, dass der Missionar plötzlich seine Mechanikerkünste bei der Reparatur eines Autos unter Beweis stellen muss oder seine Bastelfertigkeiten bei der Vorbereitung eines Volksfests.

Seit über 150 Jahren arbeitet das Berliner Missionswerk in Entwicklungsländern. Die früher als Apostelfabrik bekannte Missionarsschmiede pflegt Partnerschaftsverträge ins Westjordanland, nach Tansania und Südafrika. Bezahlt werden die Abgesandten vom Auftraggeber, meistens die evangelische oder katholische Kirche. Aber auch Freikirchen schicken Missionare in Entwicklungsgebiete. Einzige Bedingung ist die Mitgliedschaft. Bei Kooperationen werden die Missionare auch vom Deutschen Akademischen Auslandsdienst oder von Entwicklungshilfe-Organisationen bezahlt.

Info-Box

Kirchliche Hochschulen, Predigerseminare und Fortbildungsträger bilden für den Missionarsdienst aus, darunter:

Evangelisches Missionswerk
Normannenweg 17
20537 Hamburg
Tel.: (0 40) 25 45 60
Fax: (0 40) 2 54 29 87
www.emw-d.de

Evangelisch-lutherisches
Missionswerk
Georg-Haccius-Straße 9
299320 Herrmannsburg
Tel.: (0 50 52) 6 90
Fax: (0 50 52) 6 92 22
www.elm-mission.net

Evangelische Zentralstelle für
Entwicklungshilfe
Mittelstraße 37
53157 Bonn
Tel.: (02 28) 8 10 10
Fax: (02 28) 8 10 11 60
www.eze.org

Aufbauhelfer für Jugendherbergswesen

Die weibliche Antwort auf Marco Polo zu sein – so ungefähr muss die Motivation von Julie Dessureault ausgesehen haben. Mit 27 Jahren zog sie mit ihrem Rucksack los, Destination: China. Und noch etwas hatte die Kanadierin dabei: die ehrgeizige Idee, das Jugendherbergswesen im Reich der Mitte aufzubauen. »Das war 1998 und in China gab es so etwas wie Jugendherbergen überhaupt nicht. Dabei reisen heute viele Chinesen im eigenen Land, vor allem Jugendliche und junge Erwachsene, die nicht viel Geld haben«, erklärt die Kanadierin.

Zuvor hatte Dessureault drei Jahre im Management des kanadischen Jugendherbergswerks gearbeitet. Dort stellte man ihr ein Empfehlungsschreiben auf Englisch aus, inklusive chinesischer

Übersetzung. Dann zog sie vier Monate lang 5 000 Kilometer durch China, sprach mit Hotelbesitzern, Verwaltungsbeamten und den örtlichen Tourismusbehörden, »sofern ich das mit Englisch, Französisch und ein paar Brocken Chinesisch hinkriegen konnte«. Sie warb für die Idee und erklärte großen Guesthouses und Hotels, wie die internationalen Jugendherbergs-Standards umgesetzt werden können: ein freundlicher Empfang, eine Großküche oder Kochmöglichkeiten, Gepäckschließfächer, frische Bettwäsche, Nachtruhe, Waschgelegenheiten, überwiegend nach Geschlechtern getrennte Zimmer, Hygiene und Sicherheit. Zusätzliche Angebote schließen Sport- und Freizeitmöglichkeiten ein, ein Klavier für Orchester und Chöre oder ein Seminarbereich für Workshops und Kurse.

Grundlage für die exotische Idee war Dessureaults Studium: Internationales Verwaltungswesen an der Universität von Quebec. Anschließend arbeitete sie auf einem Trainee-Programm als Coach in Burkina Faso und Mali. »Zu mir kamen Menschen, die mit ihrem Leben total unzufrieden waren. Denen habe ich dann immer gesagt: ›Du musst in deinem Job nicht versauern. Wenn es etwas gibt, was du tun willst, was dich anlacht, dann tu es.‹« Nur so könnten sich die Dinge ändern. »Es gibt keine ausweglose Situation. Es findet sich immer ein Weg, wenn man das macht, was einem wichtig ist.«

Zurück in Kanada kam Dessureault die Idee, einmal selbst auf ihre Ratschläge zu hören. Doch zunächst fehlte der Mut, etwas Eigenes zu beginnen. »Zum Glück gefiel mir mein Job als Jugendherbergsmama irgendwann überhaupt nicht mehr. Da dachte ich mir: Jetzt oder Nie.«

Um Chinesen von Sinn und Zweck einer Jugendherberge zu überzeugen, setzt Dessureault auf Ausstrahlung und den Aufbau persönlicher Beziehungen. »Sprache schafft Sicherheit, natürlich ein Problem, da Chinesisch so schwierig ist. Aber die Leute wissen es zu schätzen, wenn man sich bemüht.« Allerdings sucht sich Dessureault auch europäische, australische oder amerikanische Reisegefährten. »Ab und zu muss man dann auch mal wieder Englisch reden. Sonst verlernt man seine eigene Art zu denken.«

Trotzdem verbringt Dessureault die meiste Zeit allein – für sie die härteste Prüfung. »Wie soll man sich sonst mit sich selbst beschäftigen? Ideen wie die mit den Jugendherbergen wachsen nun mal nicht auf dem Reisfeld.« Solche Überlegungen seien eher das Ergebnis vieler Tage und Nächte »on the road« gewesen. Durch ihre Reisen zuvor wusste sie, dass die Leute in Entwicklungsländern neugierig sind, wie die Dinge anderswo organisiert werden. »Außerdem gibt es ein Vakuum. Wo bei uns vieles schon fertig geregelt ist, bestehen hier unglaubliche Freiheiten. Man muss sie nur nutzen.«

Auch eine Entdeckerin hat feste Zeitvorstellungen: sechs Monate im Jahr auf Mission in China, sechs Monate in Kanada. Dort verdient sich Dessureault zusätzliches Geld mit selbst gemachtem Kunsthandwerk. Die fertigen Kleidungs- und Schmuckstücke verkauft sie auf Märkten und vor den Einkaufszentren in Quebec. »Vom Schal bis zur Halskette – alles kein Problem.« Schließlich gäben ihr die stundenlangen Busreisen durch China Zeit genug zum Werkeln.

Die reiselustige Verwaltungsexpertin kennt auch die Vorwürfe aus der eigenen Familie: keinen festen Job, keinen festen Wohnsitz, keine eigene Schrankwand, nirgends. »In guten Momenten finden meine Freunde das immerhin abgedreht und verrückt. Aber ich sage: Ein Jahr reisen ersetzt vier Jahre Studium. Ich lebe so, wie ich will. Wenn ich Zeit verplempert habe, dann in Vorlesungen, und nicht im Himalaja.« Ein Reihenhausleben mit festem Job und vier Wochen Urlaub im Jahr, das wäre nichts für sie.

Dessureault ist nicht die einzige Aufbauhelferin für das Jugendherbergswesen. Über achtzig Mitglieder des Internationalen Jugendherbergsverbands besuchten 2000 die südchinesische Provinz Guangzhou, die jährlich über drei Millionen internationale Touristen beherbergt. Dort begleiteten die aus vier Kontinenten stammenden Verbandsvertreter die Gründung des ersten chinesischen Jugendherbergsverbands. Der Generaldirektor der Nationalen Tourismusbehörde in Peking kündigte an, den Aufbau eines chinaweiten Jugendherbergsnetzes zu unterstützen. Seitdem machen Chinesen Praktika in europäischen und amerikanischen Häusern. 2001 gab es in China 13 Jugendherbergen, darunter in Hongkong, Peking und Shanghai. Im vergleichsweise winzigen Deutschland dagegen gibt es 600, weltweit 4 300 Jugendherbergen.

Info-Box

Deutsches Jugendherbergswerk
Bismarckstr. 8
32754 Detmold
Tel.: (0 52 31) 7 40 10
Fax: (0 52 31) 74 01 49
www.jugendherbergswerk.de

International Youth Hostel
Federation
1st Floor, Fountain House
Parkway, Welwyn Garden City
Herfordshire, AL8 6JH
England
Tel.: 00 44 (17 07) 32 41 70
Fax: 00 44 (17 07) 32 39 80
www.yhf.org

Hong Kong Youth Hostels
Association
Room 225, Block 19 Sliek
Kip Mel Estate
Sham Shui Po
Kowloon, Hong Kong
Tel. 00852-27881638
Fax 00852-27883105
www.yha.org.hk

Feuerwehrmann

Es gibt Feuerwehrleute, die werden zu Spezialeinsätzen auf der ganzen Welt geflogen: zu Waldbränden in Kalifornien, Erdgasbränden in Indien, Ölplattformen im Kaspischen Meer. Der bekannteste (und vermutlich bestbezahlte) unter ihnen heißt Paul Neal »Red« Adair. Er ist Spezialist für die Bekämpfung von Bränden in Öl- und Ergasfeldern.

Adair startete seine Karriere als Hilfsarbeiter bei der Eisenbahngesellschaft Southern Pacific Rail. Später wechselte er in die Ölindustrie – für einen Texaner zunächst nichts Ungewöhnliches. 1939 erlebte er seine erste brennende Ölquelle und qualifizierte sich nach und nach im Umgang mit lebensgefährlichen Situationen. Nach Ende des Zweiten Weltkriegs trat er einer Firma bei, die sich bereits einen Ruf als Feuerwehr auf Ölfeldern erworben hatte. 1959 gründete er seine eigene Firma *Red Adair Oil Well Fires & Blowouts Control* – der Grundstein für eine Karriere im Management von wild gewordenen Ölquellen.

Sein Beruf als Feuerwehrmann führte Adair rund um den Erdball und machte ihn zum Multimillionär. Die Presse nannte ihn Feuersalamander, Herr der Flammen oder Katastrophenkiller. Er gilt als unbestritten erfolgreichster Feuerwehrmann der Welt und als letzte Rettung, wenn andere Experten mit ihrem Latein am Ende sind. Anfang der achtziger Jahre hatte seine Firma bereits über tausend Ölkatastrophen gemanagt. »Selbst das Feuer in der Hölle würde ich löschen, wenn man mich nur ließe«, lautet einer seiner überlieferten Sprüche.

Und angesichts seiner Taten scheint das nicht einmal sonderlich übertrieben: Als 1962 eine Ölquelle in der algerischen Sahara so hoch brannte, dass selbst der Astronaut John Glenn sie aus seiner Mercury-Kapsel erkennen konnte und Fachleute ein hundertjähriges Feuer orakelten, brauchten Adairs Männer sechs Monate, um die Situation in den Griff zu bekommen.

1977 brannte die norwegische Ölbohrinsel Bravo 14, aus der bereits 30 000 Tonnen Öl ausgeströmt waren, bevor Adair – angeblich für umgerechnet sieben Millionen Euro – das Loch stopfte. Als billig galt er mit einem Stundensatz um die 10 000 Dollar schon damals nicht – kein Vergleich allerdings zu den Abermillionen, die seine Kunden sonst an die Brände verlieren würden.

Adair war auch zweimal in der Bundesrepublik aktiv: Für eine Million Dollar löschte er 1970 einen brennenden Erdgasspeicher in der Oberpfalz, an dem sich deutsche Spezialisten erfolglos abgemüht hatten. Zehn Jahre später rief man ihn nach Frankental, wo ein unterirdischer Gasspeicher in Brand geraten war. Als Adairs Starauftritte aber gelten die brennenden Ölfelder nach dem Kuwait-Krieg und das größte Unglück in der Geschichte der Erdölförderung: die schottische Plattform Piper Alpha. Damit vervollständigte der bereits über 70-Jährige die hundertprozentige Erfolgsbilanz seines Unternehmens.

Adair, so geht die Legende, pflegte nicht wie ein Haudegen oder Abenteurer aufzutreten. Gespräche mit Mitarbeitern sollen sich eher wie thermodynamische Lektionen an einer technischen Hochschule angehört haben (obwohl er selbst keinen Highschool-Abschluss hat). Intensive Studien der physikalischen und chemischen Gegebenheiten vor Ort und hoch spezialisierte ferngesteuerte Werkzeuge waren Voraussetzung seiner Operationen. Mal blies er einen Gefahrenherd mit einer durch Dynamit erzeugten Druckwelle aus, mal presste er Wasser und Schwerspat durch seitlich angebrachte Bohrungen und drückte mit dem Gewicht das brennende Öl-Gas-Gemisch in die Tiefe.

Mitte der neunziger Jahre verkaufte Adair seine legendäre Firma und widmet sich seitdem der Beratung von Firmen, die sich auf dem Gebiet etablieren wollen.[27]

Info-Box

Über die Tätigkeitsfelder von Feuerwehrleuten informiert:

Deutscher Feuerwehrverband
Koblenzer Str. 133
53177 Bonn
Tel.: (02 28) 95 29 00
Fax: (02 28) 9 52 90 90
www.feuerwehrverband.org

Zur Legende des Feuerwehrmanns Red Adair gibt es dieInternetseite: www.redadair.com.

Weitere Jobs für Globetrotter, die helfen, lehren und unterstützen wollen

Sprengstoffexperte

Zu Bränden ruft man Feuerwehrleute, Sprenger dagegen benötigt man für die Entschärfung von Bomben, Granaten und Munition in ehemaligen Kriegsgebieten. Weltweit gilt Südostasien als die am stärksten belastete Region (durch die amerikanische Bombardierung während der Indochina-Kriege). In Deutschland liegen die meisten nicht-detonierten Bomben im Bundesland Brandenburg.

Info-Box

Mehrmonatige Kurse zum Sprengmeister gibt es für Techniker, Ingenieure und Soldaten an der:

Dresdner Sprengschule
Heidenschanze 6-8
01189 Dresden
Tel.: (03 51) 43 05 90
Fax: (03 51) 4 30 59 59
www.sprenginfo.com
(Hier ist auch der Deutsche Sprengerverband zu erreichen.)

Parteien-Stiftungen

Die parteinahen Stiftungen wie die Friedrich-Ebert-Stiftung oder die Konrad-Adenauer-Stiftung unterhalten Auslandsbüros. Hier werden Entwicklungshilfeprojekte betreut und politische Bildungsarbeit geleistet.

Info-Box

Friedrich-Ebert-Stiftung
Godesberger Allee 149
53175 Bonn
Tel.: (02 28) 88 30
Fax: (02 28) 88 36 97
www.fes.de

Konrad-Adenauer-Stiftung
Rathausallee 12
53757 Sankt Augustin
Tel.: (0 22 41) 24 60
Fax: (0 22 41) 24 65 73
www.kas.de

Friedrich-Naumann-Stiftung
Weberpark Alt Nowawes 67
14482 Potsdam
Tel.: (03 31) 7 01 90
Fax: (03 31) 7 01 91 88
www.fnst.de

Hans-Böckler-Stiftung
Bertha-von-Suttner-Platz 3
40227 Düsseldorf
Tel.: (02 11) 7 77 80
Fax: (02 11) 7 77 82 10
www.boeckler.de

Heinrich-Böll-Stiftung
Rosenthalerstr. 40-41
10178 Berlin
Tel.: (0 30) 28 53 40
Fax: (0 30) 28 53 41 09
www.boell.de

Telefon-Englisch

Eine Marktlücke auch in Deutschland: Vielbeschäftigte Manager
haben häufig keine Zeit, regelmäßig zum Englischunterricht zu gehen. Versierte Lehrer bieten deswegen Unterricht am Telefon an –
in der Mittagspause. Schließlich brauchen Manager ihr Englisch
überwiegend am Telefon.

7.
Handel

Während Japaner deutsches Bier und Amerikaner Schweizer Uhren mögen, bevorzugen Deutsche und Österreicher Wein aus Italien und Frankreich. Sie importieren Kaffee aus Südamerika und stoßen mit Wodka aus Polen und Russland auf ihre Gesundheit an. Sie kaufen Möbel aus Skandinavien und den Balkanstaaten und Delikatessen vom Italiener und aus dem Asienshop. Studio-Technik und Unterhaltungselektronik stammen fast überall auf der Welt aus Japan, Hongkong oder Südkorea. Der Berliner Zoo kauft Pandabären aus China, Schanghai den Transrapid von Thyssen.

Damit man nicht eigens für jede Dose Kaviar nach Moskau und für ein einziges Versace-Outfit nach Mailand reisen muss, gibt es den Handel. Jeder kann – nicht nur im Internet, sondern quasi vor der Haustür – weltweit einkaufen. Dazu halten Kaufleute auf ihren Reisen Ausschau nach Produkten für den heimischen Markt. »Hanseatische Pfeffersäcke« und eiskalte Kalkulierer allerdings sind hier weniger gefragt: Einkäufer und Vertriebsspezialisten leben ständig zwischen den Welten und müssen in der Lage sein, überall mit den Leuten vor Ort zu kommunizieren. Das kann der Bonbonproduzent sein, der seine Süßwaren nach Vietnam exportiert, genauso wie der Textileinkäufer, der in Indien mit den Firmen vor Ort Schnitte, Materialien und Lieferfristen diskutiert. Ein Einsatzgebiet für Globetrotter, die reden und rechnen können.

Info-Box

Der Deutsche Industrie- und Handelstag veröffentlicht eine Liste mit Adressen von Außenhandelskammern, Delegierten und Repräsentanzen, auch in entlegenen Ländern wie El Salvador, Usbekistan oder Vietnam:

DIHT
Breite Str. 29
10178 Berlin
Tel.: (0 30) 20 30 80
Fax: (0 30) 2 03 08 10 00
www.diht.de

Vertriebsspezialist

Wenn Heiko Biehl im Flugzeug sitzt, schweift sein kritischer Blick zuerst zur Decke. Die Kunststoffverkleidung eines Airbusses beispielsweise besteht aus 0,8 Millimeter dickem Laminat, geklebt auf das Skelett des Fliegers. Das Material dazu produziert seine Firma. Viele Airbusse sind an Wänden und Decken mit diesem krümmbaren Kunststoff verkleidet.

Seit 1996 jettet Biehl um die Welt, besucht Messen in Oslo, Südfrankreich und den USA. Seine Aufgabe besteht darin, die Kunststoffe seiner Firma weltweit vorzustellen und zu vertreiben. Über 100 000 Reisekilometer pro Jahr sind dabei keine Seltenheit. Jeden Monat fliegt er mindestens einmal zu einer internationalen Messe von Flugzeug- oder Schiffbauern, um für seine Firma neue Kontakte und Geschäfte zu akquirieren.

Nicht immer hebt der Flieger allerdings ab, wenn Biehl an Bord ist. Viel öfter inspiziert er am Boden das Innere eines Airbusses und berät die Hersteller, wie das Innenleben attraktiver gestaltet werden könnte. Auch Kreuzfahrtschiffe, Nahverkehrszüge, Intercitys und der neue Hochgeschwindigkeitszug ICT werden von dem Pyrmonter Kunststoff-Unternehmen ausstaffiert, ebenso wie der Transrapid, der nun in China gebaut wird.

Weil Verkehrsmittel weltweit produziert werden und Biehls Firma achtzig Niederlassungen auf dem Globus hat, ist der Vertriebsspezialist ständig unterwegs. Der geborene Bamberger nutzt diese Dienstreisen auch, um sich im Land umzusehen. Er berät bei der Entwicklung eines speziellen Interieurs für skandinavische Züge und Flughäfen und präsentiert seinem Arbeitgeber in Italien einen neuen Internetauftritt. »Da kann ich schon mal 14 Tage im stillen Kämmerlein vor mich hin tüfteln, schließlich weiß ich, dass in zwei Wochen wieder eine schöne Reise auf mich wartet.«

Bevor Biehl Kunststoffberater und -verkäufer wurde, studierte er Design und arbeitete für eine Hardware-Firma. Dass er seine Entwurfsqualitäten heute nicht mehr einsetzt, stört ihn nicht. Er könne sich nach den vielen Jahren, in denen er gereist ist, immer wieder neue Menschen kennen gelernt, Geschäfte abgeschlossen und Firmen beraten hat, gar nicht mehr vorstellen, acht Stunden am Tag am Schreibtisch zu sitzen. »Man hat immer wieder neue Eindrücke, anstatt ewig über einer Zeichnung oder am Computer zu hocken.« Wahrscheinlich würde er ohne das Reisen inzwischen viel zu schnell unruhig. »Außerdem bin ich als Berater ja auch kreativ. Ein Gespräch so zu führen, dass am Ende ein Auftrag dabei rausspringt – da muss man sich schon etwas einfallen lassen«, versichert er. Neben Beratung und Vertrieb präsentiert Biehl seine Firma auf Textil-, Kunststoff- und Baumessen und entwickelt Messestände und neue Präsentationsformen.

Buchhändler im Reisebuchladen

Der Handel hält auch wahre Perlen für arbeitssuchende Globetrotter bereit. Zum Beispiel die Jobs in einem Reisebuchladen. Dort werden Sprach- und Reiseführer, Kunstbände und Reiseberichte, Land- und Wanderkarten verkauft. Dabei suchen die Kunden in den spezialisierten Buchhandlungen weniger den Strandführer für Mallorca, eher schon eine Karte von asiatischen Gebirgszügen wie Hindukusch und Karakorum oder einen Erzählband über die Seidenstraße.

In solch entlegenen Gebieten kennt Gisela Treichler sich mindestens ebenso gut aus wie in der Zürcher Altstadt. Dort ist ihr Travel Book Shop zwischen Antiquitätenläden und Weinkellern zu Hause. Sie selbst dagegen ist so recht nirgendwo daheim – oder eben überall. Sie hat mit der Schwester des Königs von Bhutan Tee getrunken, zu Fuß Afghanistan durchquert und Trekkinggruppen in die Türkei und nach China begleitet. Viele Jahre ist die geborene Fränkin durch die Welt gewandert, bevor sie ihre Leidenschaft mit ihrer Ausbildung vereinte und einen Buchladen für Reisende eröffnete.

Ihre Maxime heißt: Grenzen sind zum Überschreiten da. Damit beschreibt Treichler nicht nur ihre Passion, sondern – zu ihrem Leidwesen – auch den Zustand ihrer Buchhandlung. Bis unter die Decke des gemütlichen Ladens reichen die Regale voller Bücher. 1996 mussten nebenan Räume für die Karten, Reliefs und Globen angemietet werden. Vier Jahre später wurden auch die wieder zu eng.

Mit seinem Sortiment dürfte der Travel Book Shop die erste Adresse Europas in Sachen Reisebuchladen sein. Hier treffen sich professionelle Globetrotter und Pauschaltouristen, Geschäftsleute und Geografiestudenten, lesehungrige Sofareisende und Sportler. Ein Schwarzes Brett stellt Kontakte her, wenn das die Chefin oder ihre fünf Angestellten nicht schon erledigt haben. Was hier nicht zu erfahren oder zu erfragen ist, lohnt vermutlich nicht zu wissen.

Viele Regalmeter stehen für die einzelnen Abteilungen zur Verfügung. Da gibt es Bücher zu Themen wie Wasser und Gesundheit auf Reisen, Kochbücher mit Rezepten aus aller Welt, Kinderbücher aus Asien und Afrika, wissenschaftliche Ethnologie und internationale Architekturfotografie. Einen Stadtplan von Ouagadougou für den Filmkritiker, der das Festival des Afrikanischen Films in Burkina Faso besucht, hat Treichler genauso vorrätig wie ein Lehrbuch für Urdu (Pakistan) oder Khmer (Kambodscha). Kein Kunde geht ohne praktische Tipps der erfahrenen Globetrotterin zur Tür raus. Genauso gern hört sie den Erfahrungsberichten anderer zu, um die Ratschläge bei Bedarf weiterzureichen.

Stolz präsentiert Treichler den Nachdruck eines hundert Jahre alten Lexikons über Kolonial-Englisch und den im Selbstverlag erschienen Trekkingführer eines Österreichers, der Tipps für entlegene Täler des Himalaja gibt. Sie fördert Autoren, die Verständnis für Land und Leute entwickeln, und organisiert Lesungen. »Letzten Herbst war zum Beispiel Rüdiger Nehberg hier. Den muss ich nicht erst unterstützen, der verkauft sich von selbst.« Das ist ihr recht, da hat sie mehr Zeit, ihre Kunden auf Raritäten aufmerksam zu machen, einen Bildband über tadschikische Moscheen zum Beispiel. Bücher, die tiefer in die Materie hineinführen, findet sie »extrem beratungsbedürftig«, während bunte Reiseführer wie warme Semmeln weggehen. Auch die großformatigen Coffee-Table-Books mit exzellenten Fotos verkaufen sich gut.

Treichler ist von Reisen und Büchern fast besessen. »Du musst verrückt sein, um das gut zu machen. Der Buchhandel ist ein hartes Geschäft«, sagt sie. Als eine von wenigen Branchen unterliegt der Buchhandel der Preisbindung. Das bedeutet: Treichler kann nicht frei kalkulieren. Wenn beispielsweise die Ladenmiete steigt, muss sie mehr Bücher verkaufen oder eine ihrer Mitarbeiterinnen entlassen. Nicht fürchten muss sie dagegen die Konkurrenz der großen Ketten. Deren Auswahl ist im Vergleich zu ihrem Sortiment ziemlich gering. Auch auswärtige Buchkäufer profitieren mittlerweile vom Spezial-Know-how des Züricher Buchladens – eine nützliche Adresse im Internet für Globetrotter und Spezialisten, die verzweifelt auf der Suche nach einem Titel sind. Laut Börsenverein des Deutschen Buchhandels bieten erst rund 1 000 deutsche Buchhandlungen ihre Dienste im Internet an.

Im Laden macht Treichler alles: Bücherkartons auspacken, Bestellungen losschicken, E-Mails von auswärtigen Kunden bearbeiten, mit Verlagsvertretern die Titel der nächsten Saison besprechen. Doch der Kontakt mit den Kunden reizt sie am meisten: die richtigen Titel für einen Nepalreisenden finden, die fremdsprachigen Schätze für einen Stammkunden heraussuchen, über die letzte Tour nach Indien oder günstige Lodges auf Sumatra ratschen.

In all den Jahren hat die Buchhändlerin auch immer wieder neue Buchquellen aufgetan. »Im Reisebuchgeschäft reicht es nicht, ins Verzeichnis Lieferbarer Bücher oder ins Internet zu schauen.« Stattdessen geht sie unorthodoxe Wege, beschwatzt Freunde, ihr Bücherpakete von Reisen mitzubringen. Auch sie selbst fährt immer wieder los, »um den Kontakt nicht zu verlieren«. Mit einer kleinen Gruppe folgte sie den Spuren der *Verbotenen Reise* (so der Buchtitel), die die Genfer Autorin und Journalistin Ella Maillart 1935 durch China und die Mongolei unternahm. Bei ihr wie bei sich selbst vermutet Treichler eine seltene, chronische Krankheit: »angeborenes Fernweh«. Das können die vielen Bücher in ihrem Laden nur lindern, nicht heilen.

Der möglicherweise erste Reiseführer der Welt kam übrigens kurz vor 1800 auf den Markt: Gottfried Ebels *Anleitung auf die nützlichste und genussvollste Weise in der Schweitz zu reisen*. Der preußische Mediziner veranschlagte mindestens dreieinhalb Monate für eine Reise in die Schweiz. »Der vollste Genuss«, so Ebel, »verbindet sich einzig nur für den Fussreisenden.« Bis immerhin 1995 erschien das Bändchen mit Schwarz-Weiß-Zeichnungen bei Polyglott.

Info-Box

Travel Book Shop
Rindermarkt 20
CH-8001 Zürich
Tel.: 00 41 (1) 2 52 38 83
Fax: 00 41 (1) 2 52 38 32
www.travelbookshop.ch

Aus- und Fortbildungen für Buchhändler und Buchhändlerinnen gibt es bei den:

Schulen des Deutschen Buchhandels
Wilhelmshöher Str. 283
60389 Frankfurt/M.
Tel.: (0 69) 9 47 40 00
Fax: (069) 94 74 00 50
www.buchhandel.de/schulen

Wolfgang Ehrhardt Heinold, *Bücher und Buchhändler*, Stuttgart 2001

Betreiber eines Dritte-Welt-Ladens

Dritte-Welt-Läden funktionieren nicht wie Zeitungskioske, Plattenläden oder Kaufhäuser. Während diese aus dem Katalog und von der Stange bestellen, hängt das Sortiment eines Dritte-Welt-Ladens stark vom Engagement der Betreiber ab. Wie zum Beispiel in dem von Hans-Joachim Kruse, der ursprünglich im Rahmen seines Geografiestudiums Wüstenforschung betrieb.

Das allerdings schien ihm nicht recht geeignet zur dauerhaften Finanzierung seines Lebensunterhalts. Und natürlich seiner Reisen: Immerhin zog es ihn nach Nepal, Indien, Mexiko, Brasilien, Argentinien und Ecuador. So eröffnete Kruse den Dritte-Welt-Laden *Bahia – Hängematten und mehr.* Dieser befindet sich – wo wohl? – in Berlin-Kreuzberg.

Die Palette des Angebots reicht von der Nasenflöte, über silberne Buddhas, Trommeln, Rasseln, Figuren aus Speckstein bis hin zu Kokosnussohrringen. Eingekauft wird zu fairen Bedingungen. Davon überzeugt sich Kruse vor Ort bei seinen regelmäßigen Reisen. »Man muss einfach ab und zu mal hinfahren, um sich Neues anzusehen. Kataloge gibt es fast keine, oder nur ohne Abbildungen.« Kontaktpersonen und Freunde vor Ort erleichtern die Arbeit. »Wenn man schon ein paar Jahre mit den Leuten gedealt hat, lernt man sie richtig gut kennen und erlebt viel mehr als ein einfacher Tourist«, erzählt er.

Das Sortiment in Dritte-Welt-Läden hängt häufig von äußeren Umständen ab. Steht der Dollar in Ecuador hoch, sind die Produkte dort teuer. Auch Trends spielen eine Rolle. »Tiere aus Balsaholz, farbig bemalt, waren jahrelang der Renner. Heute fragt danach kaum noch einer«, sagt Kruse. Es sei wichtig, ein Ohr am Markt zu haben, dazu Fremdsprachenkenntnisse, Englisch und Spanisch, möglichst noch Französisch, ebenso ein Sinn fürs Kaufmännische. Das aber sei nicht überall gleich. »Wenn ich zum Beispiel zweihundert Pullover von einer Farbe angefordert habe, und die werden nicht fertig, dann schicken sie mir andere. Das ist dann gar nicht böse gemeint. Für die ist ein Pullover eben ein Pullover«, erzählt er.

Ist seine Fracht am Flughafen Tegel angekommen, chartert Kruse einen großen Wagen und karrt die Kisten nach Abwicklung der Zollformalitäten in seinen Laden. Auch Weihnachtsmarktstände werden von ihm beliefert. Viele Bestellungen und Anfragen laufen inzwischen auch in Dritte-Welt-Läden übers Internet.

Info-Box

Informationen über die Arbeit der Weltläden gibt es bei:

Weltladen-Dachverband
Hindenburgplatz 2
55118 Mainz
Tel.: (0 61 31) 6 89 07 80
Fax: (0 61 31) 6 89 07 99
www.weltlaeden.de

Dritte-Welt-Partner
Deisenfangstraße 31
88212 Ravensburg
Tel.: (07 51) 36 15 50
Fax: (07 51) 3 61 55 33
www.dwp-rv.de

Kunstimporteur

In vielen Schrankwänden stauben sie ein: der Buddha aus Indien, die Matrjoschka aus Russland oder die Fruchtbarkeitsgöttin aus Zentralafrika. Internationales Kunsthandwerk besticht in industriell gefertigten IKEA-Regalen durch Exotik und Originalität. Manchen erinnert es an aufregende Urlaube weit weg vom heimischen Herd mit Sonne, guter Laune und neuen Begegnungen.

Ludwig Bertsch hat sich der Förderung von Künstlern aus Afrika verschrieben. Er sammelt Skulpturen, Textilien und Drucke, die er von seinen Arbeitsaufenthalten im Ausland mitbringt. Bertsch ist Jesuit und hat acht Jahre die Geschicke des Missionswissenschaftlichen Instituts der Katholischen Universität Aachen geleitet. Als Gastdozent hielt er Vorträge in Indien, Indonesien, Korea, Japan und Afrika. Er reiste von Kontinent zu Kontinent, bis zu zehnmal im Jahr. »Da kann ich auf Urlaub getrost verzichten«, sagt Bertsch.

Auf das Kunsthandwerk allerdings weniger. Als Kunstliebhaber begibt sich Bertsch auch auf abgelegenere Pfade. »Was für Touristen gefertigt wird, der ganze Kitsch, das interessiert mich nicht. Ich suche nach Ursprünglichem.« Wer abenteuerlustig sei, könne die interessanteren Menschen und seltene Kunstgegenstände finden.

Bertsch unterhält Kontakte an allen katholischen Universitäten der Welt. »Durch die internationale Arbeit habe ich die Menschen mit ihren Ritualen und Traditionen kennen und schätzen gelernt«, erklärt er. Als Gastdozent in Kinshasa fährt er auch heute noch drei- bis viermal im Jahr in den Kongo. Der Kunstliebhaber interessiert sich für traditionelle, aber auch zeitgenössische Kunst der Kongolesen und Nigerianer.

Gemeinsam mit seinem Kollegen Aimé Mbutu, Antiquitätenhändler aus Kinshasa, reist Bertsch durchs Land, trifft Künstler, schaut ihnen über die Schulter und wählt Arbeiten aus. Seine besondere Sammlerleidenschaft gehört den afrikanischen Fruchtbarkeits-Skulpturen *Nzambi Holo*.

In Deutschland (und manchmal auch in Belgien) organisiert Bertsch Ausstellungen, auf denen er die Arbeiten der Künstler verkauft. Außerdem wirkt er mit an Ausstellungen wie der Art Cologne und gibt Kunstseminare: In einem Masken-Workshop mit Jugendlichen beispielsweise erfahren seine Schüler mehr über den Ursprung des Kopfschmucks und experimentieren mit ähnlichen Techniken.

Bertsch geht es nicht darum, fremde Kulturen zu plündern. »Ich will kulturelle Traditionen nach Europa transportieren. Kunst hilft, die Dinge zu verstehen, gibt uns einen Zugang zum Fremden.« Dabei bleibt es für ihn nicht beim Import der Plastiken und Malereien. Auf seine Initiative hin wird der *Kunstpreis für die Dritte Welt* verliehen, ein Förderstipendium für Künstler aus Entwicklungsländern. Drei Monate können die Afrikaner und Asiaten in Aachen leben und arbeiten. »Mit einem Deutschlandstipendium motivieren wir die Künstler und vermitteln ihnen eine Anerkennung, die sie zu Hause oft nicht bekommen«, erklärt Bertsch. Am Ende des Stipendiums wird eine Ausstellung initiiert, auf der die Künstler ihre Werke verkaufen können. Gemeinsam mit Botschaften, Künstleragenturen oder Kunstinstitutionen schreibt er den Wettbewerb aus und kümmert sich um die Stipendiaten.

Die Liebe zur Kunst, aber auch die über Jahre gewachsenen Freundschaften lassen Bertsch noch oft die Strapazen der langen Flüge auf sich nehmen – obwohl er schon über siebzig ist. »Ich habe noch lange nicht genug gesehen«, nennt er als weiteren Grund.

Info-Box

Auf Kunsthandwerk-Import aus der Dritten Welt (Afrika, Mexiko, Südamerika, Asien) ist spezialisiert:

El Puente
Osterstraße 10
31134 Hildesheim
Tel.: (0 51 21) 3 77 45
Fax: (0 51 21) 3 77 45
www.el-puente.de

Mitarbeiter im Fairen Handel

Reisen bildet, sagt man. Reisen inspiriert, denkt man, wenn Günter Faltin, Wirtschaftspädagoge aus Berlin und Initiator der Teekampagne, über sein neuestes Projekt erzählt: *The Water-hyacinth Chair.* »Durch Zufall fand ich den Sessel. Das schöne Stück stand im Studio der thailändischen Designerin Khun Tük.« Diese war auf den seidigen Glanz der Fasern aufmerksam geworden, der entsteht, wenn man Wasserhyazinthen durch die Mangel dreht. Aus dem Unkraut, das in tropischen Ländern in Flüssen und Seen wuchert, entwarf sie eine Art Rattanstuhl.

Auf der EXPO 2000 konnte man zum ersten Mal das Möbel bewundern. Seither gibt es eine »Riesennachfrage«, so Sabine Babendererde von der Berliner ProjektWerkstatt. Ihr Kollege Faltin allerdings gibt zu bedenken, dass es von der Idee bis zur erfolgreichen Vermarktung Jahre dauern kann. Bekannt geworden sind er und seine ProjektWerkstatt durch die Teekampagne.

Die Idee ist einfach: Die ProjektWerkstatt ordert Spitzentee aus dem Himalaja, den berühmten Darjeeling aus der gleichnamigen indischen Provinz, und zahlt an die dortige Produzentenvereinigung. In Deutschland wird dieser Tee günstig an die Verbraucher verkauft. Die Lagerhaltung allerdings müssen die Teetrinker selbst übernehmen – Teekampagnen-Darjeeling gibt es nur in Großpackungen zu 250 oder 1 000 Gramm.

Im Schnitt bekommen die Erzeuger in den Entwicklungsländern für ihre Rohstoffe nur ein Zehntel des Preises, den die europäischen Kunden im Laden zahlen. Die Gründe sind unter anderem die Verpackungskosten und umständliche Vertriebswege. Das wiederum führt dazu, dass auch billige Imitationen auf den Markt gelangen.

Die Teekampagne dagegen verkauft ausschließlich echten Darjeeling. Obwohl die Provinz Darjeeling jährlich nur 10 000 Tonnen Tee exportiert, schätzt die offizielle indische Teebehörde, dass weltweit etwa 40 000 Tonnen in den Handel gehen. Die Fälschungen schaden dem Image – und den Preisen. Die Einnahmen der ganzen Region leiden darunter, vom Pflanzer bis zum Teepflücker. »Man muss die Fälscher vom Markt vertreiben«, sagt Faltin, »damit die Inder besser verdienen.«

Auch wenn er zu Beginn als Spinner verlacht wurde, ist seine Teekampagne inzwischen zum größten Teeversandhaus der Bundesrepublik gewachsen. »Die Fantasielosen beherrschen das Feld«, schildert er seinen Eindruck vom Rest der Wirtschaft. Und der Erfolg gibt ihm bisher Recht: 17 Mitarbeiter beschäftigt die Teekampagne, weitere Produkte kommen hinzu wie zum Beispiel der Sessel aus Wasserhyazinthen.

Zentrale Überlegung des Fairen Handels ist die langfristige und respektvolle Zusammenarbeit der europäischen Projekte mit den Produzenten in Afrika, Asien und Lateinamerika. Bei der Teekampagne profitieren beide Seiten von dem Geschäft, Teefarmer und Teetrinker gleichermaßen. »Nicht Alternativen zum Markt, sondern Alternativen im Markt«, lautet Faltins Devise.

Das ist ein eher unüblicher Ansatz: Initiativen wie FairTrade in Wuppertal oder TransFair in Köln sehen leicht angehobene Preise für ihre Produkte vor. Neben dem umweltverträglichen Anbau von Kaffee, Kakao und Tee dient der Preisaufschlag der Entwicklung des ländlichen Raums.

Auch andere Initiativen halten persönlichen Kontakt mit den Partnern in der Dritten Welt. Gerd Nickoleit aus Berlin beispielsweise fuhr nach Ghana, um dort die Arbeitsweise der *Kuapa Ko-*

koo Union zu überprüfen. *Kuapa Kokoo* bedeutet so viel wie *Guter Kakaobauer*; die Vereinigung umfasst etwa 35 000 Kleinbauern in über 450 Kooperativen.[28] Nickoleit schildert, wie kompliziert der Fair Trade in manchen Staaten werden kann:»Noch laufen unsere Bestellungen über den Schokoladenhersteller Weinrich in Herford, der sie über einen Verarbeiter und die holländische Importfirma Daarhouwer an die staatliche ghanaische Exportfirma weiterleitet, an die Kuapa Kokoo ihre Kakaobohnen verkaufen muss.« Deshalb ist es so wichtig, an Ort und Stelle zu überprüfen, ob die Prämien für Entwicklungsprojekte auch bei den Bauern ankommen.

Von der ghanaischen *Kuapa Kokoo* bezieht auch die internationale Kosmetikfirma *The Body Shop* ihren Rohstoff Kakaobutter als Grundlage für Körperlotionen oder Feuchtigkeitscremes. Anita Roddick, Gründerin der Kosmetikkette und mittlerweile eine der reichsten Frauen Großbritanniens, hatte die Kakaobutter als Kosmetikum auf ihren zahlreichen Trips durch die Welt kennen gelernt. Die ausgebildete Lehrerin verbrachte unter anderem lange Zeit in der Südsee.»Wenn man anders lebt, ändert sich nicht nur das Verhalten, sondern auch die Werte«, sagt sie. Als Beispiel nennt Roddick die Kakaobutter, die sie schätzen lernte, als sie ein halbes Jahr mit Polynesiern lebte,»die ihren Körper damit einreiben und toll aussehen«. Auf ihren Reisen durch Australien, etliche pazifische Inseln und Südafrika entwickelte Roddick ein Interesse für Anthropologie, das sie in der Philosophie ihrer Kosmetik bewahrt hat. Von Anfang an – das war 1976 – hat sie selbst hergestellte Naturkosmetik ohne Tierversuche angeboten, Umweltschutzorganisationen wie *Rettet die Wale* oder Greenpeace unterstützt und auf unnötige Verpackungen verzichtet. Dass sie ihre ersten Produkte in recycelbaren Urinprobefläschchen verkaufte, ist auf ihren Geldmangel zurückzuführen – und ihr kein bisschen peinlich.

Seit Ende der achtziger Jahre fühlt sich das Unternehmen dem Programm *Hilfe durch Handel* verpflichtet. So erkundet Roddick Preise für Produkte wie Jutesäcke zunächst in England. Dann vergibt sie den Auftrag nach Asien, zahlt den dortigen Lieferanten aber den in England kalkulierten Preis, ein Vielfaches dessen, was die Menschen dort erwarten. Zum Programm von *The Body Shop* gehört es auch, Initiativgruppen als Lieferanten zu gewinnen und zu unterstützen, darunter Frauengruppen, Stammesräte oder landwirtschaftliche Kooperativen, die beispielsweise mit vorfinanzierten Lieferfahrzeugen unterstützt werden. Roddick hat es geschafft, Profit mit Prinzipien zu verbinden. Ihr Motto:»Wenn du glaubst, du bist zu klein und unbedeutend, etwas zu bewirken – versuch doch mal, mit einer Mücke im Zimmer zu schlafen!«[29]

Info-Box

Initiativen bzw. Unternehmen, die freien Handel betreiben, sind:

ProjektWerkstatt
Niedstr. 28
12159 Berlin
Tel.: (0 30) 85 95 61 20
Fax: (0 30) 85 95 61 22
www.teekampagne.de

Fair Trade
Gewerbepark Wagner/Bruch 4
42279 Wuppertal
Tel.: (02 02) 6 48 92 21
Fax: (02 02) 6 48 92 35
www.fairtrade.de

TransFair
Remigiusstr. 21
50937 Köln
Tel.: (02 21) 94 20 40-0
Fax: (02 21) 94 20 40-40
www.transfair.org

Gesellschaft zur Förderung der
Partnerschaft mit der Dritten Welt
Verlängerte Waldowstraße 43a
10318 Berlin
Tel.: (0 30) 5 08 76 65
Fax: (0 30) 5 08 76 69
www.gepa3.de

The Body Shop, Head Office
Watersmead
GB-Littlehampton BN17 6LS
Tel.: 00 44 (19 03) 73 15 00
Fax: 00 44 (19 03) 72 62 50
www.bodyshop.com

Verkäufer von Globetrotter-Ausrüstungen

Es gibt Dinge, die kommen einem zum Thema Weltenbummler garantiert nicht in den Sinn: Einfamilienhäuser zum Beispiel, Omas

Familienporzellan oder das Silberbesteck in der Kommode. Und es gibt Bildern hinter denen das Fernweh lauert. In der Würzburger Innenstadt zwischen Marktplatz und Dom wartet ein solcher Anblick: Hinter Glasscheiben locken Rücksäcke, Wanderstiefel, Bergseile und Kletterhaken, Norwegerpullis und Zelte. Rucksackreisende, Trekking-Fans, Bergsteiger oder auch nur Wochenendausflügler, die in die Rhön wollen, kommen in das *Basislager,* ein Spezialgeschäft für Ausrüstungen und Ausgangspunkt für Outdoor-Aktivitäten.

Innen riecht es nach bevorstehenden Abenteuern. Zwischen Jacken, Pullovern, Moskitonetzen, Ultra-leicht-Zelten, aufsetzbaren Höhlenforscher-Lampen, Erste-Hilfe-Paketen und vielen anderen – zum Teil schwer identifizierbaren – Utensilien schwirren Sätze durch den Raum wie: »Nur sechs Wochen Neuseeland? Na ja, das ist schon wenig, haben Sie nicht ein bisschen mehr Zeit?«, oder »Bei Ihrer Körpergröße darf es kein größeres Modell sein, wenn Sie meinen, das reicht Ihnen nicht, kommen Sie mal her mit Ihrem Gepäck. Ich pack's Ihnen ein.«

In jeder Ecke des Ladens laufen Verkaufsgespräche: Da wird ein Fleecefutter in die Jacke eingepasst, dort geht es um eine Seilausrüstung fürs Bergsteigen. Wieder anderswo wird das Gewicht von Zweimannzelten diskutiert und im Untergeschoss des 180 Quadratmeter-Ladens liegt gerade ein Kunde zur Probe im Schlafsack und möchte am liebsten nicht mehr herauskommen.

Auch Winfried Mahler ist in ein Gespräch vertieft, am Telefon erklärt er einem Kunden, weshalb sein Laden nach langwieriger Beratung wohl kaum den gleichen Rabatt geben kann wie Großhändler und Katalog-Lieferanten. Manche Kunden lassen sich ausführlich beraten, verlassen das Geschäft mit einem »Besten Dank, aber ...« und bestellen das Produkt aus dem Katalog.

Dabei profitiert der Kunde von der zeitintensiven Beratung im *Basislager.* Einen einzigen Rucksack zu verkaufen, kann einen der fünf festen und sechs freien Mitarbeiter ohne weiteres eine Stunde Beratung kosten. Aber es zahlt sich aus, das weiß Mahler nach über zwanzig Jahren im Geschäft. Denn er verlässt sich einzig auf Mundpropaganda. »Wir machen ja schon seit Jahren keine Werbung mehr in Zeitschriften«, so der Outdoor-Berater. Trotzdem erstreckt sich der Kundeneinzugsbereich bis weit über Würzburg hinaus.

Mahler ist dabei nicht einmal der typische Globetrotter. Auch wenn ihn in Zeiten von Stress und Überlastung die Wanderlust packt und seine Frau ihn vor die Tür setzt mit: »Mann, jetzt pack deinen Rucksack und geh weg«, blieb es doch meistens bei den Wochenendtrips in heimischen Gefilden. Was keineswegs heißt, dass ihn nicht auch die Ferne reizt. Derzeit träumt er vom Baikalsee und von seinen treuen Kunden, die ihm jährlich einen Schuhkarton voll exotischer Ansichtskarten bescheren. »Da sind die so gemein und schicken auch noch Karten.«

Der wahre Globetrotter im Geschäft aber ist ein anderer: Rainer Körber, der mit seinen Erfahrungen und seinem Wissensschatz »wie ein kleiner Magnet« auf Kunden wirkt. »Wenn es um fremde Länder geht, da ist es, als ob eine Leinwand vor seinem inneren Auge herunterfährt, und – klick – kann er dir jeden Baum und jeden Strauch beschreiben, der am Wegrand wächst.«

Körber hat eigentlich eine ganz andere Ausbildung: Er ist Werkzeugmacher von Beruf, Weltenbummler jedoch aus Berufung. So hat er sich sämtliches Wissen für den Verkauf im »Basislager« während seiner Streifzüge durch die Ausrüster-Angebote in Deutschland und den USA angeeignet.

Angefangen hat Körber 1997, als alle anderen Arbeitgeber nur noch skeptisch auf die vielen Lücken in seinem Lebenslauf schauten. Was er da gemacht habe, wollten sie regelmäßig wissen und waren von den vielen Reisen und Ländernamen nur mäßig begeistert. »Manche waren auch einfach eifersüchtig«, meint er.

Das allerdings kann man auch werden bei solchen Aufzählungen: Neuseeland, Grönland, Kanada, USA, Südsee, Korsika, Australien, ..., und immer waren es Wochen, Monate, auch einmal ein ganzes Jahr, die Körber zu Fuß, per Fahrrad oder zu Wasser unterwegs war, in der Taiga und Tundra, an Küsten, in Regenwäldern, manchmal in kleinen Gruppen, meistens aber völlig allein.

Für die Arbeit im *Basislager* ist er mit seinen Erfahrungen geradezu prädestiniert. Qualität ist für ihn Ehrensache. »Wenn ich etwas empfehle, dann gebe ich mein Wort dafür.« Dabei gibt es *den* ultimativen Schlafsack oder *die* perfekte Jacke nie. »Es gibt nur für den jeweiligen Kunden am jeweiligen Zielort für den jeweiligen Zweck und Einsatz das Optimale.« Und damit wird bereits der Verkauf eines Schlafsacks zum Kunststück. Schließlich gibt es dicke und dünne Menschen, hohe oder niedrige Luftfeuchtigkeit, kalte oder warme Gefilde und zu guter Letzt viele verschiedene individuelle Schlafstellungen. Deshalb muss jeder Kunde Probe liegen. »Neun von zehn Frauen«, weiß Körber, »schlafen Seitenlage links, Arme und Beine angewinkelt. Anders ein Mann – den kann ich ausgestreckt in den Schlafsack legen und so bleibt er dann.«

Nicht in jedem Verkaufsgespräch allerdings hat Körber die Gelegenheit, die Fülle an Erfahrungen und Wissen anzubringen. Denn für den Standardkunden im Traveller-Laden ist der Weltenbummler »eigentlich schon zu weit. Ich bewege mich ja in einer ganz anderen Sphäre als normale Rucksackreisende«, meint er. Wo sich beispielsweise der Kunde Gedanken macht um 100 Gramm mehr oder weniger beim Gewicht eines Schlafsacks, zuckt Körber nur mit den Achseln. »100 Gramm«, sagt er, »das ist eine Tafel Schokolade«. Und wirklich effizient Gewicht sparen, das kann man sinnvollerweise nur beim Essen. Er selbst lebt auf seinen Touren von Leichtgewichtkost: morgens Müsli, tagsüber Studentenfutter und abends Reis mit getrocknetem Gemüse. Auch die Hauptsorge mancher Kunden, zu viel Geld auszugeben, spielt für ihn eine untergeordnete Rolle: »Mit einem 100-Mark-Schein kann ich mich schließlich nicht zudecken.«

Das Problem sei, so Körber, dass die Menschen verlernt hätten, sich aufs Wesentliche zu konzentrieren. Möglichst viel möglichst schnell, lautet heute die Devise und natürlich will keiner viel Geld in eine Bergsteigerausrüstung investieren, wenn die geplante Alpenwoche in seinem Leben vermutlich der einzige Kontakt mit Gebirgsgestein bleiben wird. Was wirklich intensives Erleben sei, das wüssten viele Menschen gar nicht mehr, meint Körber. Sich zum Beispiel zehn Tage lang jeden Abend über Stunden hinweg die gleiche Vulkanspitze anzuschauen und das Spiel von Licht und Schatten im Sonnenuntergang zu beobachten, wer würde so etwas noch machen? Er schon – das versteht sich von selbst.

Info-Box

Basislager
Martinstr. 2
97070 Würzburg
Tel.: (0931) 16185
Fax: (0931) 56189

Die größte Outdoorkette:

Globetrotter
Bargkoppelstieg 12
22145 Hamburg
Tel.: (040) 67966179
Fax: (040) 67966186
www.globetrotter.de

Die großen Hersteller der Trekkingbranche sind:

The North Face
2013 Farallon Dr.
USA-San Leandro, CA 94577
Tel.: 001-510-6183500
Fax: 001-510-6183532
www.northface.com

Jack Wolfskin
Limburger Str. 38-40
65510 Idstein
Tel.: (06126) 9540
Fax: (06126) 954159
www.wolfskin.de

Weitere Jobs für Globetrotter im internationalen Handel

Einkauf Textilbranche

Besonders international sind die Einkaufsjobs der Textilbranche. Wer beispielsweise als Junioreinkäufer oder Assistent bei einem Versandhaus beginnt, lässt sich von der Mode in Paris, Mailand, Amsterdam und New York inspirieren, feilt zusammen mit türkischen Designern an neuen Modellen und fährt nach Indien, Singapur, China, Taiwan und Vietnam, um mit den Produzenten vor Ort zu verhandeln.

Info-Box

Informationen zur Ausbildung gibt:

Staatliche Textilfachschule
Kulmbacher Str. 76
95213 Münchberg
Tel.: (0 92 51) 99 32 62
Fax: (0 92 51) 99 32 11
www.textilfachschule.de

Mitbringsel-Service

Die Deutschen stehen auf Kitsch. Indische Spülbürsten, Heiligen-
kerzen aus dem Vatikan und original marokkanischer Plastiknip-
pes: Geschichten darüber, wer wo was ergattert hat, stehen schnell
im Mittelpunkt einer Party. Wer es nicht geschafft hat, selbst ein-
zukaufen, wer zu wenig Platz im Koffer hatte oder wem die Blicke
der Zöllner zu peinlich gewesen wären, für den gibt es Versand-
häuser und entsprechende Boutiquen. Auch Eier-Einkaufskörb-
chen aus Bulgarien, die Limonenpresse aus einer Strandbar in
Acapulco oder ein saugnapfbewehrter Seifenhalter aus der Ukraine sind im Angebot. Außerdem werden Filmausstatter und Designer bedient.[30]

Offroadmobile

Für die Touren durch unwegsame Gelände, beispielsweise in Ge-
birgsketten, müssen Offroadtrucks und Wohnmobile umgerüstet
werden. Die Basisautos dazu kommen aus Indien, müssen gemäß
den europäischen Bestimmungen umgebaut und den Bedürfnissen
der Touren angepasst werden.

Delikatessen

Eine Skurrilität zum Schluss: Hühnerfüße gelten in China als De-
likatesse. Was Touristen schüttelt oder amüsiert, sah der brasilia-
nische Banker Sergio Rial mit offenen Augen und wachem Geist.

Brasilien nämlich gehört zu den weltweit führenden Hühnerproduzenten, die Füße aber fliegen dort auf den Müll. Also exportiert Rial nun Hühnerfüße en masse nach China.

8.

Verkehr

»Unser Wesen ist Bewegung, die völlige Ruhe der Tod«, so der französische Philosoph und Mathematiker Blaise Pascal. Um Essen und Trinken zu beschaffen, aber auch um soziale Kontakte zu pflegen oder sein Umfeld zu erkunden, bewegt sich der Mensch auf zwei Beinen durch die Welt.

Doch damit allein kommt er nicht sehr weit. Um sich fortzubewegen, Handel zu treiben und Krieg zu führen wurden schon in früher Zeit Schiffe gebaut. Bereits die alten Ägypter transportierten um 3000 vor Christus Getreide und Vieh über den Nil. Als erstes großes Seefahrervolk gelten die Phönizier, die schon 500 vor Christus den afrikanischen Kontinent umsegelten.

Bis ins Mittelalter hinein blieb es allerdings weitgehend bei der Küstenschifffahrt. Es gab keine Navigation, der Kompass war noch nicht verbreitet. Erst mit dem technischen und wissenschaftlichen Fortschritt fuhren die Schiffe in der zweiten Hälfte des 15. Jahrhunderts hinaus aufs Meer. Gold, Seide und Gewürze lockten die Europäer Richtung Osten. Oder Westen: Auf seiner Suche nach Indien entdeckte Kolumbus 1492 Amerika. Die Neuzeit hatte begonnen.

Zu Land würde in dieser Zeit überwiegend auf dem Pferderücken und in Wagen transportiert. Der Verkehr auf Rädern krankte jedoch am schlechten oder gar fehlenden Straßennetz. Zur Zeit der beginnenden Industrialisierung wurden aus den Bergwerkfahrzeugen die ersten Eisenbahnen entwickelt.

1804 fuhr in England die erste Dampflok, später auch in Deutschland und Frankreich. Als Massenverkehrsmittel bekam die Schiene erst nach dem Zweiten Weltkrieg Konkurrenz: Autos versprachen individuelle Mobilität für jedermann zu jeder Zeit. Später wurde auch das Fliegen erschwinglich.

Doch Verkehr bedeutet heute nicht einfach, dass ein Globetrotter schneller, bequemer oder billiger von A nach B gelangt. Von der Leistungsfähigkeit des Verkehrs hängt die wirtschaftliche Entwicklung einer ganzen Region ab. Überall auf der Welt werden daher Straßen und Flughäfen gebaut. Jüngste Beispiele: der neue Hongkonger Flughafen (Ende des letzten Jahrhunderts die größte Baustelle der Welt), Berlin und Athen.

Das Bundesministerium für Verkehr, Bau- und Wohnungswesen geht davon aus, dass der Personenverkehr bis 2015 um 20 Prozent zunehmen wird, der Güterverkehr um 60 Prozent. Allein für den Ausbau des Schienennetzes wurden im Jahr 2001 von der Bundesregierung eine Milliarde Euro zur Verfügung gestellt.[31]

Kein Wunder also, dass der Verkehr ein weites Betätigungsfeld für professionelle Globetrotter bietet. Dazu gehören Jobs in Speditionen, Reisebusunternehmen und bei der Bahn ebenso wie bei Reedereien und Fluggesellschaften. Die Deutsche Lufthansa mit ihren rund 70 000 Mitarbeitern sucht Leute, die sich durch Kontaktfreude, Serviceorientierung und Diplomatie auszeichnen. Marketing, Controlling, EDV, internationale Logistik, Flugzeugtechnik, Service und natürlich Cockpit und Kabine sind die Haupttätigkeitsfelder für zukünftiger Airliner.

Also dann: Take off!

Flugbegleiter

Stewards und Stewardessen sind nicht in erster Linie für das Verteilen von Saftbechern zuständig, sondern für die Sicherheit an Bord. »Früher gab es die Vorstellung, Stewardessen müssten vor allem hübsch, jung und schlank sein. Aber je mehr Wert eine Airline auf Sicherheit legt, desto mehr geht es um Kompetenz und nicht um Aussehen«, erklärt Lucia Vento, Stewardess bei Lufthansa Cityline. Trotzdem lernen die Männer in der etwa zehnwöchigen Ausbildung, dass eine Rasur vor dem Flug bei den Gästen gut ankommt, und die Frauen, wie sie mit einem vorteilhaften Make-up ihren Typ betonen. Ein gepflegtes Äußeres steht auf jeden Fall im Vertrag.

Damit die Airliner lernen, sich auch auf fremdem Terrain zu benehmen, gehört zur Ausbildung ein Auslandsknigge-Kurs:»Ein Flugbegleiter ist jeden Tag Ausländer und muss wissen, wie er wo zurechtkommt. Man lebt immer international und wird einfach sehr weltoffen«, sagt Sven Führmann aus Frankfurt am Main, der ausschließlich Langstrecke fliegt. Seine Lieblingsdestinationen: Buenos Aires, Los Angeles und San Francisco.»An der Westküste habe ich inzwischen Freunde und Bekannte und sogar Discountkarten von ein paar Supermärkten«, erzählt er. Wenn einer der Amerikaner Geburtstag hat, lässt Führmann sich entsprechend zum Dienst einteilen und fliegt am Tag davor hin und am Tag danach wieder zurück. »Das ist, wie wenn man ein weiteres kleines Zuhause hat.«

Flugbegleiter fliegen kontinental oder interkontinental. Während der eine heute von Hamburg nach Zürich fliegt, danach in Turin landet und die Nacht dort verbringt, stehen bei dem anderen ein Flug nach Rio de Janeiro mit zweitägigem Aufenthalt auf dem Dienstplan – mit anschließendem Flug nach São Paulo und zurück. Danach hat man fünf Tage frei.»Natürlich bin ich nach einem so langen Flug völlig k.o. Dafür liege ich aber auch regelmäßig im Winter am Strand oder am Hotelpool in der Sonne«, sagt Führmann.

Doch in den Stunden vor dem Abflug dürfen die Flugbegleiter keine übermäßig langen Sonnenbäder nehmen, keinen Alkohol trinken und nicht tauchen.»Die Arbeit an Bord ist unglaublich anstrengend, die körperliche Belastung viermal so hoch wie am Boden. Mit Sonnenstich und Kater ist das nicht zu machen«, erklärt Vento von Lufthansa Cityline.

Früher, als noch nicht so viel Service an Bord geboten wurde, konnte man als Flugbegleiter eher schon mal eine ruhige Kugel zwischen Start und Landung schieben. Heute aber, wo die Fluggesellschaften mit Sekt und Süßigkeiten um die Kunden buhlen, haben die Stewards und Stewardessen alle Hände voll zu tun.»Bei kurzen Strecken, wie die 35 Minuten von Frankfurt nach Basel, ist die Zeit für den Service extrem kurz. Wenn ich den letzten Kaffee ausgeschenkt habe, setzen wir zur Landung an«, erklärt Vento.

Der Arbeitstag der Stewardess und gelernten Hotelfachfrau beginnt, wenn andere aus der Disco kommen. Um 3.30 Uhr morgens aufzustehen ist keine Seltenheit. »Von da an läuft alles nach Uhr. Ich ziehe meine Uniform an, fahre zum Flughafen und treffe mich dort eine Stunde vor Abflug mit der Crew.« Interkontinentale Langstreckenflüge allerdings starten oft später: Japan zum Beispiel wird von Lufthansa mittags angeflogen, nach Bangkok geht ein Nachtflug.

In den Briefing-Rooms der Flight-Operation-Center treffen sich der Kapitän, ein bis zwei Copiloten und die Kabine, in einem Jumbo beispielsweise 16 Flugbegleiter. »Man hat alle paar Tage mit anderen Leuten zu tun. Selbst wenn man jahrelang in der Firma arbeitet, sieht man immer wieder neue Gesichter«, so Vento. Vor dem Flug gibt es Infos zum Wetter und »inflight information«: Wie viele Passagiere fliegen mit? Gibt es ein »Preboarding«, beispielsweise von Prominenten oder Behinderten, die einen besonderen Transportservice nutzen? Ist eine Armlehne oder eine Kaffeemaschine nicht mehr rechtzeitig repariert worden? Bringt jemand ein Tier oder diplomatisches Gepäck mit an Bord? Außerdem werden die Aufgabenverteilung in Notfallsituationen und Probleme vergangener Flüge, beispielsweise ein blockiertes Fahrwerk, besprochen.

Dann bringt der Bus die Crew zur Maschine. Dort überprüfen die Stewards und Stewardessen die Sicherheitsausrüstung und die Essensbeladung. Die Flugbegleiter gehen sicherheitsrelevante Fragen für sich durch: Auf welchem Flugzeugmuster bin ich? Wo sind die Notausgänge und an welchem sitze ich? Wie werden die Ausgänge geöffnet? Wenn alles in Ordnung ist, beginnt die Vorbereitung: Kaffee wird gebrüht, Milch, Zucker, Wasser und Orangensaft bereitgestellt und Zeitungen ausgelegt.

Dann kommen die Passagiere, die von den Flugbegleitern begrüßt werden. »Wenn jemand zu großes Handgepäck hat, ist das eine Verletzungsgefahr, die viele Leute überhaupt nicht sehen. Wir verstauen das dann oder geben es in den Laderaum.« Die Stewards überprüfen außerdem, ob die Passagiere angeschnallt und Tische und Rückenlehnen hochgestellt sind. Bei Flügen übers Wasser müssen die Schwimmwesten erklärt werden, beim Flug ab einer bestimmten Höhe – vor allem über Gebirge – die Sauerstoffmasken. Um im Notfall schnell reagieren zu können, erhalten die Flugbegleiter einmal im Jahr einen Auffrischungskurs für die Kommandos. »Man muss mit seinem Werkzeug vertraut sein: Feuerlöscher, Erste-Hilfe-Kasten, gegebenenfalls eine Notrutsche, die als Schwimmfloß dienen kann«, so Vento.

Auf den Langstrecken halten die Flugbegleiter zwischen den Mahlzeiten Getränke bereit. Oft kommen Gäste in die Küche, um sich zu unterhalten. »Die fragen viel nach dem Angebot an Bord, aber auch nach der Fluggesellschaft oder unserer Arbeit. Schließlich wollen die Gäste auf dem langen Flug auch mal reden«, sagt Führmann. Das mache Spaß und halte wach: »Vor einem langen Flug denke ich oft: ›Das schaffe ich nie.‹, aber dann ist die Crew nett und es gibt immer Action mit den Gästen, und dann freue ich mich schon auf die Sonne.« In der First Class hat er schon Hons (von *Honoraries*) wie Kai Pflaume, Steffi Graf, Andre Agassi, Uschi Glas, Reinhold Beckmann und sogar Michael Jackson bedient.

Jeder schwere Unfall zieht neue Sicherheitsvorschriften nach sich. Eine Blackbox zeichnet sämtliche Gespräche im Cockpit auf. Dabei wurde auch festgestellt, dass manche Probleme durch mangelhafte Kommunikation entstehen. »Die Sicherheit an Bord hängt vom ganzen Team ab. Ein Einzelner kann nie alles im Auge behalten. Der Kapitän kann nicht sehen, ob es hinten in der Kabine kokelt, weil es einen Kabelbrand gibt oder weil jemand auf der Toilette geraucht hat«, so Vento. Crew Ressource Management, das Fördern nicht nur der Fähigkeit des Einzelnen, sondern auch des Kommunikationsflusses untereinander, wird daher bei den Airlines groß geschrieben.

Das Arbeiten über den Wolken eignet sich auch für Sozialstudien. »Es ist immer interessant zu beobachten, wie sich Leute auf engem Raum benehmen«, beschreibt Vento ihre Arbeit. Mit den Passagieren könne es auch anstrengend werden. Daher sei das Wichtigste für den Job eine positive Grundeinstellung. »Und wenn es noch so stressig ist: Mir würde echt was fehlen, wenn ich nicht mehr erklären dürfte, wo die Notausgänge sind«, sagt Vento und schiebt hinterher: »Immerhin sehe ich jeden Tag mindestens einmal die Sonne.« Trotz allem ist ihr Hobby immer noch das Reisen. Nach dem ersten Mal Hongkong hatte es sie gepackt. Ihre Urlaube verbringt sie in China, Nepal, Tibet, Taiwan und Australien, aber auch in Nord- und Südamerika. Und in Italien und England hat sie zeitweise gewohnt.

Für viele Flugbegleiter ist das Fliegen ein Lebensstil. »Immer nur am Boden zu sein, das kann ich mir gar nicht mehr vorstellen. Fliegen ist etwas ganz anderes als ein Bürojob. Man ist nicht so eingebunden in eine feste Struktur«, sagt Vento. Durch die ständig wechselnden Kollegen wird Mobbing so gut wie unmöglich. Flugbegleiter haben viel freie Zeit zur eigenen Gestaltung, sie müssen selten Überstunden machen und nicht betteln, um mal früher nach Hause zu gehen. Ein echtes Plus für Globetrotter sind außerdem die verbilligten Flugtickets. Möglicherweise einer der Gründe, warum Stewardess in einer Allensbach-Umfrage immer noch als Traumberuf gilt.[32]

Die Flugbegleitung ist ein Beruf für Leute, die keine Schwierigkeiten mit der Anpassung an sich ständig ändernde äußere Umstände haben. Klima- und Zeitzonenwechsel setzen körperliche Fitness und Belastbarkeit voraus. Platz- und Flugangst sind hier naturgemäß fehl am Platz. Zusätzlich müssen Stewardessen sich je nach Einsatzgebiet impfen lassen und Malariaprophylaxe nehmen. Als Flugbegleiter kann man auch saisonweise oder Teilzeit arbeiten. »Für eine Mutter kann das ziemlich toll sein, immer mal wieder ein paar Tage Abstand von der Familie zu gewinnen und Zeit für sich selbst zu haben«, erklärt Vento. Außerdem ist die Flugbegleitung ein guter Quereinstieg in die Tourismusbranche. Für deutschsprachiges Flugpersonal kommen unter anderem Lufthansa, Lufthansa Cityline, die Deutsche BA, Lauda Air, Condor und LTU als Arbeitgeber infrage.

Interview

Korinna Fehrenbacher war selbst Flugbegleiterin und arbeitet heute in der Presseabteilung der Fluggesellschaft Deutsche BA in München.

Frage: Stewardess gilt immer noch als Traumberuf. Wer hat eine Chance, bei der Deutschen BA anzufangen?

Fehrenbacher: Wer sich bewirbt, sollte mindestens 19 Jahre alt sein und einen uneingeschränkt gültigen Reisepass haben. Er oder sie sollte sehr gut Deutsch und Englisch sprechen und mindestens 1,57 Meter groß sein, um an die Gepäckablage reichen zu können. Stewardessen müssen schwimmen können und dürfen nicht allzu schlechte Augen haben. Als Schulabschluss kommen Abitur und Mittlere Reife oder eine abgeschlossene Berufsausbildung, gerne aus der Hotellerie oder aus einem sozialen Bereich, infrage. Weiterhin sollte eine Flugbegleiterin nicht mehr als 55 Minuten vom Flughafen entfernt wohnen und örtlich flexibel sein. Eine Altersgrenze nach oben gibt es nicht.

Frage: Welche persönlichen Eigenschaften sollte ein Flugbegleiter mitbringen?

Fehrenbacher: Flugbegleiter müssen vor allem physisch und psychisch belastbar sein und auch mit schwierigen Gästen umgehen können. Teamfähigkeit bedeutet, dass man Feedback geben, aber auch annehmen kann. Schließlich arbeitet die Crew auf engem Raum zusammen und jeder wird ständig beobachtet. Man muss improvisieren und sich schnell auf neue Situationen einstellen können. Ein gesundes und gepflegtes Äußeres ist selbstverständlich.

Frage: Was muss man bei der Bewerbung beachten?

Fehrenbacher: Bei der Deutschen BA kann man sich für die Standorte Berlin, Düsseldorf, Köln und München bewerben. Die Bewerbung sollte aus einem tabellarischen Lebenslauf, einem Porträt- und einem Ganzkörperfoto und natürlich den Abschlusszeugnissen bestehen.

Frage: Ihr persönlicher Tipp für Leute, die sich für die Flugbegleitung interessieren?

Fehrenbacher: Die Flugbegleitung ist ein aufregender, aber auch extrem anstrengender Job. Dazu muss man körperlich und geistig fit sein, also Sport treiben, ein offenes Wesen besitzen und wirklich gerne mit Menschen arbeiten. Wer schnell von anderen genervt ist, hat hier nichts verloren.

Info-Box

Informationen gibt es bei:
Unabhängige Flugbegleiterorganisation
Nordendstr. 24
64546 Walldorf
Tel.: (0 61 05) 9 71 30
Fax: (0 61 05) 97 13 49
www.UFO-online.com

Große Fluggesellschaften:

Deutsche Lufthansa
60546 Frankfurt/M.
Tel.: (0 69) 69 60
Fax: (0 69) 6 96 30 02
www.lufthansa.com

Deutsche BA
Wartungsallee 13
85356 München Flughafen
Tel.: (0 89) 97 59 15 00
Fax: (0 89) 97 59 15 03
www.british-airways.com

Kapitän

Seemann ist ein Beruf für echte Kerle. Auf den Frachtschiffen zwischen Eismeer und Äquator arbeiten Decksleute, Bootsmänner, Offiziere und Kapitäne. Und auch unter den Hafenarbeitern findet sich kaum eine Frau. Allenfalls die Kapitänsgattin taucht mal an einem Hafenwochenende auf.

Doch es gibt inzwischen auch Frauen, die an Deck ihren Mann stehen. So zum Beispiel Beate Stelzer. Bis sie 35 war, arbeitete die gebürtige Hannoveranerin als Krankenschwester. »Aber mir war klar, dass das nicht alles gewesen sein kann«, sagt sie. Als Fünfzehnjährige hatte sie einen Artikel in der Frauenzeitschrift *Brigitte* über die ersten deutschen Kapitäninnen gelesen. Die Fotos von den Frauen auf der Brücke waren ihr seitdem nicht aus dem Kopf gegangen.

Doch wie wird man Kapitän? Und nehmen die überhaupt Frauen? Die Ausbildung zum Kapitän geht über ein Fachhochschulstudium inklusive Praxissemester. Auf dem Stundenplan stehen mechanische Wärmelehre, Thermodynamik, Mathematik, Chemie, Schiffbau, Ladungstechnik, Gesundheitslehre, Englisch, Spanisch, Französisch, Russisch, terrestrische und astronomische Navigation, Meteorologie, Radarkunde, der Umgang mit gefährlicher Ladung und die Bedienung des Simulators. Auch Personalführung, Psychologie und Soziologie gehören zur Ausbildung.

Auf dem Schiff gilt der Kapitän als Vertreter des Reeders. Damit ist er für hohe Sachwerte – nicht nur das Schiff, sondern auch die Ladung – verantwortlich. »Manche meinen, dass Frauen dazu nicht so geeignet sind. Andere halten eine weibliche Kapitänin für umsichtiger und verantwortungsbewusster in Gefahrensituationen, zum Beispiel wenn in einem Sturm die Ladung verrutscht und das Schiff Schlagseite bekommt«, meint Stelzer. Generell gäbe es zwar Vorbehalte gegen Frauen (vor allem von einigen ehemaligen Bundeswehrsoldaten), aber viele würden sich auch freuen, wenn nicht nur Männer an Bord sind.

Auf See beginnen die Studenten als Praktikanten, nach dem Studium sind sie Zweiter Offizier, dann Erster. Nach den Prüfungen fahren sie noch zwei Jahre lang ihr Kapitänspatent aus. Bisher war Stelzer unter anderem in Norwegen, Schweden, Holland, Frankreich, Spanien, Portugal, an den Kanarischen Inseln und den Azoren, im Golf von Mexiko, in Kuba und Texas. Sie fährt Multipurpose-Schiffe, die Getreide ebenso laden können wie Maschinenbauteile in riesigen Kisten, Schwergut und Container.

Der Wecker an Bord klingelt morgens um 7 Uhr. »Für eine ehemalige Krankenschwester ist das eher gemütlich«, meint Stelzer. Auf der Brücke wird das Wetter beobachtet und im Wetterbuch dokumentiert. »Man lernt, ständig auf Wellen, Wind und Temperatur zu achten.« Außerdem gibt der Kapitän die Kurse in die automatische Steuerung ein, führt das Logbuch über Kurs und besondere Vorkommnisse. Die Daten werden vom Deutschen Wetterdienst ausgewertet. Im Gegenzug informiert dieser die Schiffe, wenn beispielsweise ein Hurrikan auf der Route liegt. In dicht befahrenen Gewässern wie dem Ärmelkanal steuern Kapitän und Offiziere auch mal per Hand. Dabei bedienen sie eine Art Joystick oder kleines Steuerrad.

Auf Flüssen zeigen Richtfeuer farblich an, ob das Schiff zu weit steuerbord oder zu weit backbord fährt. Der Kapitän hält Funkkontakt zu den Stationen, die über Baggerarbeiten oder andere Gefahrenquellen informieren. Natürlich gibt es auch Zeiten, in denen nicht viel zu tun ist. »Man muss als Kapitän sehr gut in der Lage sein, sich mit sich selbst zu beschäftigen«, sagt Stelzer. Viele schreiben Tagebuch und lange Briefe nach Hause, lesen dicke Wälzer oder bauen Modellschiffe aus winzigen Einzelteilen zusammen.

Wenn auf der Brücke nichts zu tun ist, helfen die Praktikanten den Bootsmännern, also den Schiffsmechanikern, die an Deck schleifen, malern, putzen, Rost klopfen, Drähte und Tauwerk spleißen und Ankerwinden, Winschen und Bordkräne fetten und ölen. »Das Salz greift den Lack extrem schnell an. Wenn man an einem Ende fertig ist, kann man wieder von vorn beginnen«, so Stelzer. Ob das Spaß macht oder nicht, hänge zum großen Teil von den Leuten ab. Dabei sind die Mannschaften international. Neben Deutschen und Norwegern, die als besonders gut ausgebildet gelten, fahren viele Schweden, Finnen, Portugiesen, Russen, Polen, Chinesen, Filipinos und Kiribatis zur See. Sprachkenntnisse – wenigstens ein paar Brocken in möglichst vielen Sprachen – sind für jeden an Bord hilfreich.

Um 10 Uhr und um 15 Uhr ist für alle »Coffeetime«. Auch die Brücke setzt sich häufig mit den anderen zusammen in die Mannschaftsmesse und hält so Kontakt zur Crew. Auch in der Schifffahrt hat sich mittlerweile herumgesprochen, dass Kommunikation zur Sicherheit gehört. Schnell kann ein Bullauge offen stehen und dadurch Wasser ins Schiff gelangen. Solche Fehler dürfen nicht etwa aus Angst verschwiegen werden. Jeder an Bord hat einen Sicherheitslehrgang besucht, in dem man lernt, mit Feuerlöscher und Pressluftatmer umzugehen, die Steigleiter hoch- und runterzuklettern und Feuerschutzanzüge, Rettungsinseln sowie Notsignalbojen zu benutzen.

Im Hafen übergibt der Kapitän den örtlichen Behörden die Besatzungsliste samt Passnummern. Dann beginnt das Löschen der Ladung. Mal sind es Windkrafträder in Einzelteilen, die nach Spanien müssen, oder Zellulose aus Schweden, die nach Bremen verschickt wird, oder deutsche Holzchips, die den umgekehrten Weg nehmen. Kisten mit auseinander gelegten Pipelines müssen von Houston ins norwegische Stavanger, und von dort aus tonnenweise Presspappe nach Brest. Auch zwei Militärboote von Göteborg nach Mexiko können vorkommen.

Das Löschen der Ladung dauert oft länger als gedacht. »Bei einem Seetag ist um 17 Uhr Schluss. Dann wird geduscht, gegessen, erzählt und Video geschaut. Aber beim Löschen tauchen immer wieder Schwierigkeiten auf«, erzählt Stelzer. Wird aber nicht mehr am selben Tag geladen, heißt es Luken zu und los. Dabei gibt es Häfen, die nicht mehr als ein paar Lagerhallen zu bieten haben und weitab von Städten liegen, zum Beispiel Gävle und Norsundet in Schweden oder Terneuzen in den Niederlanden. Dann bleiben viele Seeleute an Bord. Häfen wie das niederländische Beverwijk und das schwedische Norköping aber liegen nahe zur Stadt, oder das Seemannsheim bietet einen Shuttleservice an. In Bilbao besuchte Stelzer mit ihren Männern das neu eröffnete Guggenheim-Museum. »Solche gemeinsamen Erlebnisse schweißen einen noch mehr zusammen«, sagt sie. Manche Häfen bieten Programm, zum Beispiel einen Liederabend oder einen Saunabesuch im Seemannsheim.

Am nächsten Morgen geht es wieder los. Manchmal zieht sich das Löschen und Laden jedoch über eine Woche hin. »Die Sicherheitsvorkehrungen nehmen viel Zeit in Anspruch. Man muss das Gewicht berechnen, Tausende von Vorschriften beachten und wissen, was zuerst geladen wird«, erklärt die ehemalige Krankenschwester. Da helfe vor allem die Erfahrung. Auf jeden Fall gilt: Der hallengroße Laderaum muss trocken, sauber und frei von Gerüchen sein, bevor neue Ladung aufgenommen wird.

An Bord läuft übrigens niemand in Uniform herum – Blaumänner und Jeans sind angesagt. »Jeder weiß, wer der Kapitän ist, ein schickes Jackett ist viel zu unpraktisch.« Anders sieht das auf den Kreuzfahrtschiffen aus. Dort haben Kapitäne und Offiziere auch gesellschaftliche Verpflichtungen, zum Beispiel das Captain's Dinner und die Begrüßung der VIPs. »Allerdings können oder wollen sich viele nach der Ausbildung auf dem Frachtschiff nicht mehr richtig benehmen. Der Jargon ist eben ziemlich derb.« Stelzer dagegen kann sich eine Zukunft auf dem Traumschiff vorstellen. »Ich brauche die Eisfahrten nicht, Richtung Äquator fühle ich mich wohler.« Und ob Traumschiff oder Frachtschiff: Für die lange Zeit weg von zu Hause empfiehlt sie ein Handy mit günstigen Tarifen.

Info-Box

Verband Deutscher Reeder
Esplanade 6
20354 Hamburg
Tel.: (0 40) 35 09 70
Fax: (0 40) 35 09 72 12
www.reederverband.de

Eine Ausbildung bieten:

Fachhochschule Oldenburg-
Ostfriesland-Wilhelmshaven
FB Seefahrt
Studiengang »Seeverkehr«
(Große Fahrt)
Bergmannstr. 36
26789 Leer
Tel.: (04 91) 92 81 70
Fax: (0491) 9 28 17 11
www.fh-wilhelmshaven.de

Hochschule Wismar
FB Seefahrt
Richard-Wagner-Str. 31
18119 Rostock-Warnemünde
Tel.: (03 81) 4 98 36 53
Fax: (0381) 4 98 36 55
office@sf.hs-wismar.de

Fachhochschule Oldenburg-
Ostfriesland-Wilhelmshaven
FB Seefahrt
Studiengang »Seeverkehr«
Weserstr. 52
26931 Elsfleth
Tel.: (0 44 04) 9 28 80
Fax: (044 04) 92 88 41

Kapitäninnen, Schiffsärztinnen, Hochseefischerinnen und Hauptkom-
missarinnen der Wasserschutzpolizei haben sich zusammengefunden
im:

Verband Frauen zur See
Mommsenstr. 39
24943 Flensburg
Tel.: (04 61) 1 82 45 60
Fax: (04 61) 1 82 45 59
www.frauen-zur-see.de

LKW-Fahrer

Trucker leisten viel. Mit 19 Metern Auto und 40 Tonnen Fracht im Rücken werden sechsspurige Autobahnkreuze, verwinkelte Innenstädte oder eisglatte Fahrbahnen zum Test für Geschick und Nerven. Wenn es bei Polizeikontrollen, Ladehöfen oder Grenzübergängen um die richtigen Papiere geht, sind rechtliche und kaufmännische Kenntnisse gefragt. Und kehrt der Fahrer nach seiner Tour ins heimische Unternehmen zurück, verlangt der Chef einen genauen Bericht und die Abrechnung der Fahrt. »Die Anforderungen an Berufskraftfahrer sind in den letzten Jahren stark gestiegen«, sagt Jan Kahmann, Verkehrsexperte der Verdi-Gewerkschaft. Ein Sprung vom Führerscheinhalter zum hoch qualifizierten Facharbeiter ist angesagt. Von den etwa 390 000 Truckern der Bundesrepublik hat knapp ein Drittel eine Ausbildung zum Berufskraftfahrer.[33]

»On the road« zu sein ist ein ganz anderer Job als jeden Tag von früh bis spät dieselben Gesichter in der Firma zu sehen. Die Fahrer kommen viel herum, lernen immer wieder andere Städte und Länder kennen. Manche fahren innerhalb Europas, andere bis nach Sibirien oder Saudi-Arabien. Lars Wienbrandt, LKW-Fahrer aus Thüringen, genießt das: »Das Fahren macht schon Spaß. Man bekommt einen weiteren Blick, durch die langen Straßen, Sonnenauf- und -untergänge und die sich ständig verändernden Landschaften links und rechts.« Zeit für die Familie dagegen bleibt oft zu wenig. »Irgendwann muss man aufhören. Wenn man es gut organisiert, kann man sich das auch leisten.«

Um mit einer Maschine, die über 100 000 Mark kostet und jemand anders gehört, Tonnen von Obst, Textilien oder Elektronik von A nach B zu transportieren, sollte man ausgeschlafen sein und ordentlich gefrühstückt haben. Das Warten auf Grenzbeamte erfordert ausgebildetes Sitzfleisch und Nerven. Sprachkenntnisse – auch rudimentäre – können da Wunder wirken. »Aber der Papierkram, das Ausfüllen von Fahrtenbüchern, das ist keine wirklich romantische Tätigkeit«, so Wienbrandt.

Den LKW-Führerschein kann man – auch mit finanzieller Unterstützung der von Nachwuchssorgen geplagten Speditionen – in bestimmten Fahrschulen mit anschließender Prüfung beim TÜV ablegen. Wienbrandt hat seinen bei der NVA gemacht. Technisches Verständnis für Motoren und Fahrwerke eignete er sich in der Schlosserlehre an. »Ich wär auch gern zur Handelsmarine gegangen, aber mein Klassenstandpunkt war ungefestigt und wir hatten Westverwandtschaft. Nu bin ich seit fuffzehn Jahren Trucker.« Als Erstes ging es in die Bruderstaaten Rumänien, Bulgarien, Sowjetunion. »Das war schon was, für den Kleinen zu Hause Mickymaus-Heftchen aus Budapest mitzubringen.«

Um 1990 wurde alles anders. Zuerst nur Baustellen in und um Berlin. »Jeden Tag zwei, drei Stündchen am Ernst-Reuter-Platz gestanden und dabei alle zwanzig Minuten der Chef am Telefon mit ›Wo bist du, was machst du‹?« Später ging es nach Skandinavien. »Und als ich in Trelleborg von der Fähre kam, hab ich das Radio ausgemacht, geguckt und schon kamen mir ein paar Ideen. Inzwischen gehört das Häuschen in Südschweden so gut wie mir.«

Zeit- und Konkurrenzdruck, volle Straßen und die obligatorischen zwei Kannen Kaffee machen dem Trucker mitunter arg zu schaffen. Die gesetzlich vorgeschriebenen Lenk- und Ruhezeiten, sagt Wienbrandt, sind fern der Realität. Wer sich daran hält, muss Verspätungen in Kauf nehmen – und oft Krach mit dem Chef der Spedition. »Die Arbeit ist härter geworden in den letzten Jahren und die Bezahlung weniger. Übel für uns sind geizige Spediteure, aber die Ölkonzerne sind die ganz großen Mistbatzen«, so Wienbrandt. Allerdings setzt sich auch bei den Speditionen die Einsicht durch, dass Zeitdruck das Unfallrisiko – und die damit verbundenen finanziellen Folgen – beträchtlich erhöht.

LKW-Fahren wird sich in Zukunft immer weniger beschränken auf Gas geben, Tanken und Ruhepausen einhalten. Der amerikanische Unternehmensberater William Bridges beschreibt das so: »In unseren Tagen tragen viele Fernfahrer lieber einen Anzug als ein Sweatshirt. Einst (und immer noch) pauschal als Schlägertypen und Schulabbrecher abgetan, kennen sie sich heute mit Computern, Faxgeräten, Handys und Organizern aus – alles Dinge, die in den Kabinen ihrer Mehrachser zu finden sind. Sie werden gebeten, Aufgaben zu übernehmen, an die sie nie im Traum gedacht hätten: Verkaufsrechnungen faxen, Kunden mahnen, die nachlässig zahlen, und Büroangestellte im Umgang mit dem neuesten High-Tech-Spielzeug unterweisen, wenn sie beispielsweise hochkarätige Drucker an Firmen ausliefern und installieren.« Und Joseph Coleman, Chef der *Volume Transportation*, ein Transportunternehmen im amerikanischen Bundesstaat Georgia, ergänzt:»Die Tage des guten alten männlichen Fernfahrers sind vorüber.« Heute müssten selbst die LKW-Fahrer Geschäftsleute sein.[34]

Für Trucker, die sich weiterentwickeln wollen, bieten sich Fortbildungen im Bereich Betriebswirtschaft, Logistik, Gefahrengut, Arbeitssicherheit, Qualitätsmanagement, Fahrertraining, Gabelstapler- und Kranführung, Entsorgung, Ladungssicherheit und computergestützte Planung an.

Info-Box

Bei der neu gegründeten Dienstleistungsgewerkschaft Verdi tut sich viel. Aktuelle Adressen, Ausschüsse, Ansprechpartner und Informationen findet man im Internet unter:
www.verdi-net.de

Informationen zur Aus- und Fortbildung erhält man bei:

Helmut Busset
Schifferstr. 26
60594 Frankfurt/M.
Tel.: (08 00) 61 99 26 71
Fax: (0800) 61 99 26 75
www.helmut-busset.de

Bildungswerk Verkehrsgewerbe
Lister Kirchweg 95
30177 Hannover
Tel.: (05 11) 9 62 63 00
Fax: (05 11) 66 60 95
www.verkehrsgewerbe.de

Sylvia Henfling Ausbildungen
Heubergstr. 7
83075 Bad Feilnbach
Tel.: (0 80 64) 93 40
Fax: (0 80 64) 93 41
www.gefahrgutschulungen.de

Reisebusfahrer

Während andere ängstlich ihre Autospiegel einklappen, wenn es in die enge Via Bologna in Pisa geht, steuert Günter Leschke lässig seinen zwölf Meter langen Bus durch die schmale Kopfsteinpflastergasse. Und während andere mit schweißnassen Händen am Lenkrad die steilen Serpentinen der italienischen Dolomiten herunterrollen, hat der Reisebusfahrer die Anzahl und den Grad der Kurven fast schon wie ein Bobfahrer auswendig gelernt. »Trotzdem kann ich da nicht runterheizen. Für dreißig Kilometer muss ich drei bis vier Stunden einplanen.«

Leschke hat Routine: Schließlich bringt er es auf 100 000 Fahrkilometer pro Jahr. Für manche seiner Reisegäste ist er damit schon fast ein Held. Nichts kann ihn so leicht aus der Ruhe bringen, inklusive Lenkrad hat er alles im Griff. Er fährt seit 1980 Bus, begann im Nahverkehr und wechselte später zur Reisegesellschaft *Thüringer Wald*. Dort wurde es grenzüberschreitend: Er fuhr nach Italien, Spanien, Slowenien, Skandinavien, Irland, Paris und Brüssel.

Die Saison beginnt im März und endet im November. Während dieser Zeit startet Leschke im Schnitt vier Mal im Monat mit einer Reisegruppe, ob zur holländischen Tulpenblüte, zur Wattwanderung an die Nordsee oder zum Alphornblasen in die Zentralschweiz. Sein liebstes Reiseziel: »So weit wie möglich von zu Hause weg.« Und das hat durchaus nichts mit seiner Ehefrau zu tun – es ist das Fernweh, das ihn immer wieder herausfordert.

Eins seiner Lieblingsziele ist London: Der Linksverkehr liegt ihm, das Multikulturelle bewundert er – dort leben entspannte Jamaikaner neben quirligen Japanern. Dass fremde Nationalitäten miteinander auskommen können, dass es geht und auch richtig gut, das will er auch den Jugendlichen zeigen, die mit ihm auf Klassenfahrt nach Großbritannien gehen. Ihn zieht es in der Multikulti-Stadt als Geschichts-Freak vor allem in die Museen. »Es ist viel spannender als in unseren Museen – dort ist man mitten im Geschehen, ist interaktiv dabei.«

Immer im Büro zu sitzen, das wäre nichts für Leschke. Er will raus, Neues kennen lernen und das auch anderen zeigen. »Routine kenne ich nicht – jede Fahrt ist eine Herausforderung.« Dabei trägt er große Verantwortung für seine Gäste. Mitunter sitzen vierzig Leute im Bus. »Ich bereite jede Fahrt so vor, als sei es die erste. Man hat ja jedes Mal neue Fahrgäste, andere Stadtführer, ein neues Hotel.« Vor jeder Tour setzt er sich hin, studiert Kartenmaterial, wälzt Reiseführer. Schließlich ist er Mädchen für alles, lenkt nicht nur den Bus, sondern erzählt unterwegs von der Zugspitze, von landwirtschaftlichen Problemen in der Emilia-Romagna oder von den diplomatischen Beziehungen zwischen Italien und Slowenien. Er versucht, Probleme im Hotel oder an der Grenze zu lösen, alles so reibungslos wie möglich aussehen zu lassen. Und nicht zuletzt sorgt er auch dafür, dass die Gäste unterwegs nicht hungrig bleiben, kocht in seiner kleinen Bordküche Wiener Würstchen, Cappuccino oder Tee.

Vor jeder Fahrt wird der Bus noch mal durchgecheckt. Wenn die Reise morgens um sechs losgeht, ist Leschke schon seit vier Uhr auf den Beinen – hat Heizungen im Bus angeschaltet, das Lager mit Würstchen und Cola aufgefüllt, die Reiseunterlagen mit Grenzpapieren und Vaucher aus dem Büro geholt. Wenn er eine Strecke zum ersten Mal fährt, erkundigt er sich bei erfahrenen Kollegen, was an der Grenze oder an Brücken zu beachten ist. Er checkt die Teilnehmerliste, ob er mit einer Schulklasse oder mit Senioren unterwegs ist. So ist Leschke bestens mit Musik von Roger Whittaker und Wolfgang Petri bis hin zu Sasha oder Xavier Naidoo ausgestattet. Manchmal kommen die Kids auch mit ihren Kassetten zu ihm.

Was ihm am Busfahren gefällt? »Man kommt raus und lernt Land und Leute kennen«, meint Leschke, der schon mehr als zweihundert Reiseziele angesteuert hat. Im besten Fall, so sagt er, holen sich seine Gäste das Fotoalbum mehr als einmal zur Erinnerung raus. Schließlich sei er froh, wenn eine Reise wieder schön gewesen ist und alle zufrieden waren mit Fahrt, Hotelbett und Abendessen. Das entschädigt für frühes Aufstehen und die Fahrerei. »Die Leute sollen mir anmerken, dass mir mein Beruf Spaß macht.« Es sei für Reisegäste unerträglich, einen mies gelaunten Fahrer im Bus zu haben.

Daher freut er sich besonders, wenn Briefe ins Unternehmen

flattern, in denen er gegrüßt wird. »Das ist kein Job, den man mal eben über eine Umschulung oder einen neuen Führerschein bekommt. Es gehört eine Menge Sensibilität dazu.« Leschke rät, die Finger davon zu lassen, wenn man einfach nur Geld verdienen will. Die Gäste merken immer, ob man seinen Job gerne macht, und nur dann kommen sie wieder.

Um als Busfahrer zu arbeiten, muss man bei der Deutschen Verkehrsakademie den Busführerschein ablegen. Die Kosten der zwei- bis sechswöchige Schulung können gefördert werden. Mindestens 21 Jahre muss man alt sein, sowie geistig und körperlich fit. Am Ende wird man durch die Dekra oder den TÜV geprüft. Schulungsorte sind Chemnitz, Kulmbach, Leipzig, Nürnberg, Plauen, Schwarzenberg, Würzburg-Rimpar, Zella-Mehlis und Zwickau.

Info-Box

Internationaler Bustouristik-Verband
Hohenzollernring 86
50672 Köln
Tel.: (02 21) 9 12 77 20
Fax: (02 21) 12 47 88
www.bustouristik.de

Unfallforscher

Im August 1997 kam es in Paris zu einem spektakulären Autounfall: Lady Diana Spencer, die ehemalige Prinzessin Di, verunglückte tödlich. Ihr Luxus-Mercedes war in einem Tunnel gegen einen Betonpfeiler geprallt, der Tacho bei 196 Stundenkilometern stehen geblieben.

Doch der Aufprall hatte in Wirklichkeit bei einer geringeren Geschwindigkeit stattgefunden. Wie man so etwas herausfindet? Durch eine Unfallrekonstruktion. Zum Beispiel wandelt sich bei einem Aufprall die Bewegungsenergie zum Teil in Verformungsenergie um. In der Berechnung wird die Wagenfront rasterähnlich in viele kleine Pakete aufgeteilt. Jedes Paket schluckt bei einem Aufprall einen ganz bestimmten Energiebetrag, den man an der Zerstörung ablesen kann: Der schwere Motorblock zum Beispiel absorbiert mehr als die erste Frontpartie. Addiert man nun alle Pakete und ihre Energiebeträge zusammen, so kann man – vereinfacht gesagt (in der Unfallforschung müssen weitere Größen berechnet werden) – auf die Geschwindigkeit schließen. In diesem Fall, so Unfallforscher, kann es sich höchstens um 90 bis 100 Stundenkilometer gehandelt haben – sehr viel weniger als zuerst angenommen.[35]

Unfallforscher untersuchen Wracks, stellen Berechnungen an und rekonstruieren den Unfall aufgrund der Spuren – auch im Verhältnis zu den entstandenen Verletzungsmustern und Todesursachen. Sie vergleichen die Ergebnisse mit Crashtests und ziehen daraus Schlüsse für zukünftige Konstruktionen, Technik und Gesetze. In-Depth-Investigation-Teams arbeiten bei der Deutschen Bahn, den Flugzeugbauern und Fluggesellschaften, bei der DEKRA, dem TÜV, bei Versicherungen und Aufsichtsbehörden, zum Beispiel dem Eisenbahn-Bundesamt in Bonn, der Physikalisch-Technischen Bundesanstalt in Braunschweig oder dem französischen Büro für Unfallermittlung in Paris.

In Sachen Flugzeugunfallforschung gelten die Engländer seit dem Ersten Weltkrieg als Vorreiter. Heute ist das Geschäft international: Da schwere Bahn- und Flugzeugunglücke selten sind, reisen im gegebenen Fall Unfallforscher aus aller Welt an. Im Jahr 2000 beispielsweise kamen Eisenbahningenieure von Japan Rail nach Eschede, um sich die Unfallstelle der Deutschen Bahn anzusehen und mit den Ermittlern vor Ort zu sprechen. Legendär sind die Crashcops des amerikanischen National Transportation Safety Boards, die zu schweren Flugzeugunglücken fahren, wenn amerikanische Interessen davon betroffen sein könnten. Das ist praktisch immer der Fall, da ein in Guatemala oder Japan verunglückter Flugzeugtyp auch über den USA abstürzen könnte.

Die Crashcops untersuchten 2000 auch den Absturz der Air France Concorde mit über hundert Toten. Die Ursache der Katastrophe war vermutlich – so die spätere Rekonstruktion der Experten – ein Metallstück auf der Startbahn, das den Reifen des Fliegers zerfetzte. Die umherfliegenden Gummiteile setzten den Jet in Brand. Michael Barr, Sicherheitsforscher aus Kalifornien warnte damals: »In Zukunft werden wir Unfälle erleben, wie wir sie bislang noch nicht gesehen haben.« Auch ein winziges Bauteil, möglicherweise nur ein paar Pfennige wert, könne plötzlich versagen, obwohl es zuvor einwandfrei funktioniert habe.[36] Flugzeugabstürze werden in der Bundesrepublik übrigens direkt ins Krisen- und Lagenzentrum des Auswärtigen Amts in Berlin gemeldet. Dort sitzen »die Nachtwächter der Nation« und rufen im Ernstfall den Außenminister aus dem Schlaf.

Auch große Automobilkonzerne wie DaimlerChrysler und BMW stellen seit etwa 1970 Teams aus technischen und medizinischen Experten zusammen, später auch Hersteller wie Volkswagen und Audi. Der völlig zerstörte Sportwagen des Formel-1-Piloten Michele Alboreto, der im Frühjahr 2001 auf dem brandenburgischen Lausitzring tödlich verunglückte, wurde von Unfallforschern der DEKRA und Audi untersucht. Allein in Deutschland ereignen sich jährlich etwa zwei Millionen von der Polizei erfasste Straßenunfälle mit etwa 50 000 Verletzten und 8 000 Toten.[37]

Info-Box

Unfallforschung wird auch an Hochschulen betrieben:

Technische Universität Dresden	Medizinische Hochschule
Forschungsprojekt Unfallforschung	Hannover
George- Bähr-Str. 1c	Forschungsprojekt Unfallforschung
01069 Dresden	Carl-Neuberg-Str. 1
Tel.: (03 51) 4 63 19 53	30625 Hannover
Fax: (03 51) 4 63 19 52	Tel.: (05 11) 5 32 64 10
unfallforschung@mailbox.	Fax: (05 11) 5 32 64 19
tu-dresden.de	ARU-MUH@Mh-Hannover.de

Internationale Unfall- und Verkehrssicherheitsforschung im Internet:

www.err.nl (European Railway Research Institute, Niederlande)
www.uic.asso.fr (Internationaler Eisenbahnverband, Frankreich)

www.aaib.detr.gov.uk (United Kindom Air Accident Investigation
   Branch, Großbritannien)
www.ntsb.gov (National Transportation Safety Board, USA)
www.vda.de (Forschungsgemeinschaft Automobiltechnik im Verband
   der deutschen Automobilindustrie)

Erich Preuß, *Eisenbahnunfälle in Europa*, Stuttgart 1995

Weitere Verkehrsjobs für Globetrotter

Pilot

Noch ein Traumberuf für Globetrotter: Pilot. Die Arbeitsgemeinschaft deutscher Verkehrsflughäfen rechnet mit einer Verdopplung
des Luftverkehrs bis 2010.[38] Doch Piloten sind rar. Daher bemühen sich die Fluggesellschaften jetzt sogar verstärkt um weibliche
Anwärterinnen. Abitur, gute Augen, körperliche Belastbarkeit und
sehr gute Englischkenntnisse sind Voraussetzung.

Info-Box

Informationen zur Ausbildung vermitteln:

Lufthansa Flight Training	Ikon Ausbildungszentrum
Flughafendamm 40	Wetterkreuzstr. 17
28199 Bremen	91058 Tennenlohe
Tel.: (04 21) 5 59 24 60	Tel.: (0 91 31) 60 40 45
Fax: (04 21) 5 59 28 63	Fax: (0 91 31) 60 40 39
www.lufthansa-pilot.de	www.ikon-flugschule.de

ADAC-Mitarbeiter

Der ADAC ist nicht nur zuständig für Pannen. Auf seiner Home-
page kümmert sich Europas größter Automobilclub auch um die

Karriere von Clubfreunden. In der Jobbörse, die sich hinter dem Button *ADAC & mehr* versteckt, ist einiges an Stellen ausgeschrieben. Vor allem im Bereich Kundenberatung sucht der ADAC neue Mitarbeiter. Reiseverkehrskaufleute und Techniker finden naturgemäß eine ganze Auswahl an Stellenangeboten. Weiter werden EDV-Spezialisten und Vertriebsleute gesucht, aber auch Revisoren, Übersetzer und Juristen. Praktikantenstellen gibt es im Marketing und Vertrieb und im Testbereich.

Info-Box

ADAC
Am Westpark 8
81373 München
Tel.: (0 89) 7 67 60
Fax: (0 89) 76 76 26 04
www.adac.de

9.

Sonstiges

Der zuständige Beamte steht zum ersten Mal im Arbeitszimmer des Opfers. Man kennt ihn aus dem Kapitel davor: Berger, untersetzt, rotgesichtig, blond mit beginnender Glatze. Gerade noch stand er auf der Wache. Jetzt hier.

Als Motiv für den Mord kommt vieles infrage: Neid, Hass, Liebe, Eifersucht, Macht, Geld. Das Opfer war, was man ein renommiertes und respektables Mitglied der Gesellschaft nennt: offiziell geachtet und geliebt, erfolgreich und bekannt; hinter die Fassade schaute keiner. Das ist jetzt Aufgabe von Kommissar Berger.

Doch wo anfangen? Der Beamte zwirbelt die Schnurrbartenden und lässt den Blick von der Tür aus über den Raum schweifen. Das Zimmer ist von peinlicher Ordnung. Geradeaus gewährt eine Glasfront Blick auf die gegenüberliegenden Bürogebäude, rechts davon ist die Wand weiß geblieben, geschmückt von der schwarz gerahmten Luftaufnahme einer Treppe. Italien, vielleicht.

Mitten im Raum steht der Schreibtisch: Auf der gläsernen Platte liegen drei Stifte und ein Lineal in perfekter Parallele zur Schreibunterlage, Computer und Drucker säuberlich unter Plastik verpackt. Darunter ein Schubladenschrank. Berger durchquert in drei Schritten den Raum und lässt sich auf dem ledernen Drehstuhl nieder. Die Rollen haben feste Plätze, sitzen in drei tiefen Kuhlen im Teppichboden.

Berger zumindest braucht ein Weiterkommen. Es eilt. Wer immer der Täter ist, die Zeit arbeitet für ihn. Der Beamte überfliegt die Aufschriften der Schubladen: Rechnungen, Kundenkartei, Pressekontakte, Internes. Vier sauber gedruckte Aufschriften. Die fünfte Schublade ohne. Zu deren Griff wandert Bergers Hand, er öffnet sie, blickt hinein und die Züge unter dem blonden Schnurrbart entspannen sich ein wenig. Was er sieht: Unordnung. Was er denkt: Kategorie *Sonstiges* – Fundgrube für Extravaganzen und Besonderes. Hoffnung auf einen Anhaltspunkt.

Expeditionsmitarbeiter

Kein Job fürs Leben, aber eine interessante Perspektive für hartgesottene Globetrotter: die Teilnahme an Expeditionen. Die US-Amerikanerin Ann Bancroft und die Norwegerin Liv Arnesen durchquerten im Winter 2000/2001 auf Skiern als erste Frauen die Antarktis. Unter den Sponsoren der Expedition: der skandinavische Autobauer Volvo.

Doch die beiden Polarforscherinnen verstehen sich nicht nur als Extremsportlerinnen. Auf ihrem 90-tägigen Marsch über 1 700 Meilen setzten Bancroft und Arnesen das Internet und ein Satellitentelefon ein, um mit mehr als drei Millionen Schülern und Schülerinnen auf der ganzen Welt Kontakt zu halten und diese dazu zu ermutigen, ihre eigenen Träume zu verwirklichen.

Außerdem unterstützen die beiden ehemaligen Lehrerinnen mit ihrem internationalen Programm *Partners in Exploration* andere dabei, Expeditionen zu planen, zu promoten und zu finanzieren. Ein Team aus 14 Experten bietet Hilfe bei der medialen Aufbereitung und Internetpräsentation. Priorität gilt dabei den Vorhaben von Frauen. Bislang haben Bancroft und Arnesen Expeditionen mit Teilnehmern aus über sechzig Ländern unterstützt.

Infos unter: www.yourexpedition.com.

Polarforscher

Wer nach einem Saunagang in der Antarktis ins Wasser springt, sollte vorsichtig sein. »Man weiß nie, ob ein Leoparden-Seehund unter dir lauert oder nicht. Der bricht dir das Genick«, lautet die Warnung von Ken Doggett, einem amerikanischen Polarforscher, der von seinem Zimmerfenster aus Blick auf eine Pinguinkolonie hat. Seit 1996 lebt der Chemiker im gleichen Rhythmus: fünf Monate im Jahr Forschungsarbeit in der Antarktis, sieben Monate zu Hause in Denver, Colorado. Er ist eher mit den Robben per du als mit seinen Freunden zu Hause. »Mein Glück«, so der Polarforscher, » liegt zwischen Seelöwen und Pottwalen – bei minus 40 Grad.«

Zum Südpol gelangt man via Punta Arenas, Chile, dann vier Tage per Schiff zur Palmer Station im Nordwesten des Südpols. »Und dann die Gewissheit: Mit diesem wild zusammengewürfelten Haufen aus Wissenschaftlern und Servicepersonal fünf Monate in einem Mini-Hüttendorf mit Forschungslabor leben. Vierzig Leute bei eisiger Kälte am Südpol, in Gemeinschaftskabinen, ohne Kontakt zur Außenwelt. Das ist der Stoff, aus dem normalerweise Psychothriller sind«, schmunzelt Doggett.

Auf der Forschungsstation arbeiten Chemiker, Geologen, Mediziner, Biologen und Ökologen. »Jeder trägt seine Forschungs-Hitliste vor: Der eine will ein bestimmtes Eiskristall analysieren, der andere möchte herausfinden, warum das Blut einer bestimmten Fischart bei den grausigen Minustemperaturen nicht gefriert«, erklärt Dogget seinen Job. Er muss das alles abgleichen: Sind die von den Wissenschaftlern geforderten Instrumente vorhanden? Brauchen die Experten die gewünschten Substanzen wirklich? Wie sinnvoll ist die Experimentenreihe überhaupt? Sind alle Fragen geklärt, richtet sich Doggett mit einem Forderungskatalog an den US-amerikanischen Wissenschaftsfond, die *National Science Foundation*, das Äquivalent zur Deutschen Forschungsgesellschaft. Diese bestimmt innerhalb ihres Antarktis-Programms die finanzielle Ausstattung. »Aber meine Vorschläge werden eigentlich immer akzeptiert. Insofern bin ich mein eigener Chef. Schließlich weiß ich als Einziger, was vorhanden ist und was wir noch brauchen.«

Eigentlich hat Doggett seinen Traumjob gefunden. Das Einzige, was ihn stört, sind die langen Zeitperioden, in denen er quasi auf Eis liegt. »Irgendwann hast du keine Lust mehr, die aggressiven Seelöwen durch Schläge auf das Eis zu vertreiben, die Pinguine werden so lästig wie Tauben in der Großstadt, sie schreien wie verrückt und stinken außerdem.« Auch das Zusammenleben klappt nicht immer reibungslos: Manche Situationen klängen nach Horrorgeschichten à la Steven King, so Doggett.

Allerdings hätten die Einsatzkräfte normalerweise keine Zeit, in ihrer Einsamkeit verrückt zu werden. Denn die Arbeit ist anstrengend: aufstehen um 6.30 Uhr, arbeiten von 7.30 Uhr bis 17.30 Uhr, oft ohne Mittagspause.»Abends falle ich dann todmüde ins Bett und merke nichts mehr«, so Eisforscher Doggett. Kraft tanken die Wissenschaftler auf ihren Wochenendausflügen zu einem der spektakulärsten Orte der Welt: der antarktischen Anneenstraße.»Mit dem Helikopter wirst du an einen Ort im ewigen Eis gebracht, an dem kein Schnee liegt. Dort gibt es nur Sand und Steine, das ganze Jahr, dazu eine unglaubliche Seenplatte, die nicht durch Eismassen verdeckt wird. Dort schlafen wir dann in Zelten und können uns endlich einmal wie abenteuerlustige Entdecker fühlen.«

Doggetts Pläne sind nicht aufs Eis beschränkt:»Wenn du den Job erst mal in der Antarktis machen kannst, dann ist es ein Leichtes, irgendwo für eine Company Gerätelisten zusammenzustellen und für ein ausreichendes Budget zu sorgen.« Am Südpol hat Doggett ein neues Labor für eine Million Dollar nach eigenen Vorstellungen durchgesetzt. Was man für das Leben auf der Eisscholle braucht?»Teamgeist, innere Ruhe, Kompetenz, Interesse, Engagement und vor allem die Fähigkeit, mit sich allein zu sein und sich zu beschäftigen«, beschreibt er die wichtigsten Wesenszüge eines Teilzeit-Eskimos.

Greenpeace-Aktivist

Mit spektakulären Aktionen protestiert die internationale Umweltschutzorganisation Greenpeace gegen Atomtests im Südpazifik, Walfang in Japan und Urwaldrodung in Brasilien. Gift- und Atommülltransporte, Genmanipulation, Klimaveränderung und militärische Abwehrsysteme im Weltraum sind weitere Themen.

Dabei ist Greenpeace seinen Ruf als Öko-Verein längst los. Schon David McTaggart, Aktivist der ersten Stunde und Aufsichtsratmitglied von 1979 bis 1991, galt eher als Managertyp und Bonvivant. Dem kanadischen Hotelier verdankt die Umweltschutzorganisation ihren internationalen Ruf als weltweit einsatzbereite Flotte mit einem Fundraising-Apparat und Label.

Eine Einstiegsmöglichkeit: Greenpeace sucht Übersetzer, die Texte für die Internet-Comunity übersetzen, auch in exotische Sprachen wie Hindi und Urdu.

Info-Box

Greenpeace
Große Elbstr. 39
22767 Hamburg
Tel.: (0 40) 30 61 80
Fax: (0 40) 30 61 81 00
www.greenpeace.de

Archäologe

Auch wenn der Schatz des Priamos schon gehoben und die Tempelanlagen der Khmer bei Siam Reap im Urwald entdeckt wurden: Noch immer wird rund um die Welt nach Überresten aus alten Zeiten gebuddelt. Allein in der Domstadt Köln findet sich bei fast jedem Bauprojekt ein Überbleibsel aus römischer Zeit. Hier arbeiten nicht nur studierte Altertumswissenschaftler und Archäologen, sondern auch Techniker, Zeichner, Fotografen, Architekten und Restauratoren.

Die berühmteste Quereinsteigerin in die Archäologie ist übrigens Agatha Christie. Seit 1930 besuchte die mit zwei Milliarden verkauften Büchern weltweit erfolgreichste Krimiautorin Ausgrabungsstellen im Irak und in Syrien. Dort betätigte sie sich als Zeichnerin und Fotografin. Die Direktorin des Vorderasiatischen Museums in Berlin, Beate Salje, findet das nicht abwegig: Archäologie sei schließlich die Wissenschaft des Indizienbeweises und demnach gar nicht so weit entfernt von der Tätigkeit einer Krimiautorin.[39]

Info-Box

Weitere Informationen erhält man hier:

Deutsches Archäologisches Institut (mit vielen Außenstellen, darunter
Athen, Istanbul, Kairo und Rom)
Podbielskiallee 69-71
14195 Berlin
Tel.: (18 88) 7 71 11 29
Fax: (18 88) 7 71 11 91
www.dainst.de

Reisepsychologe

Der eine verreist mit dem Schrankkoffer, dem anderen genügen
Handtasche und Kreditkarte. Aus Reiseverhalten und Gepäck lassen sich laut einem Diplompsychologen aus München Rück-
schlüsse auf den Charakter ziehen. Stephan Lermer hat laut Inter-
net-Reiseanbieter Travel 24 »die Geheimnisse der Reisepsychologie
entschlüsselt«. Er erklärt, ob es sich lohnt, den Herrn mit dem
Hartschalenkoffer anzuflirten. Sie halten das für Unsinn? Lesen Sie,
was der promovierte Psychologe dazu zu sagen hat.[40]
Erkenntnisse und Tipps von Dr. Lermer:

- Sich an Reisende mit kleinem Gepäck halten! Diese Lebens-
künstler beschränken sich »auf die wirklich wichtigen Sachen
im Leben. Ihnen reichen Laptop, Zahnbürste und der Lieblings-
pyjama, alles andere kann man schließlich bei Bedarf nachkau-
fen.« Meist handele es sich dabei um Reiseprofis, die Neuem gegenüber aufgeschlossen sind.
- Wer den XXL-Koffer über den Bahnsteig zerrt, ist für alle Eventualitäten gerüstet – schließlich weiß man bekanntlich nie. Dieser Reisetyp ist jedoch so mit seiner eigenen Befindlichkeit beschäftigt, dass er wenig Interesse an einem Reiseflirt hat.
- Mit Aufklebern bepflasterte Koffer signalisieren den Weltreisen-
den mit Freude am Trophäensammeln. Normalerweise auch ein

Mensch, der Souvenirläden stürmt und Muscheln sucht. Mit Bewunderung für die Kollektion hat man hier gute Karten. Noch besser: einen Aufkleber verschenken.

- Wer mit Sporttasche statt Koffer reist, outet sich, so Lermer, als idealer Partner für ein lockeres und unverbindliches Gespräch. Leider ergibt sich aus einem Flirt mit dieser Art von Reisendem selten mehr.
- Profis in Sachen Selbstmarketing sind Urlauber mit dreiteiligem Kofferset, Kleidersack, Umhängetasche und Beauty-Case, alles vom selben Designer. Hier sollten Sie eine Kontaktaufnahme nur ins Auge fassen, wenn Sie mit Gleichem aufwarten können – sonst, so Lermer, werde man Sie ignorieren.

Dolmetscher

»Ich freue mich, Sie zu sehen«, sagt der deutsche Manager zu seinem polnischen Kollegen. »Ich freue mich wirklich sehr, Sie zu sehen«, übersetzt lächelnd die Dolmetscherin ihrem polnischen Auftraggeber. Der küsst der Frau des Deutschen zur Begrüßung die Hand und fügt nach einer herzlichen Begrüßung hinzu: »Sie haben sehr schöne Augen, das habe ich schon bei Ihrem letzten Besuch gemerkt!« Die Dolmetscherin übersetzt – und sollte die Dame sich von der Direktheit peinlich berührt fühlen, kann sie ihr später erklären, dass diese Art von Kompliment ein Teil der Höflichkeitsregeln in Polen ist und nicht der Missgriff eines Machos.[41]

Wie Sie sehen, besteht der Beruf eines Dolmetschers daraus, die unterschiedlichen kulturellen Gepflogenheiten zu kennen und Sinn und Intention beim Übersetzen wiederzugeben. Was für den einen übertrieben klingt, kann für den anderen eine reine Floskel sein.

Viele Dolmetscher arbeiten simultan – während der eine spricht, beginnt der Dolmetscher schon mit der Übersetzung. »Das birgt ein bisschen die Gefahr, dass man nur noch fantasiert, wie der Satz wohl zu Ende geht, und gar nicht mehr richtig zuhört«, sagt Eva Schneider, Deutsch-Russisch-Dolmetscherin aus Berlin.

Im damaligen Leningrad hatte Schneider für das internationale

Kulturfestival *Voices of Babylon* gedolmetscht. Dort brauchte sie vor allem Wissen um die unterschiedlichen Verhandlungsstrategien. »Die Deutschen verhandeln eher argumentativ. Wenn man auf eine Weise nicht durchkommt, versuchen sie es eben anders.« In Russland dagegen, sagt sie, sei es üblich, auf seinem Standpunkt zu beharren und sein Gegenüber langsam zu zermürben. Wer als Dolmetscher zwischen den Stühlen sitzt, brauche ein bisschen Intuition. »Man entwickelt ein Feeling für die Situationen, Menschen und Mentalitäten. Wenn in einer Verhandlung etwas schief geht, muss der Dolmetscher sofort reagieren.« Manchmal müsse man in brenzligen Situationen auf eigene Verantwortung improvisieren. Kein Job für Vorsichtige: »Wenn die Stimmung kippt, bleibt keine Zeit für lange Rücksprachen«, so Schneider.

Das kann auch beim Witzeerzählen passieren. Schneider beschreibt eine knifflige Situation: »Routinierte Dolmetscher müssen immer ein paar Jokes zu verschiedenen Themenbereichen auf Lager haben und dann in der gegebenen Situation einfach irgendetwas Witziges erzählen, um die Gesprächspartner bei Laune zu halten. Würde der Dolmetscher genau das übersetzen, was der andere gesagt hat, würde keiner mehr die Welt verstehen.«

Schneiders Kollegin Carmen Suleiman arbeitet als Dolmetscherin für Arabisch und Englisch. Ihr Schwerpunkt ist die Politik: Sie übersetzt für Delegationen und Politiker aus Bahrain, Oman, den Vereinigten Arabischen Emiraten und Saudi-Arabien. Dabei geht es auch ihr nicht darum, Wort für Wort in eine andere Sprache zu übersetzen, sondern eine Intention zu vermitteln. Kommunikatives Grundtalent mit kulturellem Hintergrundwissen und Landeskenntnissen ist gefragt. »Man muss einfach viel im Ausland gewesen sein, sonst funktioniert das nicht«, sagt Suleiman. Sie selbst studierte in Deutschland, England und Ägypten.

Der Abschluss einer Dolmetscherschule oder eines Studiums ist nicht unbedingt notwendig um zu dolmetschen. Eher schon ein sehr guter Ausdruck und eine flüssige Sprechweise – auch unter hohem Zeitdruck. »Das geht ja alles immer blitzschnell. Ich verhaspele mich eher, wenn ich zu lange überlege, aber dafür gibt es meistens sowieso keine Zeit«, sagt Suleiman. Daher steht der Konferenzdolmetscher laut einer Liste der WHO an dritter Stelle der

Berufe, die am meisten Stress verursachen – »hinter Astronauten und Piloten von Überschallflugzeugen«, scherzt Gisela Gusenburger, Konferenzdolmetscherin für Polnisch, Russisch und Deutsch. Sie mahnt ihre Studenten an der Universität Mainz dazu, »Ruhepausen konsequent einzuhalten«.[42]
Dolmetscher (auch Gebärdensprachdolmetscher) arbeiten überall auf der Welt, im wirtschaftlichen und politischen, im sportlichen und kulturellen Bereich, ebenso im Showgeschäft. In der Bundesrepublik bieten knapp 30 000 Dolmetscher und Übersetzer ihre Dienste an.[43] Vereidigte Dolmetscher sind im Auswärtigen Dienst, bei der Europäischen Union und bei anderen Behörden, zum Beispiel an Gerichten, tätig.

Info-Box

Bundesverband der Dolmetscher und Übersetzer
Rüdigerstr. 79a
53179 Bonn
Tel.: (02 28) 85 81 51
Fax: (02 28) 85 81 45
www.bdue.de

Informationen zur Dolmetscherausbildung findet man auch Online:

www.fask.uni-mainz.de
www.uni-leipzig.de
www.iued.uni-heidelberg.de
www.fu-koeln.de

Infos über Kurse an ausländischen Universitäten gibt es bei:
www.sprachlabor.fu-berlin.de

Dolmetschen bei der EU:

www.europart.eu.int

Protokollmitarbeiter

Beim internationalen Protokoll handelt es sich nicht etwa um das Mitschreiben von außenpolitischen Reden oder Debatten im Bundestag; es geht vielmehr um die Organisation von politischen Auftritten. Staatliche Würdenträger und Führungspersonen einer Behörde müssen sich und ihr Amt in der Öffentlichkeit darstellen. Und sie benötigen eine Crew, die dafür sorgt, dass bei solchen Anlässen keine Pannen passieren.

Dabei ist das Protokoll nicht nur eine Art Polit-Knigge, der darüber informiert, wer wann eine Tischrede hält und wo die Dolmetscher sitzen. Das Protokoll ist auch ein Medium der Politik: Wenn zwei Staaten sich in einem Konflikt befinden, bestimmt das Protokoll, wer mit welchen Würden empfangen wird. Dies kann eine entscheidende Rolle für den Verlauf der Verhandlungen spielen.

Alexandra Kretzschmar, Protokollbeamtin im Präsidialbüro des Bundesrats, ist für die Vor- und Nachbereitung von Reisen und Terminen des Bundesratspräsidenten zuständig. Ihren Job beschreibt sie als »echt stressig«. Bei der Vorbereitung eines Termins steht die Arbeit am Telefon im Vordergrund. »Jedes Detail hat hundertprozentig zu stimmen. Sorgfältige Planung und Koordination sind unbedingt erforderlich.« Zu Kretzschmars Aufgaben gehört nicht nur, sich um Hotel, Flugzeug, Catering und Limousinenservice zu kümmern. Ebenso sind Absprachen mit Behörden, besonders mit der Polizei über Absperrungen und andere Sicherheitsmaßnahmen nötig. Die Abstimmung und der enge Kontakt mit den Protokollmitarbeitern der anderen Gäste beziehungsweise Gastgeber sind unabdingbar.

Wie aufwändig diese Planungen sind, zeigt schon, dass eine einwöchige Reise an vier bis fünf verschiedene Orte eine drei- bis viermonatige Vorbereitungszeit in Anspruch nimmt. Während der Reise sind die Protokollmitarbeiter immer dabei und bewegen sich im Hintergrund. Hier, so die Einschätzung von Kretzschmar, braucht man eine gute Portion Improvisationstalent. Denn der Tagesablauf muss reibungslos funktionieren, die Hintergrundorganisatoren müssen auf alle Eventualitäten gefasst sein. »Man hat auch eine Lösung zu finden, wenn dem Bundesratspräsidenten ein Glas Rotwein über die Hose gegossen wird. Selbst ein harmloser Stau kann die Protokollbeamten zum Rotieren bringen.«

Daraus wird deutlich, dass ein Protokollmitarbeiter neben kommunikativen Fähigkeiten auch Organisationstalent und Flexibilität benötigt. Viele Veranstaltungen finden am Wochenende oder an Feiertagen statt. Auf private Termine kann wenig Rücksicht genommen werden. »Außerdem ist der Zeitdruck immens, und es gibt wenig Phasen zum Entspannen, zumal bei Empfängen der Tag schon einmal von 5 bis 23 Uhr abends dauern kann«, beschreibt Kretzschmar ihre Erfahrungen. Auf der anderen Seite entschädigen die vielfältigen Reisen. Man lernt interessante Orte und Personen – auch hochrangige Persönlichkeiten – kennen, da der Protokollmitarbeiter bei den Gesprächen seines Chefs stets anwesend ist.

Die Möglichkeiten, an einen Protokolljob zu kommen, sind verschieden. Ein politikwissenschaftliches Studium oder ein Studium an einer Beamtenfachschule sind üblich, Quereinsteiger kommen aus dem Bereich Öffentlichkeitsarbeit. Fremdsprachenkenntnisse und Parteiengagement sind gern gesehen.

Mitarbeiter im Auswärtigen Amt

Wer sich zum diplomatischen Dienst hingezogen fühlt, kann sich beim Auswärtigen Amt bewerben. Dort sind nicht nur Hochschulabsolventen und Fremdsprachenkorrespondenten gefragt – auch für Pförtner, Fahrer oder technische Hausmeister gibt es Angebote. Außerdem unterstützt das Auswärtige Amt alle, die bei einer internationalen Institution tätig werden wollen, wie beispielsweise den Vereinten Nationen, der Organisation für Sicherheit und Zusammenarbeit in Europa oder der Europäischen Union.

Die wichtigsten Voraussetzungen dafür sind eine abgeschlossene Berufs- oder Hochschulausbildung, mehrjährige Berufserfahrung und sehr gute Sprachkenntnisse. Arbeitsgebiete sind beispielsweise Architektur, Öffentlichkeitsarbeit, Telekommunikation, Umweltschutz oder Verwaltung.

Info-Box

Aus- und Fortbildungsstätte des Auswärtigen Amts
Gudenauer Weg 134-136
53127 Bonn
Tel.: (0 18 88) 17 21 31
Fax: (0 18 88) 1 75 21 31
www.auswaertiges-amt.de
(Hier gibt es auch Broschüren für die verschiedenen Laufbahnen im
Auswärtigen Dienst.)

Auslandsabteilung der Zentralstelle für Arbeitsvermittlung
Feuerbachstr. 42-46
60325 Frankfurt/M.
Tel.: (0 69) 7 11 10
Fax: (0 69) 7 11 15 40
(Hier gibt es u.a. die Broschüre *Die Mitarbeit von Deutschen in internationalen Organisationen.*)

Teil III
Workshop

Egal, ob Sie quer über den Atlantik paddeln oder per pedes zu beiden Polen wandern wollen – lassen Sie sich von niemandem erzählen, irgendwas sei nicht zu schaffen.

Rüdiger Nehberg, Survivalpapst

Ein Reisepass erlangt seine wahre Bedeutung erst dann, wenn du ihn verloren hast.

Hardy Krüger, Weltenbummler und Reiseberichterstatter

Am liebsten mag ich die wissenschaftliche Theorie, dass die Ringe des Saturn ausschließlich aus verloren gegangenem Reisegepäck bestehen.

Bertrand Russell, englischer Mathematiker und Philosoph

10.
Workshop zur Individuellen Berufsfindung

Im vorangegangenen Teil des Buchs haben Sie gesehen, wie andere vor Ihnen die Begeisterung fürs Reisen zum Beruf gemacht haben. Abenteuerreiseleiter, Expeditionsberaterin, Stewardessen, Auslandskorrespondenten, Diashow-Presenter, Sprachlehrer, Reiseführerautoren, spezialisierte Buchhändlerinnen, Trucker, Outdoor-Ausstatter: Die Möglichkeiten für Auslandsfans auf dem Arbeitsmarkt sind riesengroß.

Genau diese Vielfalt aber ist es, die einige zur Verzweiflung bringt. Wer alles machen kann, macht manchmal gar nichts. So wie Buridans Esel, der verhungert, weil er sich zwischen zwei gleich großen Heubündeln nicht entscheiden kann. Damit es Ihnen bei der Berufsfindung nicht ähnlich ergeht, zeigen wir jetzt, wie Sie aus all den Möglichkeiten das Richtige für sich auswählen.

Die folgenden zehn Schritte sind die Grundlage der Individuellen Berufsfindung. Wer es ausführlicher möchte und sich viele Anregungen und Beispiele wünscht, findet sie in der Berufsfindungsfibel *Der Job, der zu mir passt*.[44]

Die Grundfragen der Individuellen Berufsfindung lauten:

1. Was kann ich? (Fähigkeiten)
2. Was will ich? (Motivationen)
3. Wo gibt es Tätigkeiten, in denen ich meine Fähigkeiten und Motivationen gewinnbringend einsetzen kann?

Auch wenn die meisten Globetrotter lieber unterwegs sind, als am heimischen Schreibtisch vor sich hin zu brüten, sollten Sie die folgenden Schritte unbedingt schriftlich bearbeiten. Legen Sie einen Berufsfindungsblock oder einen Ordner an. Dort erarbeiten Sie eine Übersicht, die Ihnen hilft, ein Tätigkeitsgebiet zu entwickeln. Begleiten wird Sie dabei das Beispiel der Weltenbummlerin Christiane, die ihr Fernweh zum Beruf gemacht hat.

Schritt 1: Was kann ich?

Viele Leute tun sich schwer damit, ihre eigenen Stärken und Fähigkeiten anderen zu vermitteln. Und schlimmer noch: Viele fühlen sich selbst unsicher, was das eigene Potenzial angeht. Deshalb stellen wir die Frage nach persönlichen Fähigkeiten hier einmal anhand *konkreter* Situationen Ihrer Biografie.

Und das geht so: Nehmen Sie Ihren Berufsfindungsblock zur Hand, und schreiben Sie einige Situationen der letzten Monate und Jahre auf, in denen Sie stolz auf sich waren. Situationen, in denen Sie sich selbst auf die Schulter geklopft haben und dachten: »Das habe ich wirklich gut gemacht.«

Nun schauen Sie sich diese Situationen einmal genauer an. Analysieren Sie: Welche Fähigkeiten habe ich damals eingesetzt? Ohne welche meiner Stärken hätte das Ganze nicht funktioniert?

Unser Beispiel: Christiane war stolz auf ihren ersten größeren Auslandsaufenthalt, den sie selbst ohne Unterstützung ihrer Eltern organisiert hatte. Sie arbeitete einen Sommer lang in einem internationalen Jugendcamp in einem amerikanischen Naturschutzgebiet. Dort war es ihr gelungen, auch mit schwierigen Jugendlichen klarzukommen und Besuchergruppen den behutsamen Umgang mit der Natur näher zu bringen. Mit vielen anderen zusammen hatte sie einen Abenteuerspielplatz angelegt und Holzhütten gezimmert. Außerdem war sie stolz darauf, als Klassensprecherin häufig Streitereien zwischen Lehrern und Schülern beigelegt zu haben. Christiane hatte sich selbst auf die Schulter geklopft, als sie bei einem Praktikum eine Prämie bekommen hatte, obwohl der Chef ihr ursprünglich nichts zahlen wollte.

Christianes Stärken-Liste:

- recherchieren, Informationen sammeln
- organisieren, auch bei vielen Kleinigkeiten den Überblick behalten
- den eigenen Willen durchsetzen
- Durchhaltevermögen
- mit unterschiedlichsten Leuten klarkommen
- Kommunikationsfähigkeit
- andere begeistern und überzeugen
- verhandeln, vermitteln, diplomatisches Geschick
- Konfliktfähigkeit
- Englischkenntnisse
- anderen Natur näher bringen
- handwerkliches Geschick

Schritt 2: Was will ich?

Die Antwort auf die Frage »Was will ich?« fällt den meisten noch schwerer als die Angabe der eigenen Fähigkeiten. Daher untersuchen wir hier noch einmal Ihre Biografie. Diesmal geht es um Situationen, in denen Sie hoch motiviert waren. Schreiben Sie auf, wann Sie schon einmal über sich selbst hinausgewachsen sind. Wann haben Sie unglaubliche Energie entwickelt und hatten das Gefühl, die Welt auf den Kopf stellen zu können? Es gibt sie nämlich, allen Unkenrufen zum Trotz: die Tage, an denen Sie wirbeln und an denen es Ihnen ganz leicht fällt, etwas zu tun.

Nun analysieren Sie wieder: Was genau hat Ihre Energiereserven in diesen Momenten mobilisiert? War es entscheidend, dass die Situation etwas mit einem bestimmten Thema (Kunst, Gesundheit, Sport) zu tun hatte? Oder dass Sie anderen in einem schwierigen Augenblick zur Seite stehen konnten? Was genau hat Sie angetrieben? Fertigen Sie eine zweite Liste mit Ihren Motivationen an.

Zürich in unserem Beipiel: Christiane hatte besonders viel Energie an den Tag gelegt, als der Betriebsrat ihrer Firma neue Mitglieder suchte. Sie hatte Präsentationen vorbereitet und einen Informationstag organisiert. Dabei hatte sie sich vor allem darum gekümmert, ein offenes Ohr für jeden in der Firma zu haben. Christiane hat immer besonders viel Energie, wenn sie an der frischen Luft ist, wenn sie zelten, segeln oder wandern geht. Später hatte sie mit viel Elan eine Mini-Kreuzfahrt für ihre Clique organisiert. Außerdem vergisst sie die Zeit beim Fotografieren.

Christianes Motivationsliste:

- Politik
- draußen sein, Bewegung, Sport
- Erlebnisse mit anderen zusammen organisieren
- verschiedene Leute zusammenzubringen
- anderen etwas erklären
- im Team arbeiten
- fotografieren
- genau hinschauen und dabei Neues entdecken

Schritt 3: Was ich tun würde, wenn ich nicht scheitern könnte

Nach der Analyse Ihrer Fähigkeiten und Motivationen geben wir Ihnen noch drei Fragen mit auf den Weg. Auch diese dienen als Wegweiser auf der Suche nach einem beruflichen Feld, das Sie wirklich motiviert und zu Höchstleistungen anstachelt.

1. Von dem amerikanischen Berufsberater Richard Bolles stammt die folgende, besonders kurze Form der Berufsfindung: Von allen Leuten, die Sie kennen, wessen Job hätten Sie am liebsten? Denken Sie dabei an Menschen, die Sie schon einmal im Fernsehen gesehen oder von denen Sie gehört oder in der Zeitung gelesen haben. Notieren Sie einen oder mehrere Namen (Alfred Biolek, Madonna, Marcel Reich-Ranicki. Christianes Wahl: Tierfilmer Jacques Cousteau, Survivaltrainer Rüdiger Nehberg, der Leiter eines Assessment-Centers, das sie einmal besucht hat).

2. Viele Berufssuchende haben in ihrem Leben schon einmal Vorstellungen von einem erstrebenswerten Beruf gehabt, die sie

dann irgendwann aufgrund äußerer Umstände aufgaben. Wenn es einen solchen Berufswunsch bei Ihnen gab (Schauspielerin, Fußballtrainer, Grundschullehrerin) – bitte notieren. (Bei Christiane: Biologin, Fotografin.)

3. Eine der klassischen Berufsfindungsfragen lautet: Was würden Sie tun, wenn Sie *nicht* scheitern könnten? Stellen Sie sich vor, eines Tages erscheint die Berufsfee: »Du hast jetzt einen Berufswunsch frei.« Was wünschen Sie sich? (Ein Reisemagazin moderieren, Motivationstrainer sein, die erste grüne Bundeskanzlerin werden. Christianes Wahl: Safarileiterin, Weltumseglerin.)

Zwischenergebnis: Die Anatomie Ihres Traumberufs

Aus den bisherigen Ergebnissen Ihres Workshops erstellen Sie nun ein Schaubild (siehe Grafik S. 228). Zur Erinnerung: Sie suchen nach einem Tätigkeitsgebiet, auf dem Sie Ihre Interessen und Fähigkeiten sinnvoll und gewinnbringend einsetzen können.

Fertigen Sie zu diesem Zweck Konzentrate aus den Listen mit Ihren wichtigsten Fähigkeiten und Motivationen, und übertragen Sie diese in Ihr Schaubild. Wählen Sie von allen bisher notierten Situationen diejenigen Punkte Ihrer Biografie aus, die Ihnen am meisten bedeuten. Tragen Sie auch weitere Details Ihres Traumberufs zusammen: Möchten Sie einen Beruf, in dem Sie sich viel bewegen oder in dem Sie nicht so früh aufstehen müssen? Oder lieber einen, bei dem Sie viel unterwegs sind? Halten Sie (beispielsweise unter dem Punkt *Extrawünsche*) fest, durch welche Eigenschaften sich Ihr Traumberuf auszeichnen sollte.

Die Grafik dient als Vorschlag für die Zusammenstellung Ihrer Antworten. Wichtig ist, dass Sie Ihre bisher notierten Ergebnisse sortieren. Das Schaubild dient als Grundlage für das folgende Brainstorming. Lesen Sie daher erst weiter, wenn alles seinen Platz hat.

Nr. 6
Ungeahnte Aktivität habe ich
entwickelt bei …

Nr. 5
Was ich besonders gut kann …

Nr. 3
Was ich schon einmal
werden wollte …

Nr. 8
Extra-Wünsche …

Nr. 2
Wenn ich auf keinen Fall scheitern
könnte, würde ich am liebsten …

Nr. 4
»Das habe ich wirklich gut
gemacht«, habe ich gedacht, als …

Nr. 1
Wessen Beruf ich am
liebsten hätte …

Nr. 7
Was mich motiviert …

Mein Traumberuf

Schritt 4: Welche Tätigkeitsfelder ergeben sich aus diesen Fähigkeiten und Motivationen?

Neue Ideen entstehen vor allem aus der Verknüpfung von bereits Bekanntem. Das ist der Grund, warum Sie Ihre bisherigen Ergebnisse aufgeschrieben haben. Ihnen stehen nun die einzelnen Resultate für ein spielerisches Zusammensetzen zur Verfügung.

Wie das geht? Fantasieren Sie einmal:

- Wenn Sie stolz waren, einen Artikel über Afrika in einer Zeitung untergebracht zu haben und Sie besonders motiviert sind, im Ausland Außergewöhnliches – fernab der ausgetretenen Pfade – zu entdecken, denken Sie darüber nach, Reiseführer zu schreiben.

- Wenn es Ihnen Spaß macht, stundenlang in Ihren Urlaubsfotos zu kramen und Sie merken, dass Ihre Aufnahmen von Mal zu Mal besser werden, und wenn Sie darüber hinaus Spaß am Präsentieren haben, denken Sie über eine Tätigkeit als Diashow-Presenter nach.

- Wenn Sie am liebsten den Job des Motivationstrainers Anthony Robbins hätten und besonders stolz auf Ihre Wandertouren sind, ziehen Sie in Erwägung, Survivaltrainings zu geben.

- Wenn Sie Spaß beim Kellnern im Biergarten haben und gut im Team arbeiten können, überlegen Sie, Steward oder Stewardess im Flieger oder auf dem Kreuzfahrtschiff zu werden. Wenn Sie mehr Freude an guten Weinen haben, kommt vielleicht eine Tätigkeit als Sommelier infrage.

Vielleicht ist Ihnen bei der bisherigen Beschäftigung mit Berufsbildern für Globetrotter und Weltenbummler bereits eine Idee gekommen. Falls nicht, tasten Sie sich vorsichtig an Ihren neuen Traumberuf heran. Veranstalten Sie zunächst ein ungezwungenes Brainstorming: Welche Tätigkeiten oder Bereiche wären Ihrer Traumberufgrafik nach *genau das Richtige* für Sie?

Gehen Sie dabei spielerisch und nicht schematisch vor. Nicht immer ergibt eine Kombination von A und B bereits Ihren Traumberuf. Experimentieren Sie stattdessen mit Ihren Ergebnissen und seien Sie kreativ! Formulieren Sie imaginäre Tätigkeitsfelder und echte Traumberufe, in denen Sie Ihre Fähigkeiten und Motivationen am liebsten einsetzen würden. Formulieren Sie die Lieblingssituation Ihres Lebens in ein berufliches Tätigkeitsfeld um! Und Christiane? Sie entschließt sich, Outdoorguide zu werden und Einzelpersonen und Gruppen durch die Wildnis zu führen, ihnen die Natur zu erklären und Grundbegriffe vom Überleben ohne Badewanne und Klimaanlage zu vermitteln. Was sie genau dort tun wird und wie sie es schafft, einen Fuß in die Tür zu bekommen – davon handeln die nächsten Schritte.

Schritt 5: Spezialisierung

Die meisten Berufswünsche sind viel zu allgemein. Unkonkrete Formulierungen wie »Ich will etwas mit Tourismus machen« oder »Ich stelle mir etwas vor, wo ich viel draußen bin« eignen sich überhaupt nicht dazu, sich zielgerichtet auf die Suche nach einem Arbeitsplatz zu begeben. Daher geht es in diesem Schritt darum, Ihr Ziel weiter einzugrenzen.

Eine berufliche Spezialisierung bringt erhebliche Vorteile mit sich: Durch ein spezielles Thema oder eine spezielle Zielgruppe schärft man sein individuelles Profil, mit dem man sich bei Bewerbungen, Auftragsvergaben und anderen Kontaktaufnahmen leicht von anderen abheben kann.

Zur Erklärung einige Beispiele für gelungene Spezialisierungen:

- Dolmetscher für internationale Sportler
- Importeur von asiatischem Kunsthandwerk
- Eisenbahnfilmer
- Handel mit internationalen Filmbüchern
- Reiseentwickler für Kreuzfahrten für junge Familien
- DJ für World-Music
- Moderator für Reisesendungen
- Inhaberin einer Agentur für Frauen-Motorradreisen

Für die folgenden Überlegungen ist es wichtig, dass Sie Ihr berufliches Ziel inklusive Spezialisierung so konkret wie möglich fassen. Das bedeutet, dass Sie in einem klaren Satz formulieren, was Sie werden wollen, und nicht nur allgemeine Stichworte zum Thema Berufsfindung notieren. »Clarity is power« – in der klaren Formulierung eines Ziels liegt die Kraft, dieses auch zu erreichen. Schauen Sie sich einmal die unterschiedliche Wirkung an zwischen dem Stichwort *Reiseführer* und dem präzise und selbstbewusst formulierten: »Ich will Reiseführer zum Thema außergewöhnliche Naturereignisse in Europa schreiben.« Oder: »Ich will Videofilme als Werbemittel für einen Abenteuerreiseanbieter drehen.«

Notieren Sie Ihre Ziele dort, wo Sie sie regelmäßig zur Kenntnis nehmen: im Kalender, über Ihrem Schreibtisch oder sichtbar neben dem Bett (um sie vor dem Einschlafen immer wieder durchzusehen).

Schritt 6: Wo gibt es solche Tätigkeiten?

Die verbleibenden Schritte leiten Sie nun an, Ihr frisch formuliertes Ziel in die Tat umzusetzen. Denn: Ob man ein Ziel erreicht oder nicht, hängt in erster Linie von der eingesetzten Strategie ab. Wer nicht wohl überlegt plant und organisiert, kann nichts erreichen.

Es ist nun an der Zeit, die Welt nach Einsatzmöglichkeiten für Sie zu durchforsten. Beginnen Sie wieder mit der Sammlung von Ideen. Fragen Sie sich: Wo werden solche Tätigkeiten gebraucht? Oder: An welchen Orten *könnten* solche Tätigkeiten gebraucht werden? Rezeptionsmitarbeiter beispielsweise arbeiten nicht nur im Hotel, sondern auch auf Kreuzfahrtschiffen, in Jugendherbergen, Seminarhäusern, bei Konferenzen, internationalen Messen und großen Sportereignissen. Auch Animateure arbeiten nicht nur in Ferienclubs, sondern ebenfalls auf Kreuzfahrtschiffen, bei Promotiontouren von Sportfirmen wie Nike, Adidas oder Reebook, in Hotels, Ferienressorts, Sportanlagen, Vergnügungsparks und Diskotheken.

Fertigen Sie eine Liste an, auf der sämtliche Ideen festgehalten werden.

Christianes Einsatzliste: Outdoorguides arbeiten

- bei Abenteuerreiseveranstaltern
- bei Naturschutzorganisationen
- bei Jugendwerken
- bei Ausrüstern für Outdoor-Aktivitäten
- in Ferienclubs
- in Naturschutzgebieten
- bei Safari-Veranstaltern
- in Hotels (Guest-Relations)
- bei Einrichtungen, die schwer erziehbare Jugendliche betreuen
- bei Weiterbildungsorganisationen
- bei Personalentwicklern (Outdoor-Seminare)
- bei Incentive-Agenturen
- bei Konferenzveranstaltern (Rahmenprogramm)

Nach Zusammenstellen dieser Liste entscheidet sich Christiane dafür, dass ihr der Einstieg über die Mitarbeit in einer Incentive-Agentur, die sich auf Reisen für Mitarbeiter eines Unternehmens spezialisiert hat, am aussichtsreichsten und attraktivsten erscheint. Gehen Sie genauso vor: Fertigen Sie eine Liste mit möglichen Einsatzgebieten an, und wählen Sie dann einen Bereich aus. Formulieren Sie Ihr spezifisches Ziel nun inklusive Einsatzgebiet. Einige Beispiele:

- Betreuung von Outdoor-Aktivitäten für eine Personalentwicklungsagentur
- Kameramann für Funsport-Aufnahmen für eine Snow- und Surfboard-Firma
- Moderator für Sendungen bei einem Reiseverkaufssender
- LKW-Fahrer bei einer Spedition für Lebensmitteltransporte
- Roadie für technisch besonders aufwändige Tourneen bei einem Konzertveranstalter
- Einkäufer für Abendkleidung bei einem exklusiven Modeversandhaus
- Entwicklungshelfer im Bereich naturnahe Landwirtschaft bei einer Entwicklungshilfeinstitution, die sich auf Südamerika spezialisiert hat

Schritt 7: Informationsphase

Im vorangegangenen Schritt haben Sie ein konkretes Einsatzgebiet für Ihre Tätigkeit festgelegt. Es ist nun an der Zeit, Informationen über die Unternehmen zu beschaffen, die in genau diesem Bereich tätig sind. Beginnen Sie Ihre Recherche damit, eine Liste zusammenzustellen mit allen Firmen, Auftraggebern oder Projekten, die möglicherweise für Ihr Vorhaben infrage kommen.

Wenn Sie beispielsweise einen Reiseführer über China schreiben wollen, finden Sie im *Taschenbuch für die Touristikpresse* Adressen von Verlagen, die Reiseführer auf den Markt bringen. Besorgen Sie die Verlagsprogramme, gehen Sie ins Internet, besuchen Sie die Verlagsstände auf der Buchmesse, verfolgen Sie die Berichterstattung in der Fachpresse und lesen Sie möglichst viele Bücher aus diesen Verlagen.

In einigen Fällen ist die Beschaffung erster Adressen zeitaufwändiger: Wer beispielsweise Unfallforscher für Flugzeugunfälle werden möchte, sollte zunächst auf den Internetseiten des Luftfahrtbundesamts, der Physikalisch-Technischen Bundesanstalt und der Fluggesellschaften suchen. Auch an Universitäten werden Forschungsprojekte in diesem Bereich gefördert. Wie man so etwas herausfindet? Weiterklicken, recherchieren, telefonieren, lesen, Studenten und Professoren nach Fachpublikationen fragen, Fernsehen schauen und mit fremden Leuten in der S-Bahn sprechen. Es hilft nämlich auch, bewusst Augen und Ohren offen zu halten. Ist man erst einmal für bestimmte Themen sensibilisiert, findet man überall interessante Neuigkeiten. »Berufsfindung macht magnetisch für Informationen«, behaupten die Berufsberater Johanna Frank und Lorenz Wolff.[45]

Ein Anruf pro Firma

Wenn Sie eine Liste mit allen für Sie interessanten Arbeitgebern zusammengestellt haben, beginnen Sie damit, diese systematisch abzutelefonieren. Bitten Sie jede Firma, jedes Projekt um ausführliches Informationsmaterial. Wenn Sie beispielsweise Lektorin in einem Verlag für Reiseführer werden möchten, empfiehlt sich ein Anruf bei zwanzig Reiseführerverlagen. In der Regel wird man Ihnen Verlagsprogramme und Presseinformationen über Verlag und Autoren zuschicken. Wenn Sie lieber bei einem internationalen Reiseliteraturfestival arbeiten wollen, ist es mit einem Anruf möglicherweise nicht getan. Fahren Sie stattdessen hin, und machen Sie sich vor Ort ein Bild von dem Projekt.

Manchen Berufssuchenden fällt es leichter, diese erste Informationsphase unter einem Vorwand durchzuführen. Um sich die Sache zu erleichtern, geben sie beispielsweise an, dass sie im Rahmen einer Hausarbeit eine Studie erstellen oder dass sie für einen Artikel recherchieren. Ob Sie eine Ausrede bemühen oder nicht, bleibt ganz allein Ihnen überlassen. Sagen Sie das, womit Sie sich wohl fühlen.

Die Informationen, die Sie auf diese Weise sammeln, arbeiten Sie sorgfältig durch. Heften Sie alles in Ihrem Berufsfindungsordner ab. Sie sollten jetzt bereits eine ganze Menge über die Unternehmen, Agenturen, Organisationen in Erfahrung gebracht haben, die sich möglicherweise für Ihre Arbeit interessieren. Allein die Beschäftigung mit diesen Informationen bietet Ihnen wertvolle Hinweise für Ihr weiteres Vorgehen.

Und Christiane? Sie ruft beim Verband deutscher Personalentwickler an und bittet um Zusendung einer Mitgliederliste. Dann recherchiert sie im Internet, welche davon Outdoor-Seminare anbieten. Zusätzlich sucht sie in Personalfachzeitschriften nach Adressen. Sie ruft bei Unternehmen an, die ihren Mitarbeitern entsprechende Trainings anbieten. Sie fragt nach, welche Agenturen das Programm entwickelt haben. Außerdem nimmt sie selbst an Touren teil, fährt zu Veranstaltungen von Umweltschutzorganisationen und liest Bücher zum Thema Erlebnispädagogik und Artikel zum Thema Personalentwicklung. Alle gesammelten Informationen heftet Christiane in ihrem Berufsfindungsordner ab.

Eine Auswahl treffen

Wenn Sie alle Informationen zu den für Sie interessanten Organisationen und Projekten auf Ihrer Liste durchgearbeitet haben, wählen Sie die etwa zwei bis vier für Sie interessantesten Unternehmen aus. Diese stehen von nun an im Zentrum Ihrer Aufmerksamkeit. Sammeln Sie weiterhin gezielt alles über diese, für Sie besonders attraktiven Unternehmen und Projekte. Je mehr Sie über Ihren zukünftigen Arbeitgeber wissen, desto stärker ist Ihre Position.

Wenn Sie sich bei einem Anbieter von Wanderreittouren bewerben wollen, sammeln Sie alles, was Sie über das Programm in Erfahrung bringen können, beispielsweise wie die Touren vermarktet werden, welche Zielgruppe angesprochen wird, welche Schwierigkeiten bereits aufgetreten sind, welche Personalpolitik dort verfolgt wird und welchen beruflichen Werdegang der Chef hat. Jede Information bringt Sie Ihrem Ziel ein kleines Stück näher.

Eine der besten Quellen für Informationen sind Leute, die in den betreffenden Projekten arbeiten oder einmal gearbeitet haben und die Auskunft über die internen Abläufe und Besonderheiten geben können. Wenn Sie nicht über entsprechende Kontakte verfügen, hören Sie sich in Ihrem Bekanntenkreis um, ob es nicht jemanden gibt, der Ihnen weiterhelfen kann.

Da sich Christiane nicht nur für Naturerlebnisse, sondern auch für Gruppenarbeit interessiert, entscheidet sie sich für zwei Agenturen, die zusätzlich zu den Outdoor-Seminaren auch Indoor-Trainings zu Themen wie Teamentwicklung, Kommunikation, Konfliktlösung und Motivation anbieten. Zusätzlich zu den bereits gesammelten Informationen findet sie bei ihren Recherchen heraus, dass die Geschäftsführerin der einen Agentur eine Abschlussarbeit über Erlebnispädagogik im Personalwesen geschrieben hat (die sie in der Bibliothek einsehen kann). Zusätzlich besorgt sich Christiane Fachbücher aus den USA, die sich mit der Förderung von Nachwuchsführungskräften beschäftigen.

Schritt 8: Persönliche Kontakte gezielt aufbauen

In nahezu jeder Phase Ihrer Berufsfindung, vor allem aber dann, wenn Sie das Gefühl haben nicht weiterzukommen, werden Ihnen gute Kontakte helfen. Dabei geht es keinesfalls darum, dass Ihr Vater Sie in der Firma eines Studienkollegen unterbringt. Es geht vielmehr um die Beschaffung von guten Informationen und manchmal auch darum, Türen für Sie zu öffnen. Hineingehen und »Guten Tag« sagen müssen Sie jedoch selber.

Leute, die in »Ihrem« Bereich arbeiten oder gearbeitet haben, liefern Ihnen besonders interessante Informationen für Ihr berufliches Vorhaben: Welche Entwicklungen zeichnen sich in einer Branche ab? Was sind die mittel- und langfristigen Pläne bestimmter Unternehmen? Welche Probleme bestehen dort, oder welche werden sich voraussichtlich entwickeln? Wann werden welche Stellen frei? Und: Welche Leute sind besonders wichtig? Wer in dem von Ihnen angestrebten Bereich arbeitet, kann Ihnen viele Detailinformationen geben, die von außen schwer zu bekommen sind.

Wie man solche Leute findet? Zunächst einmal müssen Sie sich überlegen, zu wem Sie einen Kontakt aufbauen wollen. Wenn es Sie beispielsweise zum Dokumentarfilm zieht, ist es nützlich, sich mit Redakteuren, freien Autoren, Kameraleuten, Tontechnikern, Cuttern, PR-Leuten von Fernsehsendern und Regisseuren zu unterhalten. Auch Mitarbeiter von Produktionsfirmen oder Moderatoren von Magazinsendungen können interessante Gesprächspartner sein. Hören Sie sich in Ihrem Bekanntenkreis um, wer jemanden kennt, auf den diese Beschreibung zutrifft. Es wird sich schnell jemand finden, der einen Kontakt vermitteln kann.

Den Kontakt zu einer konkreten Person herzustellen, ist oft viel leichter als man denkt. Die Strategieberaterin Kerstin Friedrichs aus Bremen beschreibt das so: »Mit maximal vier Kontakten kann man praktisch jeden Menschen auf der ganzen Welt erreichen.« Spielen Sie es einmal im Kopf durch: Sie wollen einen Kontakt zu Hardy Krüger herstellen (oder zu Reinhold Messner oder zu Gabriele Krone-Schmalz). Wen könnten Sie fragen? Wie viele Kontakte würden Sie benötigen?

Christiane beispielsweise knüpft über einen ehemaligen Studienkollegen den Kontakt zu einem Survivaltrainer. Sie ruft an, etwa so: »Guten Tag, hier spricht Christiane Grundmann. Ich habe Ihre Nummer von meinem Studienkollegen Rainer Müller, von dem ich Sie ganz herzlich grüßen soll. Es geht um Folgendes: Ich habe während meines Studiums in den Semesterferien Jugendgruppen bei Wandertouren und Zeltlagern begleitet und auch zwei Workshops zum Thema Erlebnispädagogik besucht. Um meine Erfahrungen auf diesem Gebiet auszubauen, interessiere ich mich für die Arbeit von Trainern, die im Bereich Natur und Abenteuer arbeiten. Darf ich Ihnen ein paar Fragen stellen? Es dauert auch nicht länger als zehn Minuten.« Da fast alle Leute sich freuen, wenn man sich ernsthaft für sie interessiert, stellen Sie Ihrem Gesprächspartner folgende Fragen:

1. Wie sieht Ihr ganz normaler Arbeitsalltag aus?
2. Wie sind Sie in diese Position gekommen?
3. Was muss man dafür können, fachlich und außerfachlich?
4. Was sind die besonderen Vorteile und Erfolgserlebnisse dieses Berufs?
5. Was sind die spezifischen Nachteile und Belastungen?
6. Haben Sie einen Tipp, mit wem ich mich noch unterhalten sollte?[46]

Die Auskünfte Ihrer »Informanten« liefern Ihnen weitere wertvolle Hinweise darüber, wie Sie Ihren Traumberuf realisieren können. Auch hier gilt: Jede einzelne Information bringt Sie Ihrem Ziel ein kleines Stück näher. Natürlich notieren Sie die wichtigsten Punkte des Telefonats in Ihrem Berufsfindungsblock.

Kontaktpersonen spielen nicht nur bei der Informationsbeschaffung eine große Rolle. Sie helfen auch bei der Anbahnung von ersten Bewerbungsgesprächen. Wer seinen Anruf beim Projektleiter beginnen kann mit: »Ich soll Sie herzlich von Frau Wartenberg vom Deutschen Journalistenverband grüßen«, wird schneller als andere auf offene Ohren treffen.

Überlegen Sie, auf wen Sie sich in einem ersten Gespräch berufen können. Vielleicht auf Ihren Universitätsprofessor, auf die Expertin, die Sie auf einer Konferenz kennen gelernt haben oder auf eine andere wichtige Person, zu der Sie während Ihrer Recherche Kontakt aufgenommen haben. Selbstverständlich müssen Sie diese Menschen von Ihrem Vorhaben unterrichten.

Schritt 9: Schon vor der Bewerbung erste Arbeitserfahrungen sammeln

Wenn Sie sich bei Ihrem Traumunternehmen um einen Job oder einen Auftrag bewerben, sollten Sie in jedem Fall vorweisen können, dass Sie auf dem von Ihnen anvisierten Gebiet bereits etwas auf die Beine gestellt haben. Wie und wo aber kann man allererste Erfahrungen in einem Tätigkeitsgebiet machen?

Der beste Weg, diese Erfahrungen zu sammeln, ist ein eigenes kleines (oder großes) Projekt. Damit beweisen Sie von Anfang an unternehmerisches Denken, Eigeninitiative und Begeisterungsfähigkeit. Mit einem eigenen Projekt können Sie Ihr Engagement und Ihre Ziele mit Strahlen in den Augen kommunizieren. Sie werden erstaunt sein, wie schnell Sie auf einmal Arbeitgeber von sich einnehmen. Es ist ungemein schwierig, sich der Anziehungskraft zu entziehen, die Leute ausstrahlen, die mit Leib und Seele bei der Sache sind.

Wenn Sie also Weiterbildungen für Deutschlehrer in aller Welt geben möchten, beginnen Sie damit, Deutsch als Fremdsprache an der Volkshochschule oder in integrativen Jugendprojekten zu unterrichten. Experimentieren Sie dort mit verschiedenen Lehr- und Unterrichtsmethoden. Veranstalten Sie zusammen mit einem Professor für Deutsch als Fremdsprache einen Aktionstag, auf dem Sie neue Wege der Sprachvermittlung vorstellen. Nehmen Sie eine CD auf und entwickeln Sie ein kleines Lernprogramm als Software, das Sie im Internet präsentieren.

Wenn Sie Zirkusclown werden wollen, beginnen Sie auf Kindergeburtstagen, in Kindertagesstätten, auf Straßenfesten und im Kaufhaus (dort, wo die Kinder abgegeben werden). Wenn Sie auf einem Frachtschiff arbeiten wollen, können Sie über Reisebüros Touren von Bremen nach Grönland buchen und sich dann (das Einverständnis des Kapitäns vorausgesetzt) an Deck nützlich machen.

Wenn Sie Schmuck aus Afrika importieren wollen, beginnen Sie mit einem Stand auf einem Kunsthandwerks- oder Weihnachtsmarkt. Schnell werden Sie dort mit anderen Händlern und Importeuren in Kontakt kommen. Wenn Sie Fahrradguide werden wollen, organisieren Sie eine Tour für eine Jugendgruppe, eine Klasse an Ihrer ehemaligen Schule, für Ihren Fußballverein oder Ihren Betriebsausflug. Wenn Sie DJ werden wollen, legen Sie auf Geburtstagen, Jubiläen und Hochzeiten auf. Oder organisieren Sie mit zwei anderen DJs eine Session auf einem Straßenfest. Schnell wird sich jemand melden, der unbedingt noch einen DJ für seine nächste Party, ein großes Event oder eine Radioshow braucht.

Neben den beschriebenen Vorteilen eines eigenen Projekts zum Berufseinstieg kommt Ihnen höchstwahrscheinlich ein weiteres Phänomen zugute: Wer macht, was er wirklich gerne macht, wird in der Regel auch Jobangebote von außen erhalten. Viele Arbeitgeber suchen händeringend Leute, die etwas bewegen und Begeisterung vermitteln können. Diese Arbeitgeber werden aber nur dann auf Sie aufmerksam werden, wenn Sie sich mit Herzblut für Ihre Sache ins Zeug legen und Ihr Engagement auch deutlich zeigen.

Neben dem eigenen Projekt gibt es noch andere Möglichkeiten, die ersten Gehversuche auf einem neuen Gebiet zu machen: Praktika, Ehrenämter, die Teilnahme an Veranstaltungen von Arbeitgebern (Workshops, Aushilfstätigkeiten, Messeauftritte, Tage der offenen Tür). Entscheidend dabei ist immer, dass Sie einen Fuß in die Tür bekommen und erste Kontakte knüpfen.

Christiane – Sie wissen es bereits – hat zunächst als Jugendgruppenleiterin Erfahrungen mit dem Verhalten und der Entwicklung von Gruppen bei Touren gemacht. Sie plant außerdem einen Aktionstag in ihrem Sportverein, bei dem es um die grundsätzlichen Regeln für das Überleben in der Wildnis gehen soll. Im Anschluss ist eine Tour geplant, bei der man diese Regeln auch umsetzen muss: also Spinnen und Würmer essen, Notunterkünfte bauen und sich nachts eingraben.

Unterstützung gewinnt Christiane bei der Vereinsleitung, einigen Eltern von »schwierigen« Kindern, die in dem Verein Sport treiben, bei einer Politikerin, die sich der Jugendarbeit verschrieben hat und einem Journalisten. Sie lädt zu einem Informationsabend mit anschließender Expertenrunde ein. Der Verein stellt den Raum, sie selbst lädt die Experten ein (einen Pädagogen, einen Survivaltrainer, eine Personalentwicklerin und einen Mannschaftskapitän), der Journalist sorgt für die Berichterstattung. Dadurch knüpft sie professionelle Kontakte zu Personalentwicklern, Outdoor-Trainern und Medien.

Schritt 10: Gezielt an den gewünschten Arbeitgeber herantreten

Das ist der Moment, auf den Sie in Ihrem persönlichen Workshop zur Individuellen Berufsfindung hingearbeitet haben! Bevor Sie den entscheidenden Schritt tun und Ihren Traumarbeitgeber kontaktieren, hier noch einmal das bisher Erarbeitete zusammengefasst:

1. In der Berufsfindung funktioniert nichts, bevor Sie nicht Ihre persönlichen Fähigkeiten ausgelotet haben und diese auch konkret benennen können. Schließlich werden Sie Ihrem potenziellen Arbeitgeber vermitteln müssen, warum er *ausgerechnet Sie* einstellen soll. Eine genaue Anleitung dazu finden Sie in Schritt 1 des Workshops.

2. Suchen Sie sich nicht irgendein Berufsfeld, das Ihnen gerade aussichtsreich erscheint. Wenn Sie in einem Bereich nicht wirklich arbeiten wollen, werden Sie dort nicht viel erreichen können. Finden Sie stattdessen heraus, was Ihnen wirklich Spaß macht und was Sie morgens aus dem Bett treibt, auch wenn Sie eigentlich hundemüde sind. Beruflich erfolgreich wird, wer mit echter Begeisterung bei der Sache ist. Dazu gehört auch eine Spezialisierung, die zu Ihnen und Ihren Wünschen passt. Diese einzelnen Elemente Ihres beruflichen Ziels haben Sie in den Schritten 2 bis 5 entwickelt.

3. Stellen Sie eine Liste mit sämtlichen Orten zusammen, an denen eine solche Tätigkeit gebraucht wird oder gebraucht werden könnte. Suchen Sie aus dieser Liste den Bereich aus, der Sie am meisten anspricht. Sammeln Sie nun Adressen von Firmen und Projekten, die dort tätig sind, und lassen Sie sich deren Unterlagen schicken. Wählen Sie die attraktivsten Organisationen aus,

und sammeln Sie über diese Traumarbeitgeber alle verfügbaren Informationen. Näheres dazu haben Sie in den Schritten 6 bis 8 gelesen.

4. Machen Sie Ihre ersten Erfahrungen mit einem eigenen Projekt, oder arbeiten Sie dort, wo es bereits Strukturen von ehrenamtlicher Arbeit gibt. Suchen Sie nach »ganz einfachen« Möglichkeiten, erste Erfahrungen zu sammeln. Auf diese Weise können Sie sich auch während einer Berufstätigkeit oder während eines Studiums Ihr (neues) berufliches Feld erarbeiten.

Das entscheidende Telefonat führen

Wenn Sie alle Schritte bis hierhin erledigt haben, sind Sie nun bestens auf das bevorstehende Gespräch vorbereitet.

Die meisten Bewerber scheuen sich vor einer ersten Kontaktaufnahme per Telefon. Dabei vergeben sie leichtfertig die wichtige Chance, durch einen persönlichen Anruf Initiative zu zeigen und einen guten Eindruck zu hinterlassen. Schließlich sind auch bei Reiseveranstaltern, im Hotelbereich und bei international tätigen Unternehmen kommunikationsstarke Mitarbeiter gesucht.

Vom unangekündigten Verschicken von Bewerbungsmappen ist dagegen abzuraten. Diese landen häufig wenig beachtet auf irgendwelchen Ablagen. Die meisten Leute werden täglich mit Post zugeschüttet und müssen einen Weg finden, mit der Informationsflut fertig zu werden. Dazu gehört leider in vielen Fällen, dass unaufgefordert eingesandte Bewerbungen keine große Beachtung finden.

Damit Ihr Gesprächspartner Ihnen auch zuhört, obwohl er Sie noch gar nicht kennt, sollten Sie im ersten Satz eine Trumpfkarte ausspielen, und das ist die Erwähnung eines persönlichen Kontakts oder der Bezug auf etwas, das Ihr Gegenüber geäußert oder getan hat. Wenn Sie beispielsweise in der Zeitung lesen, dass Ihre Zielperson in einem Interview eine bestimmte Meinung geäußert hat, dann können Sie sich in Ihrem ersten Satz darauf beziehen: »Guten Tag Frau Fischer, hier ist Christiane Grundmann. Ich habe gesehen, dass Sie ein Buch zu neuen Ansätzen der Personalentwicklung herausgeben. Ich finde die Auswahl an den verschiedenen Theorien sehr gelungen, vor allem das Kapitel über die erlebnisorientierten Trainings hat mich sehr interessiert. Ich glaube auch, dass ein Erlebnis Leute nachhaltig verändern kann. Das habe ich auch in meiner Arbeit als Leiterin von Jugendtouren erfahren. Seit einigen Monaten führe ich außerdem Diskussionsrunden ...«

Der Mechanismus, den Sie hier nutzen, lautet: Jeder Mensch freut sich, wenn andere sich mit dem beschäftigen, was er gesagt, getan oder geschrieben hat. Wenn Sie sich bei einem erfolgreichen Survivaltrainer als Assistentin bewerben wollen, sollten Sie sich also nach seinem Programm erkundigen, seine Bücher lesen und auf seine Website schauen. Vielleicht finden Sie einige Unternehmen, die mit diesem Trainer bereits gearbeitet haben und die über ihre Erfahrungen berichten können oder Sie finden ein Interview in der Kundenzeitschrift Ihrer Krankenkasse. Je mehr Sie über die Meinungen Ihrer Zielperson wissen, desto stärker ist Ihre Position in Ihrem ersten Telefonat und während der gesamten Bewerbungsprozedur.

Entscheidend ist, dass Sie es in Ihrem ersten Telefonat schaffen, die Aufmerksamkeit Ihres Gegenübers zu wecken und ihn oder sie für sich zu interessieren. Ein Beispiel:

»Guten Tag Frau Dormann, hier ist Christoph Schmitz. Ich habe gerade Ihr Interview in den *Stuttgarter Nachrichten* zum Thema E-Commerce in der Tourismusbranche gelesen. Ich finde Ihre Ausführungen zu den Möglichkeiten der Online-Betreuung sehr interessant, vor allem, da vielen das Buchen übers Internet immer noch zu unpersönlich oder riskant erscheint. Ich betreue selbst eine Seite im Internet, auf der sich Leute vor bestimmten Touren mit Travellern, die gerade von dort kommen, austauschen können. Ich würde gern in dieser Richtung weiterarbeiten und überlegen, wie man den Verkauf von Reisen im Internet und die ganze Bezahlung und Abwicklung attraktiver machen könnte. Ein Praktikum in Ihrem Unternehmen wäre eine gute Chance für mich, mein Wissen auszubauen. Kann ich Ihnen meine Unterlagen einmal vorbeibringen? Dann könnte ich Ihnen auch kurz einen kleinen Artikel von mir zum Thema *Reiseverkauf ohne Reisebüro* zeigen.«

Oder: »Guten Tag Herr Müller, hier ist Anna Lehmann. Ich habe im Internet gesehen, dass Sie Ihre Radtouren jetzt auch in Osteuropa veranstalten wollen. Ich glaube, dass es ein großes Interesse daran gibt, vor allem für Ungarn und die Tschechische Republik. Ich habe während meines Studiums Fahrradtouren vor allem in die klassischen Bierländer wie Dänemark und Belgien veranstaltet. Einmal haben wir auch per Fahrrad die Urquell-Brauerei in Pilsen besucht. Da ich bereits über Erfahrungen in der Organisation und Leitung solcher Touren verfüge, könnten wir vielleicht einmal über eine Zusammenarbeit sprechen. Ich bin nächste Woche in Köln und würde mich gern kurz bei Ihnen vorstellen. Wenn Sie auf eine Tasse Kaffee Zeit haben, bringe ich auch ein paar Fotos von unseren Touren mit.«

(Mit einem solchen Einstieg hat sich Anna übrigens geschickt aus der Position der Bittstellerin herausmanövriert. Sie ist nun eine »interessante Gesprächspartnerin«. Eine strategisch viel günstigere Ausgangsposition für eine Bewerbung!)

Natürlich ist die Vorbereitung eines solchen Einstiegs mit sehr viel Arbeit verbunden. Deshalb kommen die meisten Bewerber nicht über ein »Guten Tag, hier ist Peter Schmitz, ich wollte mal fragen, ob ich bei Ihnen ein Praktikum machen kann« hinaus. Doch genau *das* ist Ihre Chance!

Wenn Sie Ihr Telefonat detailliert vorbereiten, wird es Ihnen auch gelingen, ein persönliches Treffen anzubahnen, bei dem Sie sich und Ihre Arbeitskraft präsentieren. Dieses Ziel halten Sie sich kurz vor dem Gespräch noch einmal klar vor Augen.

Ihre Gesprächsstrategie in der Zusammenfassung:

- Beginnen Sie mit dem Hinweis auf einen persönlichen Kontakt und/oder dem Bezug auf etwas, das Ihr Gegenüber gesagt oder getan hat. Damit erreichen Sie die Aufmerksamkeit Ihres Gesprächspartners.
- Zeigen Sie, dass Sie sich gut informiert haben. Damit dokumentieren Sie, dass Ihr Interesse ernst ist.
- Berichten Sie von Ihrem Engagement, und transportieren Sie echte Begeisterung.
- Bitten Sie nicht unterwürfig um ein Gespräch, sondern vermit-

teln Sie, dass Sie Ihrem potenziellen Arbeitgeber etwas Interessantes anzubieten haben.

Wenn Sie die einzelnen Schritte des Workshops sorgfältig durchgearbeitet haben, werden Sie kein Problem damit haben, in all diesen Punkten zu glänzen.

Nicht für jedes berufliche Projekt lassen sich die Schritte des Workshops mit derselben Stringenz durchführen. Nehmen Sie die beschriebenen Lösungen daher als Wegweiser für Ihren ganz individuellen Kurs. Verbeißen Sie sich nicht in einzelne Details, sondern benutzen Sie die aufgezeigte Systematik und Herangehensweise als Werkzeug.

Viel Erfolg!

Teil IV

Service

Überleben fern der Heimat

Weltenbummler und Globetrotten sind ist mehr als nur ein ausgedehnter Strandurlaub. Professionelle Weltreisende organisieren sich ein Leben in Bewegung, finden sich in der Fremde schnell zurecht und pflegen Freundschaften fast überall auf der Welt.

Was das bedeutet, ist von Land zu Land unterschiedlich. Während die Regeln in den USA, Australien und Westeuropa verhältnismäßig kompatibel zu unseren sind, stellen Länder wie Japan oder der Iran höhere Anforderungen an Reisende.

Doch es gibt auch einige grundsätzliche Überlegungen, die für das Überleben im Ausland gelten.

- Das Wichtigste: Es geht nichts über – auch rudimentäre – Sprachkenntnisse. Überall auf der Welt wird man Sie mit viel offeneren Armen empfangen, wenn Sie wenigstens »Guten Tag«, »Danke«, »Auf Wiedersehen«, die Zahlen und ein paar Floskeln können. Das ist oft leichter als man denkt, selbst in Chinesisch oder Khmer. Zusätzliche Englischkenntnisse sind fast schon selbstverständlich.

- Um sich zurechtzufinden, braucht man Zeit. Verweilen Sie immer wieder auch für länger an einem Ort, und geben Sie auch Ihrem Gegenüber die Chance, sich an Sie zu gewöhnen. Nur mit Zeit lernt man Land und Leute wirklich kennen.

- Belastbarkeit ist die Voraussetzung für jede Art von Abenteuer. Je gesünder man ist und bleibt, desto besser. Ungewohntes Essen, extreme Temperaturen, Gewaltmärsche und rumpelige Busfahrten können auch hartgesottene Reisefans strapazieren. Dagegen hilft, sich bei anderen Travellern zu informieren, was wie anstrengend ist und welche Maßnahmen erforderlich sind (Wasser mitnehmen, feste Schuhe, Decken). Nicht konstant auf niedrigstem Niveau ernähren.

- Warten – zum Beispiel auf den Bus – kann zermürben. Nehmen Sie ein dickes Buch mit. Wenn es ausgelesen ist, können Sie es gegen ein neues eintauschen. Vielen hilft auch ein Discman mit ein paar Lieblings-CDs.

- Ein paar grundsätzliche Dinge sollten Sie in Ihrer Reiseapotheke dabeihaben: Desinfektionsmittel für Wunden, Mückenschutz, Ohrenstöpsel, Durchfall- und Schmerzmittel.

- Vieles ist im Ausland anders geregelt: wie Verhandlungen geführt werden, wie Geschlechter sich zueinander verhalten oder wie man Missfallen ausdrückt. Das bedeutet nicht, dass Sie alles mitmachen müssen. Aber Sie sollten die Regeln verstehen. Sie sind ja schließlich auch unterwegs, um zu lernen.

- Bei potenziellen Gefahren die Intuition ernst nehmen. Meistens zeigt der Bauch als Allererstes an, wenn irgendetwas nicht in Ordnung ist.

- Kontakt mit der Polizei ist in den meisten Ländern eine unangenehme Angelegenheit, zumal bei Sprachbarrieren. Dass es sich empfiehlt, auf illegale Aktivitäten zu verzichten, gilt für das Ausland umso mehr. Lassen Sie sich nicht von anderen Travellern dazu überreden.

- Auch wenn es Ihre Freizeit ist: Sich nur spärlich zu bekleiden, fällt in vielen Ländern unangenehm auf. Daher ist es eigentlich selbstverständlich, sich den Gepflogenheiten vor Ort anzupassen. Das machen Sie an einem Arbeitsplatz in Deutschland auch.

- Gesunder Menschenverstand funktioniert überall auf der Welt.

Bon voyage!

Kleines Wörterbuch

a travel to history: eine Reise in die Geschichte
abroad: Ausland
Aerobic: Gymnastik nach Musik
Anglizismen: aus dem Englischen übernommene Begriffe in eine andere Sprache
Äquivalent: Gleichwertiges
Arabistik: wissenschaftliche Erforschung der arabischen Sprache und Literatur
around the world: rund um Welt
Art for the People: Kunst für die Menschen
Art-Direktor: ist verantwortlich für den gestalterischen Bereich (einer Werbeagentur o.Ä.)
Art-Happening: Kunst-Veranstaltung
Auslandsfeature: Reportage über das Ausland

Basics: Grundlagen
Briefing-Room: Raum, in dem Anweisungen und Informationen gegeben werden
Business-Center: Teil eines Gebäudes (oft Hotel), in dem sich Konferenzräume und Büroausstattung finden
Businessman: Geschäftsmann

canceln: stornieren, absagen
Canyoning: Wandern durch Schluchten
Check-in: Empfang (meistens am Flughafen oder in Hotels)
Cicerone: Fremdenführer

Coffeetime: Kaffeestunde
Crashtest: Unfalltest
crazy: verrückt
Crew Resource Management: Personalentwicklungsarbeit

dancefloor: Tanzfläche
dealen: handeln
Destination: Reiseziel

Entertainment: Unterhaltung
entmystifizieren: den Glanz des Geheimnisvollen rauben
Ethnologie: Völkerkunde, Wissenschaft, die sich mit Sozialstruktur und Kultur anderer Gesellschaften beschäftigt
Event: Veranstaltung
exzentrisch: außergewöhnlich, übertrieben
exzessiv: übermäßig

Feedback: Rückmeldung
Fender-Stratocaster: Gitarrenmarke
Flight Operation Center: Teil des Flughafens
Front Office: Empfang, Rezeption
Fundraising: Geldquellen für einen guten Zweck erschließen

Gruppenfeeling: Gruppengefühl
Guest-Relations: Gästebetreuung im Hotel

Hardcoretraveller: jemand, der sehr viel reist und dabei keine Strapazen scheut

imperial: kaiserlich
inflight information: Informationen über den Flug
introvertiert: nach innen gerichtet

Label: Marke
locals: Leute vor Ort

medial: auf die Medien bezogen

mids und tops: Ausdrücke aus der Tontechnik
Mobbing: unfaires Behandeln von Kollegen oder Mitarbeitern
Multikulti: Mix aus vielen verschiedene Kulturen

Offroadtrip: Tour jenseits der normalen Straßen
Online-Buchungen: Buchung über das Internet
Open-Source: hier: jeder kann Beiträge auf eine Internetseite stellen

per pedes: zu Fuß
Performance: Vorstellung, Darstellung
Preboarding: Passagiere kommen vorab an Bord
profan: alltäglich, gewöhnlich

Rafting: Wildwasser-Paddeln
Rap: schneller Sprechgesang
Rekognoszierung: Auskundschaftung
Restriktion: Einschränkung
rudimentär: verkümmert, nicht voll ausgebildet

Sandboarding: Surfen auf Wüstendünen
Selbstpromotion: Eigenwerbung
Session: Sitzung, hier: Auftritt
Sightseeing-Tour: Tour zu Sehenswürdigkeiten
simultan: zeitgleich
Sinologie: wissenschaftliche Erforschung der chinesischen Sprache und Kultur
Slipline: Seilkonstruktion
Sportevent: Sportveranstaltung
stagehands: Helfer auf der Bühne
Story-Board: Grundgeschichte für einen Film
straight: geradeaus, zielorientiert
Stringenz: Beweiskraft
subversiv: umstürzlerisch
Survival: Überleben in der Wildnis

Tabula rasa: reiner, leerer Tisch

terrestrisch: die Erde beteffend
Thermodynamik: Teilgebiet der Physik, das sich mit der Untersuchung des Verhaltens pysikalischer Systeme bei Temperaturänderung befasst
Topos: feste Wendung, wiederkehrendes Motiv
Trailer: kleiner Vorab-Film
Traveller: Reisender
Trekkingtour: Wandertour

Vaucher: Bon, Gutschein
versiert: erfahren, bewandert

Wochenend-Rave: Party

Anmerkungen

1 *Berliner Zeitung,* 31.1.2001, S. 10; Junge *Karriere/Handelsblatt,* Nr. 3/ 1999, S. 18.
2 *Berliner Zeitung,* 13.2.2001, S. 8.
3 Zahl geschätzt von Studiosus, München.
4 *Berliner Zeitung,* 3./4.3. 2001, S. 9.
5 Laut Deutscher Reisebüroverband, Frankfurt/M.
6 Zahl aus dem *Focus,* 9/2001, S. 205.
7 *Der Tagesspiegel,* 4.3.2001, S. 26.
8 *Der Tagesspiegel,* 18.3.2001, S. R2.
9 *Stern,* 10/2001, S. 120 und *Der Tagesspiegel,* 4.3.2001. S. 26.
10 *Berliner Zeitung,* 24./25.2.2001, S. 77.
11 *Berliner Zeitung,* 16.1.2001, S. 6 und 1.3.2001, S. 35.
12 *Berliner Zeitung,* 27.12.2000, S. 10.
13 Quelle: Koehler Verlag, Stuttgart.
14 Quelle: B.A.T. Freizeitforschung, Hamburg und Australian Tourist Commission, Frankfurt/M.
15 Quelle: *Taschenbuch für die Touristikpresse,* Hofkirchen, jährliche Neuauflage.
16 Quelle: Brancheninformationen der Volksbanken und Raiffeisenbanken.
17 Quelle: Media-Daten Verlag, *Handbuch der deutschen Werbeträger.*
18 *Berliner Zeitung,* 5.3.2001, S. 33.
19 *Berliner Zeitung,* 17.4.2000, S. 32.
20 Chris Lendt, *Kiss and Sell,* New York, NY, 1997.
21 *Süddeutsche Zeitung,* 5.4. 2001, S. 25.
22 *Der Spiegel,* 9/2001, S. 73.
23 Gilt für 2000. Alle Zahlen stammen von der Website des Bundesministeriums für wirtschaftliche Zusammenarbeit und Entwicklung: www.bmz.de.
24 *Via Medici,* Nr. 11/1996, S. 9.
25 Informationsdienst des Instituts der deutschen Wirtschaft, 11/2001, S. 1.
26 *Süddeutsche Zeitung,* 12.4.2001, S. 5.

27 Informationen aus dem Munzinger Archiv.
28 Vgl. www.eco-fair-trade-net.de.
20 Aus: www.bodyshop.com.
30 *Berliner Zeitung*, 10.4. 2001, S. 24.
31 Laut Bundesministerium für Verkehr, Bau- und Wohnungswesen (Hrsg.): *Verkehrsbericht 2000.*
32 Informationsdienst des Instituts der deutschen Wirtschaft, 18.1.2001, S. 1.
33 *Berliner Zeitung*, 6.1.2001, S. 35.
34 Nach William Bridges, *Manager in eigener Sache*, München 1998, S. 203.
35 Quelle: www.quarks.de.
36 *Berliner Zeitung*, 1.1.2001, S. 8.
37 Quelle: DaimlerChrysler Unfallforschung.
38 *Frankfurter Rundschau*, 19.2.2000.
39 *Berliner Zeitung*, 19./20.5. 2001, S. 13.
40 Quelle: www.travel24.com.
41 *Die Welt*, 19.5.2001, S. B1.
42 Ebenda.
43 Quelle: Statistisches Bundesamt, gilt für 1999.
44 Uta Glaubitz, *Der Job, der zu mir passt*, Frankfurt/New York 1999.
45 Lorenz Wolff, Johanna Frank, *Berufszielfindung und Umsetzungsstrategie für Studium/Ausbildung/Weiterbildung*, Speyer 1992, S. 25.
46 Ähnlich Richard Bolles in: *What color is your parachute?*, Berkeley 1997, S. 141; siehe auch: Richard Bolles, *Durchstarten zum Traumjob. Das Bewerbungshandbuch für Ein-, Um- und Aussteiger*, Frankfurt/New York 2000, S. 163.

Berufsregister